MARXISMO
E
POLÍTICA

LUIS FELIPE MIGUEL

MARXISMO E POLÍTICA

MODOS DE USAR

Apresentação de Andréia Galvão

© Boitempo, 2024

Direção-geral Ivana Jinkings
Edição Pedro Davoglio
Coordenação de produção Livia Campos
Assistência editorial e revisão Marcela Sayuri
Preparação Carolina Hidalgo Castelani
Capa Daniel Justi
Diagramação Antonio Kehl
Equipe de apoio Ana Slade, Artur Renzo, Davi Oliveira, Elaine Ramos, Frank de Oliveira, Frederico Indiani, Higor Alves, Isabella de Oliveira, Isabella Meucci, Ivam Oliveira, Kim Doria, Letícia Akutsu, Luciana Capelli, Marina Valeriano, Mateus Rodrigues, Maurício Barbosa, Raí Alves, Renata Carnajal, Thais Rimkus, Tulio Candiotto

CIP-BRASIL. CATALOGAÇÃO NA PUBLICAÇÃO
SINDICATO NACIONAL DOS EDITORES DE LIVROS, RJ

M577m

Miguel, Luis Felipe
  Marxismo e política : modos de usar / Luis Felipe Miguel.- 1. ed. - São Paulo : Boitempo, 2024.
  23 cm.

  ISBN 978-65-5717-345-9

  1. Ciências políticas. 2. Marx, Karl, 1818-1883. 3. Filosofia marxista. I. Título.

24-91406 CDD: 335.42
          CDU: 330.85

Gabriela Faray Ferreira Lopes - Bibliotecária - CRB-7/6643

Este livro compõe a 44ª
caixa do clube Armas da Crítica.

É vedada a reprodução de qualquer parte deste livro sem a expressa autorização da editora.

1ª edição: junho de 2024

BOITEMPO
Jinkings Editores Associados Ltda.
Rua Pereira Leite, 373
05442-000 São Paulo SP
Tel.: (11) 3875-7250 / 3875-7285
editor@boitempoeditorial.com.br
boitempoeditorial.com.br | blogdaboitempo.com.br
facebook.com/boitempo | twitter.com/editoraboitempo
youtube.com/tvboitempo | instagram.com/boitempo

SUMÁRIO

Apresentação. Modos de pensar e de fazer política – *Andréia Galvão* 7

Introdução 17

1. Política e economia 27

2. As classes sociais 43

3. Divisão sexual do trabalho e classes 59

4. Capitalismo e desigualdade racial 77

5. O Estado 95

6. Democracia, emancipação e capitalismo 111

7. Alienação e fetichismo 127

8. A transformação social 143

9. A questão ecológica 163

Conclusão 179

Referências bibliográficas 185

Sobre o autor 202

APRESENTAÇÃO
MODOS DE PENSAR E DE FAZER POLÍTICA

Andréia Galvão

Quais e quantas são as diferentes formas de se combinar marxismo e política?

Ao promover um diálogo entre os dois termos que dão título a seu livro, Luis Felipe Miguel nos oferece muito mais que a oportunidade de refletir "sobre a utilidade das categorias marxianas ou nascidas da tradição marxista" para a compreensão do mundo social e das possibilidades de transformá-lo. Com efeito, a conjunção proposta pelo autor se declina em pelo menos três "modos de usar" distintos, mas complementares. Nenhum deles sugere o uso instrumental de um dos componentes do enunciado pelo outro; antes, problematiza a relação entre ambos, descortinando diferentes formas de pensar. Trata-se, em primeiro lugar, e de acordo com a intenção declarada pelo autor, de discutir as contribuições do marxismo para a ciência política, ou seja, para uma disciplina cujas características constitutivas e enfoque predominante a tornaram mais refratária à incorporação dessa abordagem teórico-metodológica. Em segundo lugar, de situar a política no interior do arcabouço teórico marxista, demonstrando a importância dessa categoria analítica (ou nível, ou instância, nos termos da tradição estruturalista) para a construção do marxismo como teoria voltada para a totalidade social, o que requer enfrentar o debate provocado pelo economicismo e recusar leituras de cunho determinista. Uma terceira possibilidade, que emerge da compreensão do marxismo como *filosofia da praxis*, consiste em se indagar acerca da indissociação entre marxismo e prática política e, portanto, sobre as condições de produção de uma ciência socialmente engajada.

Luis Felipe Miguel realiza esses três movimentos com clareza e maestria. Seu objetivo não é produzir uma "ciência política marxista", mas instigar a ciência política a se abrir, sem preconceitos, às contribuições do marxismo, considerando os temas que abarca, os conceitos que produz e o horizonte emancipatório que o orienta. Para isso, assume que, mesmo sem ter sido objeto de uma elaboração teórica sistemática por parte de Marx e dos marxistas até pelo menos meados da década de 1960, quando foram produzidos avanços significativos no âmbito da teoria do Estado, a política ocupa um lugar central no marxismo, uma vez que constitui um foco privilegiado de análise das contradições sociais e das condições de mudança social.

Ao tomar o marxismo como elemento tensionador da ciência política, Luis Felipe Miguel estabelece um diálogo crítico com os principais representantes do institucionalismo, do liberalismo e do utilitarismo, além de apontar as preocupações centrais de uma disciplina que surge como "auxiliar do Estado" e com vocação predominantemente conservadora, o que de certo modo se mantém, a julgar pelo que ainda hoje constitui seu *mainstream*. Assim, se desde os anos 1990 é possível observar, no Brasil e em outros países, certo retorno ao marxismo[1] – provocado, de um lado, pelas sucessivas crises desencadeadas pelo capitalismo financeirizado e de outro, pela ascensão de governos progressistas, sobretudo na América Latina, que colocaram na ordem do dia a discussão sobre o socialismo no século XXI –, esse retorno é menos perceptível na ciência política que em outras áreas do conhecimento. Uma das explicações para isso, segundo o autor, reside no fato de que os cientistas políticos seriam mais suscetíveis à epistemologia positivista, tendendo a separar a política das demais dimensões da vida social, autonomizando-a e ocultando as conexões que entretém com as esferas e formas econômicas, jurídicas e ideológicas, algo que o marxismo rechaça. Nesse sentido, cabe registrar a crítica formulada por Atilio Borón a Norberto Bobbio, segundo a qual a própria pergunta sobre a existência de uma teoria política marxista seria epistemologicamente equivocada por partir de pressupostos estranhos ao materialismo histórico, pressupostos esses que estabelecem uma compartimentalização dos campos de conhecimento e uma dicotomia entre economia e política[2].

Se a vinculação entre economia e política é um traço constitutivo da análise marxista da sociedade, isso não implica que essas esferas não possam ser delimitadas, mas apenas que elas não se esgotam em si mesmas. A política tem suas

---

[1] Como pode-se constatar pela profusão de encontros, seminários e obras publicadas desde então, dentre as quais destacamos, pela proximidade com as questões aqui discutidas: Armando Boito et al. (org.), *Marxismo e ciências humanas* (São Paulo, Xamã, 2003) e Atilio Borón et al. (org.), *La teoría marxista hoy: problemas y perspectivas* (Buenos Aires, Clacso, 2006), livros que compilam o trabalho de autores de diferentes origens e filiados a tradições distintas do marxismo. Ver também: Jacques Bidet e Stathis Kouvélakis, *Dictionnaire Marx Contemporain* (Paris, PUF, 2001). Yvon Quiniou, *Retour à Marx: Pour une société post-capitaliste* (Paris, Buchet/Chastel, 2013). E, mais recentemente, Marcello Musto, *The Marx Revival: Key Concepts and New Interpretations* (Cambridge, Cambridge University Press, 2020).

[2] Daí sua opção pela expressão teoria marxista da política, "que combina uma ampla variedade de elementos procedentes de todas as esferas analiticamente distinguíveis da vida social". Atilio Borón, "Teoría Política Marxista ou Teoría Marxista de la Política", em *La teoría marxista hoy*, cit., p. 189.

especificidades, contudo, não pode ser compreendida quando desconectada da sociedade, dos atores que nela atuam e dos interesses que eles defendem. Do mesmo modo, as relações sociais travadas em diferentes domínios da sociedade não podem ser desveladas sem que se leve em consideração elementos de nature-za política. A crítica da economia política requer transcender o plano da econo-mia, pois a formação e as transformações do mercado de trabalho e a ampliação das frentes de acumulação e valorização do capital não são fenômenos estrita-mente econômicos, mas dependem do papel fundamental desempenhado pelo Estado mediante a ação de sua burocracia, das normas prescritas pelo direito, bem como da violência empregada contra os dominados. A análise materialista da política, por sua vez, não prescinde do exame das condições materiais e da dinâmica da luta de classes – e isso não apenas nos momentos de transição de uma forma social a outra, como também nas situações de estabilidade –, mas é preciso ter claro que a política não é um reflexo da economia. Tanto em um caso como em outro, as ideologias que coexistem e disputam hegemonia no interior da sociedade precisam ser consideradas, pois a adesão e a resistência a ideias e valores produzem efeitos concretos nas instituições e na luta política.

Examinar a relação entre marxismo e política implica, assim, ampliar o esco-po de análise e admitir que se, por um lado, a política constitui uma dimensão dotada de estatuto próprio, com instituições, práticas e processos que a carac-terizam, por outro, ela não se reduz aos espaços institucionais nem se confina a fronteiras estreitas, dadas e estanques. Pelo contrário, como argumenta Luis Felipe Miguel, as fronteiras da política são disputadas e permeáveis a práticas das mais diversas. Essa compreensão constitui uma das muitas contribuições do marxismo à ciência política, que possibilitaria arejar e renovar a disciplina, dotando-a de melhores condições para fazer face à "crise de relevância" men-cionada pelo autor.

Mas esse é um movimento de mão dupla. Se a ciência política tem muito a ganhar incorporando categorias marxistas, o marxismo também tem a ganhar dialogando com outras tradições teóricas e integrando preocupações às quais dedicou pouca atenção. Esse diálogo profícuo é evidenciado na escolha dos temas que compõem o livro, cujos capítulos abarcam tanto debates clássicos, sobre os quais o marxismo tradicionalmente se debruçou, por exemplo, classe social, capitalismo, alienação, fetichismo e emancipação, quanto aqueles que vem desenvolvendo mais recentemente, por exemplo, gênero, raça e ecologia. Cada um de seus nove capítulos é uma defesa da importância do marxismo para a reflexão sobre esses temas, uma defesa que recusa tanto as críticas simplificadoras e caricaturais quanto sua canonização e conversão em pensamento dogmático e autossuficiente. Assim, o leitor não encontrará neste livro uma exegese de textos clássicos, uma proposição de leituras canônicas ou uma interpretação avessa a controvérsias. Em uma linguagem direta, que não se intimida diante de polêmicas, o autor nos guia pela literatura marxista e marxiana, reconstituindo brevemente seus principais conceitos e confrontando-os com aqueles propostos por outras abordagens e perspectivas teóricas, inclusive as mais contemporâneas. Nesse exercício estimulante, Luis Felipe Miguel enriquece e complexifica a análise da política ao mesmo tempo que contribui para o desenvolvimento e a renovação do próprio marxismo, oferecendo-nos pistas para uma agenda de pesquisa em ciência política e para uma teoria política marxista, que se desdobra em diferentes frentes programáticas.

Embora a política não se reduza ao Estado, a ação do Estado e as disputas pelo poder do Estado são objeto de grande interesse para o marxismo[3]. O Estado é tomado tanto enquanto organizador do poder político de classe quanto como alvo da ação política protagonizada por diferentes segmentos sociais. É para o Estado que se dirige grande parte das demandas e pressões, de ordens variadas, que visam manter ou modificar a distribuição de poder e recursos, as hierarquias sociais, os direitos alcançados e os valores vigentes na sociedade. É o Estado, também, que regula e disciplina as relações sociais nos mais diversos domínios. Esse tema merece, assim, um capítulo próprio, em que diferentes teorias do Estado no âmbito do marxismo são abordadas. Como destaca o autor, o acesso desigual das classes e dos grupos sociais ao Estado, sua natureza de classe e seu caráter repressivo inibem e contêm as possibilidades de transformação social, apesar de não descartarem a existência de uma margem de autonomia na ação estatal. O fato de o Estado não ser neutro ou indiferente em relação aos interesses de classe tampouco é razão para se deixar de analisá-lo ou para desprezar as diferentes formas que pode assumir, o que faz a reflexão sobre os regimes políticos ser, igualmente, central neste livro. A democracia, ainda que limitada a seu caráter liberal ou burguês, melhora as condições de existência das classes trabalhadoras e garante aos grupos subalternos meios para se organizar, participar do processo político e lutar por mudanças mais ou menos abrangentes.

---

[3] Ver, entre outros, Mabel Thwaites Rey, *Estado y marxismo: un siglo y medio de debates* (Buenos Aires, Prometeo, 2008) e Antoine Artous, *Marx, l'État et la politique* (Paris, Syllepse, 1999).

Desse modo, o capítulo sobre democracia está conectado ao debate sobre a emancipação, tanto do ponto de vista da elaboração teórica quanto da prática política. Afinal, democracia diz respeito não apenas ao Estado e às instituições políticas, mas às demais instâncias e relações sociais, uma vez que as instituições formais da democracia não asseguram a democratização da sociedade.

Os movimentos sociais têm um papel de destaque na formulação aqui proposta, pois politizam as relações de trabalho, a esfera doméstica, a relação com a natureza e as condições de gênero e étnico-raciais, evidenciando como as desigualdades limitam o exercício de direitos de cidadania e impedem uma democracia real e substantiva. A luta por igualdade, justiça social e ambiental contribui para ampliar as fronteiras da política e impulsionar a democratização das instituições políticas e sociais. Esse, porém, não é um processo linear e ininterrupto, tanto é que a democracia está em crise e a extrema direita avança em diferentes países, inclusive com o apoio de movimentos sociais[4]. Isso demonstra que, apesar de o capitalismo só admitir uma democracia incompleta[5], esta permite mudanças, ameaça poderes instituídos e fere interesses dominantes, razão pela qual é sistematicamente colocada em xeque.

Outra virtude do trabalho de Luis Felipe Miguel é demonstrar que a importância conferida pelo marxismo às classes e à luta de classes não significa desprezar o papel de outras clivagens e opressões sociais no processo político, como gênero e raça, nem as condenar à irrelevância[6]. Essa visão lhe permite

---

[4]   De acordo com a perspectiva que adoto, os movimentos sociais não são uma forma de atuação exclusiva das classes dominadas nem agem necessariamente para romper com a estrutura social vigente ou modificá-la em um sentido progressista. Os movimentos conservadores buscam bloquear ou reverter conquistas que beneficiam os dominados, propõem pautas reacionárias e defendem a restauração da hegemonia dominante, mesmo que para isso seja necessário o uso da força. Esses movimentos à direita não contam apenas com a participação dos "de cima", podendo integrar os "de baixo" na defesa de hierarquias tradicionais e de posições anti-igualitárias. Ver Alf Nilsen e Laurence Cox, "What Would a Marxist Theory of Social Movements Look Like?", em Colin Barker et al. (org.), *Marxism and Social Movements* (Leiden/Boston, Brill, 2013), p. 63-81; e Neil Davidson, "Right-Wing Social Movements: The Political Indeterminacy of Mass Mobilisation", em ibidem, p. 277-97.

[5]   Ellen Meikins Wood, *Democracia contra o capitalismo: a renovação do materialismo histórico* (trad. Paulo Castanheira, São Paulo, Boitempo, 2003).

[6]   Vários autores têm chamado a atenção para o fato de que reconhecer a importância da contradição entre capital e trabalho na eclosão de conflitos sociais não equivale a reduzi-los ao conflito de classes, tampouco a estabelecer uma hierarquia entre as lutas contra as diferentes formas de dominação e opressão – sejam elas baseadas na nacionalidade, na etnicidade, na religião, no gênero ou na sexualidade – e as lutas de classe. Nesse sentido, enfatizam que tanto a exploração do trabalho pelo capital quanto as diferentes formas de dominação e opressão suscitam resistências

chamar a atenção para a ação política de diferentes agentes sociais e mobilizar uma vasta literatura sobre teorias feministas e antirracistas, sem se furtar ao espinhoso debate sobre identitarismo.

Antes de mais nada, não se trata de opor classe a outras identidades, mas de indagar sobre a relação entre elas, à luz das condições históricas que as produzem. Contra as perspectivas que naturalizam e essencializam as identidades, inclusive a identidade de classe, tomando-as como fixas e imutáveis, o autor as discute a partir de uma perspectiva relacional e como um processo em permanente (re)construção. Do mesmo modo, mostra como as preferências, aspirações, interesses e valores defendidos pelos agentes que assumem uma identidade específica não são determinados de antemão, mas sim forjados ao longo de disputas e conflitos.

Ademais, essas disputas e conflitos opõem agentes que reivindicam uma mesma identidade. Ou seja, uma base social similar pode, sob circunstâncias diversas e a direção de organizações distintas, dividir-se e apoiar projetos diferentes. Para compreender os diferentes posicionamentos político-ideológicos de trabalhadores/as, mulheres, negros/as, organizados/as ou não pelo movimento sindical, feminista, antirracista, LGBTQIA+, ambientalista, estudantil e outros, é preciso romper com uma leitura determinista segundo a qual a identidade (supostamente dada e unívoca) de classe, gênero ou raça basta para identificar os interesses e o sentido da ação. Faz-se necessário buscar as conexões entre exploração e dominação, bem como verificar de que maneira a ideologia dominante impacta os dominados e seus movimentos. Afinal, a disseminação de valores capitalistas, a naturalização das desigualdades sociais e a dissimulação do pertencimento de classe dos atores contribuem para obscurecer os interesses favorecidos pelos projetos em disputa na cena política, gerando contradições e incongruências nos discursos e nas práticas dos agentes.

Os movimentos sociais possuem objetivos, repertórios de ação coletiva e projetos distintos, sendo possível identificar diferentes sindicalismos, feminismos[7] etc. Considerando-se apenas os movimentos sociais à esquerda ou que

---

e enfrentamentos, de modo que é necessário refletir sobre a relação entre classe e outras formas de pertencer e sobre como essa relação se expressa nos diferentes movimentos. Remeto, novamente, a Colin Barker et al., *Marxism and Social Movements*, cit., e Adrián Piva e Agustín Santella, *Marxism, Social Movements and Collective Action* (Cham, Palgrave Macmillan, 2023).

[7] Como nos lembram Arruzza, Bhattacharya e Fraser em sua crítica ao feminismo liberal, em Cinzia Arruzza, Tithi Bhattacharya e Nancy Fraser, *Feminismo para os 99%: um manifesto* (trad. Heci Regina Candiani, São Paulo, Boitempo, 2019).

impõem desafios à ordem social dominante, é possível observar que o potencial transformador da ação coletiva é variado; não se resume a anticapitalismo, antineoliberalismo, socialismo ou reformismo de tipo desenvolvimentista ou social-democrata, que conjuga distribuição de renda com políticas sociais nos limites da sociedade capitalista. Mesmo o movimento ambientalista se divide entre uma vertente ecossocialista, que aponta a contradição insolúvel entre modo de produção capitalista e proteção ambiental, e aquelas que militam em prol do capitalismo verde e do desenvolvimento sustentável. Nota-se, ainda, o avanço de movimentos que separam a luta por reconhecimento da luta por redistribuição e rejeitam, na linha do neoliberalismo progressista, a intervenção do Estado na economia. Com isso, a afirmação da diferença, o respeito à diversidade, a conquista dos direitos de cidadania por parte dos setores socialmente discriminados e a defesa da pauta ecológica pode coexistir com o apoio a políticas que promovem a mercantilização de serviços sociais, a precarização das relações de trabalho e o rebaixamento de direitos trabalhistas, bem como a concentração da propriedade fundiária, do patrimônio e da renda. Muitos movimentos sociais, o sindicalismo aqui incluído, deixaram-se seduzir por argumentos meritocráticos e pela busca do empoderamento individual, reproduzindo a lógica da concorrência. Ao fazê-lo, limitam suas reivindicações à conquista de posições no mercado e ao acesso a cargos de poder, à melhoria da representatividade do grupo social do qual fazem parte e à sua inclusão na estrutura social vigente, preservando as relações de exploração e de dominação em vez de colocá-las em xeque.

A crítica à perspectiva política identitária reside justamente no fato de que esta desvincula o sexismo e o racismo do pertencimento de classe e das relações de produção capitalista, deixando de lado a reflexão sobre a maneira pela qual os agentes sociais produzem e reproduzem suas condições materiais de existência. Além de perder de vista a capacidade de questionar os fundamentos do capitalismo, o abandono de uma perspectiva universalizante traz o risco de isolamento e de fechamento em torno de particularismos, favorecendo a fragmentação das lutas[8]. A distinção estabelecida por Marx em *Sobre a questão judaica** entre

---

[8] Essa crítica vale também para o sindicalismo quando este se fecha em torno de pautas exclusivamente corporativas, reafirmando a especificidade de ocupações e categorias profissionais sem promover a busca de interesses comuns entre os trabalhadores.

* Karl Marx, *Sobre a questão judaica* (trad. Nélio Schneider e Wanda Caldeira Brant, São Paulo, Boitempo, 2010). (N. E.)

emancipação política e emancipação humana oferece uma chave interessante para a crítica ao identitarismo, uma vez que estabelece que a emancipação humana só pode ocorrer com o rompimento de todas as formas de alienação e a eliminação de todas as formas de desigualdade. Sem construir alianças, se unificar em torno de princípios mais abrangentes e se perguntar acerca da pertinência de um universal possível, os setores dominados, subalternizados e oprimidos enfrentam dificuldades tanto para resistir à ofensiva dos dominantes quanto para avançar no processo de crítica e transformação social.

Não por acaso, esses setores são suscetíveis não só ao neoliberalismo progressista mas também ao neoliberalismo autoritário[9], que emerge em um contexto de crise[10]. Resta evidente, desse modo, que nem todos os movimentos de grupos subalternos e protagonizados por sujeitos que se pretendem emancipatórios têm de fato um caráter emancipatório, o que acaba por implicar a necessidade de se discutir os alcances e os limites dos movimentos e de seus projetos.

Ao iluminar as conexões entre as diferentes dimensões da vida social, este livro nos faz um convite à reflexão sobre o potencial e os diferentes horizontes de transformação social. Diante das possibilidades em aberto, ao menos duas certezas se vislumbram: nenhum projeto de transformação verdadeiro pode deixar de promover a articulação entre as distintas formas de dominação e opressão; e nenhuma crítica consequente ao capitalismo pode ignorar a emergência climática e a agenda ambiental, pois não haverá natureza, humanidade e sociedade futura sem uma mudança radical nos modos de produção da vida.

---

[9] Ian Bruff, "The Rise of Authoritarian Neoliberalism", *Rethinking Marxism*, n. 26, 2014, p. 113-29.

[10] Como argumenta Neil Davidson em "Right-Wing Social Movements: The Political Indeterminacy of Massa Mobilisation", cit., os movimentos de direita tendem a crescer sob o neoliberalismo, opondo-se ao Estado (que cobra impostos excessivos sem oferecer em contrapartida serviços de qualidade) e aos pobres, vistos por setores médios e populares como não merecedores das políticas de que se beneficiam, e até mesmo considerados parasitas, que sugam os recursos do Estado sem contribuir para seu financiamento. Essa visão alimenta posições racistas e xenófobas, e estimula a propagação de discursos de ódio contra determinadas etnias, culturas, religiões. Para uma interessante reconstituição e atualização do debate sobre os desafios colocados à esquerda e a construção de "saídas políticas antiprogressistas" a partir da indignação e da revolta dos dominados remeto a Pablo Stefanoni, *A rebeldia tornou-se de direita?* (trad. Beatriz Marchesini, Campinas, Editora Unicamp, 2022).

INTRODUÇÃO

A obra de Karl Marx deixou sua marca em uma grande quantidade de campos do saber. Ele foi um filósofo, mas se tornou um economista. É um dos pais fundadores da sociologia. No caminho, revolucionou a ciência da história. O marxismo – um rótulo que não o agradava – evoluiu em uma infinidade de correntes e leituras divergentes, contribuindo de diferentes maneiras para essas e outras disciplinas científicas (direito, antropologia, geografia, linguística etc.). E não são apenas os marxistas que se alimentam das ideias de Marx. Elas assentaram muitas das bases do fazer científico nas humanidades. Thomas Kuhn dizia que as chamadas "ciências sociais" permanecem no estágio pré-científico, uma vez que nelas não vigora qualquer paradigma que seja compartilhado por todos os praticantes; a cada vez, temos que justificar nossas escolhas teóricas de fundo. Sem discutir aqui as potencialidades ou os limites da compreensão de Kuhn sobre o trabalho científico, é conveniente anotar que tal cizânia se liga às implicações políticas mais imediatas da ciência social, que sofre, assim, uma pressão maior para cumprir um papel de legitimação ideológica. Mas se pode dizer, sem medo de errar e contra o próprio Kuhn[1], que toda a ciência social digna de seu nome toma por base alguma concepção materialista da história e é, em alguma medida, tributária do pensamento de Marx.

Delineado esse quadro, qual é a posição da ciência política? Trata-se certamente da disciplina das humanidades em que a penetração das ideias marxistas foi (e ainda é) mais difícil, por motivos que se ligam à sua própria formação como campo de conhecimento. A ciência política é uma disciplina estadunidense que se expandiu pelo mundo reproduzindo essa matriz. A necessidade de se distinguir da sociologia (o que se explica, ao menos em parte, pelas brigas territoriais do mundo acadêmico) incentivou um foco estrito nas instituições formais, apartando-as dos processos sociais mais amplos. Incentivou também um apreço desmedido por modelos estilizados, em grande medida extraídos da economia neoclássica, que, em uma só tacada, retiram dos agentes seu caráter de produtos

---

[1] Thomas Kuhn, "Logic of Discovery or Psychology of Research?", em *The Essential Tension: Selected Studies in Scientific Tradition and Change* (Chicago, Chicago University Press, 1977) [ed. bras.: *A tensão essencial: estudos selecionados sobre tradição e mudança científica*, trad. Marcelo Amaral Penna-Forte, São Paulo, Editora Unesp, 2011]. O artigo original é de 1970.

históricos e patrocinam o fetichismo da empiria. O resultado disso é que o *mainstream* da ciência política adota uma epistemologia ingênua, que leva a sobrevivências do positivismo e permite a popularidade de percepções bizarras, como a "teoria da escolha racional", que constrói os atores políticos num vácuo histórico e social. Tudo isso leva ao equívoco comum de rotular como "parciais" as abordagens comprometidas com a transformação do mundo, mas como "neutras" aquelas que o aceitam como está e projetam sua permanência *ad æternum*. Nada mais distante da tradição inaugurada por Marx.

Outro traço de nascença da ciência política é sua posição como disciplina auxiliar do Estado. Uma ciência que, desde o começo, se colocou *ex parte principis*, isto é, vendo seu objeto de estudo do ponto de vista dos governantes, não do povo. Sua ambição seria ampliar a eficiência dos mecanismos vigentes de dominação. Dos economistas políticos de seu tempo, Marx falou que eram "os representantes científicos da riqueza"[2]; cientistas políticos, então, poderiam ser definidos como representantes científicos do poder. Ainda hoje, a ciência política demonstra tal inclinação ao privilegiar temáticas como a "governabilidade" ou as condições de efetividade das políticas governamentais – embora, é necessário reconhecer, de forma menos unívoca do que no passado.

Graças ao caráter anistórico da maior parte de seus modelos, ela pode tomar as estruturas vigentes como simples "dados" e recobrir seu próprio caráter conservador e legitimador com as cores da neutralidade axiológica. A ciência política passa longe, portanto, do caráter emancipatório que Marx quis dar à sua própria empreitada teórica. Quando Antonio Gramsci, nos *Cadernos do cárcere*, condenou a sociologia como uma ciência positivista burguesa e louvou a ciência política como verdadeiro caminho para a compreensão do mundo social, ele estava falando de uma fase anterior do pensamento sociológico. E também de uma ciência política completamente diferente; ele usa a expressão para designar a tradição de compreensão realista dos processos de poder, inaugurada por Maquiavel, não de uma nascente disciplina estadunidense[3]. Na ciência política disciplinar, a abordagem crítica e antipositivista permanece na contracorrente.

---

[2] Karl Marx e Friedrich Engels, *A sagrada família* (trad. Marcelo Backes, São Paulo, Boitempo, 2003), p. 71. A edição original é de 1845.

[3] Antonio Gramsci, *Cadernos do cárcere*, v. 3: *Maquiavel. Notas sobre o Estado e a política* (trad. Luiz Sérgio Henriques, Marco Aurélio Nogueira e Carlos Nelson Coutinho, Rio de Janeiro, Civilização Brasileira, 2000), p. 330-1. Os manuscritos são de 1932-1934. Gramsci extrai de Maquiavel sobretudo um realismo orientado para o dever-ser, não como congelamento de uma

20 Marxismo e política

Indiquei como as tradições inaugurais da ciência política a tornaram pouco receptiva às contribuições do marxismo. Mas há uma leitura alternativa que também merece consideração, segundo a qual foi o próprio marxismo que demonstrou pouca atenção pela política. Um texto provocativo de Norberto Bobbio, que causou grande debate quando foi publicado, respondia negativamente à questão que lhe servia de título: "Existe uma doutrina marxista do Estado?". A visão de que a política é apenas uma parte da "superestrutura" que reflete uma determinada base social, ou seja, de que não passa de um epifenômeno de conflitos mais profundos, teria levado ao subdesenvolvimento do pensamento marxista nesse campo. Soma-se a isso a tendência, presente em boa parte do marxismo (sobretudo, mas não só, até as últimas décadas do século XX), de insulamento teórico, impedindo sua fecundação por outras correntes. No texto, Bobbio ironiza Umberto Cerroni, que, em um livro de 1968, qualificou C. Wright Mills como "grande sociólogo" e concedeu a Max Weber o estatuto modesto de "observador atento"[4]. Sendo assim, a reflexão dos marxistas sobre o Estado e sobre a política em geral acaba condenada a, muitas vezes, simplesmente redescobrir (e traduzir para o próprio jargão) o que muitos outros já haviam dito antes.

A leitura de Bobbio foi contestada por autores marxistas, que a apontaram como enviesada e seletiva[5]. Mas não é possível negar que as obras fundadoras do marxismo concedem à política um papel limitado e, de fato, nela veem sobretudo o reflexo de estruturas mais profundas. Há um contraste entre a sensibilidade para a especificidade do político, presente nas obras em que Marx discute processos históricos concretos, e a teorização, insuficiente, quando ele trabalha em um nível mais abstrato. Embora se possam indicar autores que, de dentro do marxismo do final do século XIX e da primeira metade do século XX, apresentaram uma discussão mais robusta sobre a política (como é o caso, por caminhos diversos, seja de Rosa Luxemburgo, seja de Lênin, seja

---

determinada conjuntura; afinal, *O príncipe*, obra que marca o projeto de ler a política "como ela é", incorpora também o projeto da unificação italiana.

4   Norberto Bobbio, "Existe uma doutrina marxista do Estado?", em Norberto Bobbio et al., *O marxismo e o Estado* (trad. Federica L. Boccardo e Renée Levie, Rio de Janeiro, Graal, 1979), p. 25. A publicação original do artigo é de 1975.

5   Ver os artigos reunidos em Norberto Bobbio et al., *O marxismo e o Estado*, cit. A edição original da coletânea é de 1976. Para uma síntese da polêmica, ver Alvaro Bianchi, "Uma teoria marxista do político? O debate Bobbio *trent'anni doppo*", *Lua Nova*, n. 70, 2007, p. 39-82. Ver também Daniel Bensaïd, "Na e pela história: reflexões acerca de *Sobre a questão judaica*", posfácio a Karl Marx, *Sobre a questão judaica* (trad. Nélio Schneider e Wanda Caldeira Brant, São Paulo, Boitempo, 2010). O artigo de Bensaïd foi publicado originalmente em 2006.

ainda de Eduard Bernstein), somente no pós-guerras, com a divulgação da obra de Gramsci, há um salto significativo na reflexão marxista sobre a política.

O que proponho neste livro é um exame introdutório sobre a utilidade das categorias marxianas ou nascidas da tradição marxista para a produção de uma ciência política mais capaz de entender o mundo social – e, quiçá, também de orientar a ação nele. Estou, portanto, alinhado à posição de Gramsci: trata-se de buscar uma disciplina que reflita mais sua inspiração primitiva, na obra de Maquiavel, e menos sua institucionalização, a partir dos últimos anos do século XIX, no ambiente acadêmico estadunidense. O caminho proposto não é apenas encarar o "marxismo como ciência social"[6], o que sugere algo como sua normalização e incorporação nas vertentes teórico-metodológicas dominantes, mas mantê-lo como tensionador da disciplina. O acréscimo fornecido pelo marxismo, assim como por outras correntes com projeto emancipatório (feminismo, estudos decoloniais), é o de uma teoria focada nos padrões vigentes de dominação que tem como horizonte a produção de uma sociedade nova. Um marxismo mutilado da décima primeira tese sobre Feuerbach – aquela que diz que a questão não é interpretar o mundo, mas transformá-lo[7] – perde seu diferencial.

Esse tensionamento mostra-se mais necessário quanto mais se evidencia que a ciência política atravessa uma crise de relevância[8]. A miopia institucionalista tem levado a sucessivas "surpresas", situações que fogem por inteiro à capacidade explicativa dos modelos dominantes na disciplina. A mais importante delas é a atual crise da democracia, descrita pelos cientistas políticos convencionais como a súbita e inesperada irrupção do "populismo", que desestabiliza os regimes liberal-democráticos. Há uma pronunciada incapacidade de entender a conexão entre processos societários amplos e o

---

[6] Evoco aqui o título do livro de Adriano Codato e Renato Perissinotto, *Marxismo como ciência social* (Curitiba, Editora UFPR, 2012).

[7] Karl Marx, "Teses sobre Feuerbach", em Karl Marx e Friedrich Engels, *A ideologia alemã* (trad. Rubens Enderle, Nélio Schneider e Luciano Cavini Martorano, São Paulo, Boitempo, 2007), p. 353. O manuscrito original é de 1845-1846.

[8] Não é de agora. Um artigo publicado há meio século, intitulado exatamente "Marxismo e ciência política", apresentava dados que mostravam que a grande maioria dos cientistas políticos julgava que a disciplina era superficial e irrelevante. O autor observava que, apesar desse sentimento crítico, os cientistas políticos continuavam a reproduzir os mesmos modelos triviais, por ausência de ferramentas que fossem capazes de superá-los. O marxismo, dizia ele, poderia fornecer tais ferramentas. Ver Bertell Ollman, "Marxism and Political Science: Prolegomenon to a Debate on Marx's Method", *Politics & Society*, v. 3, n. 4, 1973, p. 491-510.

22 Marxismo e política

funcionamento das instituições políticas. Creio que Marx e o marxismo têm muito a colaborar nesse ponto. Indicar alguns dos caminhos em que esse aporte se mostra necessário é a ambição deste livro.

No primeiro capítulo, discuto o método do materialismo histórico e a relação entre a política e a economia. Na ciência política, há a tendência de isolar a política como mundo à parte e produzir modelos que ignoram, de forma quase deliberada, o que ocorre do lado de fora de suas fronteiras. Contra isso, advogo que são necessários dois movimentos (e que Marx pode contribuir para ambos). O primeiro é entender que a própria definição das fronteiras da política é um produto histórico e uma resultante de conflitos entre interesses diversos. Isso nos ajuda a evitar reificá-las, como faz hoje a vertente majoritária da disciplina. O segundo movimento é reconectar a compreensão da política com as disputas sociais mais amplas que a atravessam. Sem isso, o estudo ficará restrito à *petite politique*, isto é, ao conflito de egos e à disputa por cargos, nada além da marola dos embates sociais profundos. Uma leitura do materialismo histórico que o vê não como *determinação* econômica, mas como *sobredeterminação* das diferentes práticas sociais, o que permite simultaneamente recusar a autonomia da política e preservar a efetividade do momento político.

Em seguida, no capítulo 2, discuto o conceito de "classe social", que o marxismo, como se sabe, coloca no centro de sua reflexão – como dizem Marx e Engels no *Manifesto Comunista*, a história da humanidade é a história da luta de classes. O conceito é polêmico, nunca tendo sido plenamente desenvolvido pelo próprio Marx; e, no seio da própria esquerda, muitos apontam que o foco exclusivo na classe leva ao obscurecimento de outras fontes de opressão social. Na tradição dominante da ciência política, por outro lado, a classe é um elemento no máximo secundário. A desigualdade econômica tende a ser tratada apenas como relativa ao acesso à renda e ao patrimônio, ignorando as relações de produção. E a divisão fundamental da sociedade é vista como sendo entre governantes e governados: esse é o caminho da teoria das elites e da leitura de Maquiavel por James Burnham[9]. No entanto, a preocupação com o conflito de classes (o que não significa erigi-lo como único eixo relevante) é fundamental para ampliar a compreensão dos processos políticos e integrá-los com a dinâmica social mais ampla.

---

[9] James Burnham, *The Machiavellians: Defenders of Freedom* (Chicago, Gateway, 1970). A edição original é de 1943.

Mas o reconhecimento da relevância do conflito de classes não esgota a questão de sua relação com outros eixos de dominação presentes no mundo social, como gênero ou raça – discussão que é travada nos capítulos 3 e 4. Como reflexo do ativismo intelectual de muitos pesquisadores, o campo da ciência política tem se tornado, nos últimos tempos, mais sensível à importância dessas categorias. Na esquerda, à abertura para tais temáticas, a partir dos anos 1960, graças sobretudo aos movimentos feminista, negro e juvenil, sucedeu-se, nos últimos tempos, uma virada "identitarista" (expressão que uso para designar especificamente a tendência de afirmar o pertencimento de grupo descolando-o das estruturas sociais de dominação). Enquanto as reflexões do pós-guerras dialogavam com a tradição marxista, tensionando-a e obrigando-a a se renovar, o identitarismo privilegia uma gramática liberal e idealista, estabelecendo-se em campo oposto ao materialismo histórico. Torna-se necessário, então, entender o que Marx e o marxismo ainda têm a contribuir nessas discussões. O capítulo 3 analisa sobretudo a relação entre gênero e classe; o 4, entre raça e classe.

O debate sobre o conceito de "Estado" é o tema do quinto capítulo. A obra de Marx tende a uma estilização profunda – o "comitê gestor" dos interesses gerais da burguesia, segundo o *Manifesto* –, que corresponde à necessidade de combater as percepções idealistas do Estado como promotor do bem comum. Seus escritos históricos, uma vez mais, revelam uma compreensão mais complexa; e a luta dos dominados tornou a situação ainda mais espinhosa, uma vez que os Estados passaram a atuar, muitas vezes, contra a vontade expressa do capital e de outros grupos privilegiados (com legislações de proteção ao trabalho ou de promoção da igualdade de gênero ou racial, por exemplo). Na segunda metade do século XX, quando o *mainstream* da ciência política parecia disposto a dispensar a categoria "Estado" em favor da noção, mais difusa, de "sistema político", foram autores marxistas ou influenciados pelo marxismo que a mantiveram e construíram um sofisticado corpo teórico para explicá-la, sem perder de vista seu caráter de classe. O reconhecimento do caráter de classe do Estado, que essa tradição nunca abandonou, permite interpelar criticamente o institucionalismo um tanto plano que marca boa parte da disciplina.

Um tipo específico de regime político, a democracia, tornou-se há tempos o horizonte normativo da ciência política – e o capítulo 6 discute em que o marxismo pode contribuir para compreendê-la. Trata-se, sobretudo, de romper com as visões formalistas, que desconectam as instituições democráticas dos conflitos sociais e as apresentam como um campo neutro (as "regras do jogo") em que as disputas são reguladas. Embora dificilmente se possa falar de uma "teoria marxista da democracia", autores marxistas introduziram debates importantes para entendê-la de maneira mais complexa, como uma forma de dominação política que se relaciona intimamente com a dominação social geral, para reforçá-la ou para moderá-la.

O sétimo capítulo desloca a atenção para a produção dos comportamentos sociais, discutindo os controvertidos conceitos de alienação, fetichismo e ideologia. A máxima utilitarista de que cada um é o melhor juiz de seus próprios interesses, que subjaz a boa parte dos modelos da ciência política, é confrontada pelo entendimento de que o mundo social não é transparente e que a difusão de uma ou de outra leitura sobre esse mundo é objeto de uma luta desigual. Ao mesmo tempo, porém, a percepção de que os dominados são vítimas de uma falsa consciência pode levar a posturas paternalistas e autoritárias, como se o observador externo, mas dotado dos instrumentos analíticos corretos, fosse capaz de determinar quais são os "verdadeiros" interesses dos agentes melhor que os próprios agentes. Ainda assim (e nisso, uma vez mais, Marx e o marxismo fornecem ferramentas preciosas), não é possível buscar uma compreensão aprofundada das disputas políticas sem tematizar a produção social das preferências, para a qual os dominantes dispõem de recursos bem mais potentes que os dominados.

A transformação social é o tema do oitavo capítulo. Os escritos de Marx dão, por vezes, vazão a uma interpretação determinista, como se em algum momento o modo de produção capitalista se tornasse incapaz de resolver suas próprias contradições e tivesse forçosamente que ceder lugar a outra forma de organização social. Ao mesmo tempo, porém, há espaço para a agência humana; afinal, "a emancipação dos trabalhadores será obra dos próprios trabalhadores" e o motor da história, segundo o chavão famoso, é a luta de classes. No momento em que o principal instrumento da luta política que emergiu da tradição marxista, o partido de classe, parece se debater numa crise insolúvel, cabe perguntar o que Marx e o marxismo ainda podem oferecer para a compreensão da mudança social – e que tipo de sociedade futura eles projetam, diante do fracasso histórico do socialismo real (a experiência do bloco soviético) e de uma arraigada descrença em relação à "hipótese comunista".

O último capítulo introduz uma questão que, da época de Marx para cá, saiu das margens do debate político para ocupar seu centro: a ecologia. Por longo tempo, o marxismo foi atrelado a visões produtivistas, que enalteciam o crescente "domínio do homem (*sic*) sobre a natureza". A percepção é reforçada pelo péssimo registro, em relação à proteção ambiental, dos países que reivindicavam ou ainda reivindicam a herança do marxismo, os países do "socialismo real". Contra ela, autores contemporâneos buscam apresentar uma leitura diversa, por vezes fazendo do próprio Marx um ecologista *avant la lettre*. Mais importante que isso, porém, é entender de que maneira uma abordagem materialista, inspirada em Marx, pode ajudar a compreender os desafios lançados pela degradação ambiental e sua conexão com os conflitos sociais.

Por fim, a breve conclusão faz um balanço dessas contribuições e apresenta o que seria, a meu ver, um resultado ideal. Não uma "ciência política marxista", que afirme uma filiação doutrinária *a priori*, mas uma ciência política aberta às contribuições do marxismo, seja em suas ferramentas analíticas, seja nos problemas que discute – e sem medo de, seguindo essas pegadas, assumir posição e buscar contribuir para a transformação social com caráter emancipador.

* * *

Muito do que está presente neste livro foi discutido nas aulas da disciplina "Marxismo e política", oferecida na pós-graduação em ciência política da Universidade de Brasília no segundo semestre letivo de 2022. Agradeço as contribuições e os questionamentos dos estudantes Alexandre Fernandes, Gabriela Lopes Sales, Isabela Rocha, Isabella Arruda, Luara Wandelli Loth e Robson Carvalho. Os originais do livro foram lidos e revisados por Regina Dalcastagnè, a quem também agradeço.

Para não cansar os leitores com remissões a meus trabalhos anteriores, evitei-as em praticamente todos os casos. Anoto aqui os principais locais em que se encontram desenvolvidas algumas das ideias apresentadas neste livro. O capítulo 1 incorpora discussões sobre idealismo político e pós-materialismo que estão detalhadas em *Democracia e representação: territórios em disputa* (São Paulo, Editora Unesp, 2014), cap. 3; *Consenso e conflito na democracia contemporânea* (São Paulo, Editora Unesp, 2017), cap. 1; e *Dominação e resistência: desafios para uma política emancipatória* (São Paulo, Boitempo, 2018), cap. 7. O capítulo 2 volta a discussões sobre vertentes da teoria das classes apresentadas mais detidamente em *Trabalho e utopia: Karl Marx, André Gorz, Jon Elster* (Porto Alegre, Zouk, 2018), cap. 2; uma discussão sobre elites está em "Desigualdades inevitáveis e restrição da democracia no pensamento elitista", em Luis Felipe Miguel (org.), *Desigualdades e democracia: o debate da teoria política* (São Paulo, Editora Unesp, 2016). Argumentos desenvolvidos no capítulo 3 retomam ideias presentes em *Dominação e resistência*, cit., cap. 6; e em *Democracia na periferia capitalista: impasses do Brasil* (Belo Horizonte, Autêntica, 2022), cap. 7. O final do capítulo 4 reelabora, com mudanças significativas de enfoque, argumentos por mim antes apresentados no artigo "Gênero, classe, raça: opressões cruzadas e convergências na reprodução das desigualdades", escrito em coautoria com Flávia Biroli e publicado na revista *Mediações*, da Universidade Estadual de Londrina (v. 20, n. 2, 2015, p. 27-55). Partes do debate sobre o Estado capitalista, no capítulo 5, têm tratamento mais aprofundado em *Dominação e resistência*, cit., cap. 2 e 3. O capítulo 6 aproveita partes de uma discussão aprofundada em *Consenso e conflito na democracia contemporânea*, cit., cap. 6, e em "Da desigualdade de classe à dominação política na tradição marxista", em Luis Felipe Miguel (org.), *Desigualdades e democracia*. cit. A questão da formação das preferências e da ideologia, no capítulo 7, é desenvolvida em *Democracia e representação*, cit., cap. 4; *Dominação e resistência*, cit., cap. 5; e *Trabalho e utopia*, cit., cap. 1. Do capítulo 8, os dilemas de uma política transformadora radical nos dias de hoje foram tratados em *Democracia na periferia capitalista*, cit., cap. 7; o tema da violência foi analisado extensamente em *Dominação e resistência*, cit., cap. 4; e a discussão sobre comunismo sintetiza partes de *Trabalho e utopia*, cit., cap. 1. Em todos os casos, o material foi integralmente retrabalhado e fundido com novas reflexões.

1. POLÍTICA E ECONOMIA

Parece fácil adivinhar qual é o objeto de uma disciplina que se chama "ciência política". Mas "política" é um conceito complexo, sobre o qual o único consenso existente talvez seja que ele deve incluir, de alguma maneira, uma ideia de disputa pelo poder. A partir daí se abrem três estratégias. É possível reduzir o conceito ao mínimo; mas, uma vez que se sabe que as relações de poder perpassam toda a teia de relações humanas, essa definição da política implicaria esvaziá-la de qualquer conteúdo distintivo, fazendo-a absorver todo o social, conforme o chavão "tudo é política". É possível também, no caminho inverso, estreitar a abrangência do conceito, limitando-o às dimensões estritas da política institucional (partidos, governos, parlamentos, eleições; também a diplomacia, como política externa). É o que faz a maior parte da ciência política, que se dedica a estudar as instituições nas quais se exerce o poder numa determinada sociedade. Mesmo um autor mais sofisticado, como Charles Tilly, ao explicar que "violência coletiva [...] é uma forma de contencioso político", esclarece que "ela conta como *política* porque relações dos participantes com o governo estão sempre em jogo"[1] – como se a ausência do governo significasse a ausência da política. Esse enfoque não permite apreender os conflitos relativos à politização de fenômenos sociais que escapam da política institucional ou do campo político propriamente dito. Ele não é capaz, portanto, de analisar fenômenos da dominação social que passam pelo impedimento à expressão de determinadas reivindicações ou reclamos nas arenas aceitas como políticas.

Entre um extremo e outro, há a opção de procurar um critério, ou conjunto de critérios, que explicite o específico da política e permita determinar o grau de politização das diversas relações sociais. Uma definição relativamente difundida entende como política o terreno no qual predomina a distinção entre amigo e inimigo – contraposto à estética, em que impera a diferença entre belo e feio, ou à ética, que contrapõe o bom ao mau. O próprio criador da distinção admitia que ela se limitava a fornecer "uma determinação conceitual no sentido de um critério, não uma definição exaustiva ou especificação de conteúdos"[2].

---

[1] Charles Tilly, *The Politics of Collective Violence* (Cambridge, Cambridge University Press, 2003), p. 26.

[2] Carl Schmitt, *O conceito do político* (trad. Alvaro L. M. Valls, Petrópolis, Vozes, 1992), p. 51. A edição original é de 1932.

Ao mesmo tempo, e em consonância com a adoção desse critério, Schmitt vê a política como algo que não ocupa um espaço determinado. Antes, ela vampiriza os diversos setores da vida humana – deles "extrai sua força", segundo sua própria expressão. O político, diz o pensador alemão, "não designa um âmbito próprio, mas apenas o grau de intensidade de uma associação ou dissociação entre os homens, cujos motivos podem ser de cunho religioso, nacional (no sentido étnico ou cultural), econômico ou outro"[3].

Discípulo de Schmitt, Julien Freund se dispôs a aprimorar a definição do mestre. Para ele, mais do que propriamente a distinção amigo/inimigo, o traço que define a política é a relação de comando e obediência, com a violência, aberta ou sugerida, que essa relação obrigatoriamente introduz. Essa seria a própria essência da política, insensível à variação histórica[4]. Ao lado da relação de comando e obediência, a relação público/privado e a relação amigo/inimigo seriam características acessórias da política. Mestre e seguidor convergem no raciocínio simplista para o qual "toda atividade humana divide, de seu ponto de vista, o universo humano em duas categorias de relações contrárias"[5] – belo e feio no caso da estética, certo e errado no caso da ética e, na política, amigo e inimigo ou comandante e comandado.

Outras respostas rompem com a visão crua de Schmitt e Freund e apresentam uma perspectiva em que o espaço da política é delimitado menos por seus aspectos de violência, de luta e de controle e mais por suas potencialidades criadoras. A política é definida, então, como o espaço em que os seres humanos produzem livremente suas interações ou constroem seu futuro comum. Mediação discursiva, esfera pública e projeto coletivo passam a ser os critérios mobilizados – por exemplo, por Hannah Arendt[6]. Embora com isso se alcancem dimensões da política às quais a percepção schmittiana é insensível, o risco é ficar com uma visão edulcorada, em que a política remete não ao conflito, mas ao "bem comum". Entre o idealismo, de um lado, e o cinismo, do outro, é necessário buscar uma imagem da política que combine o que ela frequentemente é com aquilo que ela sempre promete ser.

---

[3]   Ibidem, p. 64.

[4]   Julien Freund, *L'Essence du politique* (Paris, Sirey, 1965), p. 1.

[5]   Ibidem, p. 94.

[6]   Hannah Arendt, *The Human Condition* (Chicago, The University of Chicago Press, 1998) [ed. bras.: *A condição humana*, trad. Roberto Raposo, 12. ed., São Paulo, Forense Universitária, 2014]. A edição original é de 1958.

Nenhum critério, no entanto, parece capaz de delimitar de forma segura o sentido que atribuímos à política. Como tantas outras categorias centrais a determinadas discussões ou a disciplinas científicas, a política parece cair na situação que Ludwig Wittgenstein ilustrou com a noção de "jogo": não há uma definição singular que consiga incluir todas as atividades que são consideradas jogos e, ao mesmo tempo, excluir todas as que não o são.

A política é mais bem compreendida como um conjunto de práticas sociais, historicamente determinadas, cuja abrangência é fruto também das lutas sociais. Dito de outra maneira, como o processo pelo qual se obtém acesso ao exercício do poder e, por meio dele, à organização da vida coletiva numa determinada sociedade. O essencial é defini-la como "processo", não como um espaço social predefinido. Com isso, entende-se que seus limites não são fixos e que inserir – ou não – um campo de questões no âmbito da política já é a primeira grande disputa política. O insulamento da política nas suas manifestações institucionais hoje reconhecidas, tal como produzido pela maior parte da ciência política, é uma forma de reificação de um processo histórico que o despe de sua dinâmica e obstaculiza nossa capacidade de interpretá-lo.

Todo o método científico de Marx se funda na compreensão de que cada fenômeno humano só ganha sentido à luz de seu percurso histórico e das relações sociais nas quais se introduz, produzindo sua especificidade e o destacando de uma universalidade que também pode ser apreendida pelo pensamento – mas que, em si mesma, pouco nos diz sobre o mundo. Discutindo o conceito de "capital", em oposição aos economistas burgueses que fazem dele uma permanência trans-histórica, ele observa que "as determinações que valem para a produção em geral têm de ser corretamente isoladas de maneira que, além da unidade – decorrente do fato de que o sujeito, a humanidade, e o objeto, a natureza, são os mesmos –, não seja esquecida a diferença essencial". Se a produção humana da riqueza depende de um instrumento e de passado acumulado, mesmo que eles estejam apenas na "destreza acumulada na mão do selvagem pelo exercício repetido", então sempre há capital. Entretanto, essa conclusão dos economistas burgueses deixa de fora "justamente o específico, o que faz do 'instrumento de produção', do 'trabalho acumulado', capital"[7]. Ou seja: o capital como abstração é condição para o trabalho humano. O capital como relação social

---

[7]   Karl Marx, *Grundrisse: manuscritos econômicos de 1857-1858. Esboço da crítica da economia política* (trad. Mario Duayer e Nélio Schneider, São Paulo, Boitempo, 2011), p. 41. Os manuscritos são de 1857-1858.

que submete o trabalho nasce em determinadas circunstâncias históricas. Essa segunda percepção, muito mais do que a primeira, é a ferramenta necessária para a compreensão da sociedade capitalista.

O mesmo pode ser dito, *mutatis mutandis*, para a política. Resumida à ideia, em si mesma correta, de que mulheres e homens devem encontrar maneiras de organizar sua vida coletiva, ela é uma prática presente em qualquer sociedade humana. Mas a feição concreta dessa política muda, ao ponto de que sobra muito pouco em comum, além da noção abstrata, entre a política de uma sociedade de caçadores-coletores e a de um Estado-nação moderno. Em particular, a determinação histórica das práticas políticas implica uma definição do que é sua matéria, isto é, do que pode e deve estar submetido aos processos que aquela sociedade reconhece como políticos. A fórmula retórica "tudo é política", com que às vezes se tenta sacudir o marasmo e apontar o significado das mais diferentes práticas sociais para a reprodução da ordem de dominação vigente, acaba por ignorar o esforço de circunscrição da política a determinado espaço, que é parte integrante desta mesma ordem de dominação: mesmo que em tese "tudo" seja política, nem tudo conta como política numa determinada sociedade.

A ordem vigente de dominação, no entanto, é desafiada por movimentos que nascem no próprio tecido social; é nesse sentido que a definição do que é política consiste na disputa política elementar. Pelo menos três grandes ondas de ampliação das fronteiras da política ocorreram nos últimos dois séculos. O movimento operário politizou as relações de trabalho, que a burguesia desejava manter na condição de contratos privados entre empregados e patrões. O movimento feminista politizou a esfera doméstica e, com ela, as relações de gênero, percebidas tradicionalmente como respondendo a uma ordem natural e, portanto, inquestionável. O movimento ambientalista politizou a relação da humanidade com o meio natural que a cerca. Esses processos de politização são, em si mesmos, batalhas políticas essenciais, em que se defrontam projetos emancipatórios e seus adversários.

A última frase está no presente porque nenhuma dessas batalhas pode ser considerada ganha, nem na prática social, nem na teoria. A compreensão de que as relações de trabalho, a família e a exploração da natureza são questões políticas continua a ter que ser sustentada todos os dias. Contra ela opera um discurso de senso comum, que reduz a política aos espaços institucionais e que é refletido e reforçado pelo jornalismo, o qual setoriza as ações no mundo segundo sua lógica produtiva e reserva o noticiário político aos poderes constitucionais e aos partidos, relegando o conflito entre capital e trabalho às páginas de economia, as lutas pelos direitos de mulheres aos cadernos de "cotidiano" e o ambientalismo a umas ou outros, conforme o caso. A maior parte da ciência política, com seu institucionalismo estreito, funciona no mesmo diapasão.

Há um reforço permanente da separação entre política e economia; somos levados a crer que se tratam de duas esferas naturalmente diversas, cujas fronteiras são apenas identificadas, não produzidas por nosso sistema de pensamento. Os discursos dominantes observam que a política não deve atrapalhar a economia. Ou então – para usar um exemplo muito presente – distinguem as greves econômicas, legítimas, de greves políticas, nas quais os sindicatos estariam extrapolando seu papel. Mesmo em muito da tradição marxista se aceita, sem maior preocupação, a distinção entre luta econômica e luta política.

Mas Marx já indicava que há sempre um caráter político nas relações econômicas, não apenas porque a relação entre proprietários e trabalhadores é uma relação de autoridade, mas porque a subordinação se manifesta na própria operação da indústria capitalista, na qual o operário passa a ser "peça de uma máquina"[8]. As reivindicações trabalhistas mais chãs, aceitas em geral como sendo apenas econômicas, como aquelas por melhoria no salário ou nas condições de trabalho, implicam uma contestação política, pondo em xeque a ideologia do contrato (que legitima o poder do patrão sobre o empregado) e também o direito do proprietário à extração de mais-valor e ao controle sobre o processo de produção[9].

A separação entre economia e política é melhor entendida como fruto de um trabalho ideológico primário, cujo resultado principal é fazer os problemas da exploração e da dominação deixarem de ser entendidos como políticos e se tornarem "econômicos"[10]. Como demonstrou Ellen Meiksins Wood, essa divisão,

---

[8]   Karl Marx, *O capital: crítica da economia política*, Livro I: *O processo de produção do capital* (trad. Rubens Enderle, São Paulo, Boitempo, 2013), p. 494. A edição original é de 1867. Trata-se de um entendimento que aflora apenas na obra madura. Um trecho de *A sagrada família* (escrito por Engels) critica expressamente a noção de que as máquinas submeteriam os trabalhadores; ver Karl Marx e Friedrich Engels, *A sagrada família*, (trad. Marcelo Backes, São Paulo, Boitempo, 2003), p. 22.

[9]   Ver André Gorz, *O socialismo difícil* (trad. Maria Helena Kühner, Rio de Janeiro, Zahar, 1968), cap. 1. A edição original é de 1967.

[10] Ellen Meiksins Wood, *Democracy Against Capitalism: Renewing Historical Materialism* (Cambridge, Cambridge University Press, 1995), p. 20 [ed. bras.: *Democracia contra o capitalismo: a renovação do materialismo histórico*, trad. Paulo Castanheira, São Paulo, Boitempo, 2003].

da maneira como é aceita hoje, nasce com o próprio capitalismo. Nos modos de produção anteriores, as funções sociais vinculadas à produção, à extração de mais-valor e à apropriação da riqueza e as funções vinculadas à repressão política costumavam ser exercidas pelos mesmos agentes, o que sublinhava sua indissociabilidade. O senhor feudal, por exemplo, era responsável por ambas. O capitalismo gera esferas diferenciadas ao alocar as funções "econômicas" aos proprietários privados e as funções "políticas" ao Estado. Com isso, despolitiza disputas essenciais, vinculadas à exploração e à dominação, que são relegadas à economia. Em síntese, diz ela, o que o capitalismo produz é uma diferenciação de tipos de atividades políticas, alocadas separadamente na esfera econômica privada e na esfera pública do Estado[11].

Essa separação é fundamental para perpetuar o império do capital, na medida em que a regulação promovida pelo mercado fica imune ao controle político. É o estratagema que permite driblar a tensão congenial ao casamento conflituoso entre capitalismo e democracia. A ordem democrática é baseada num credo igualitário, pelo qual a vontade expressa de cada cidadã ou cidadão deve pesar tanto quanto a de qualquer outro. Já no mercado capitalista, a influência é determinada pela posse desigual dos recursos. "Só por mágica os dois mecanismos podem levar ao mesmo resultado"[12]. A fixação da economia como um mundo à parte permite restringir o âmbito da democracia. Graças a isso, sociedades que aceitamos como democráticas convivem com hierarquias altamente autoritárias no âmbito das relações de produção (ou da esfera doméstica). A utilidade dessa separação estrita entre política e economia para a reprodução da ordem capitalista fica patente no discurso ultraliberal, que não cansa de reafirmá-la e de impugnar qualquer regulação das relações trabalhistas ou da vida das empresas como um atentado à liberdade. Trata-se de colocar o empregado frente ao patrão para negociar a venda de sua força de trabalho como se dispusesse de recursos equiparáveis, como se estivesse num mano a mano justo. Não por acaso, um dos motes da revogação da legislação trabalhista no Brasil, a partir da metade da década de 2010, foi o princípio da "prevalência do negociado sobre o legislado". Com isso, a mobilização política da classe trabalhadora, que permitiu a obtenção

---

[11] Ibidem, p. 31.

[12] Adam Przeworski, *Estado e economia no capitalismo* (trad. Argelina Cheibub Figueiredo e Pedro Paulo Zahluth Bastos, Rio de Janeiro, Relume-Dumará, 1995), p. 7. A edição original é de 1990.

de algumas proteções sociais, é anulada graças à reafirmação da autonomia de um âmbito econômico separado.

O pensamento de Marx busca, ao contrário, indicar a interrelação profunda entre as diferentes esferas da ação no mundo social. A formulação "canônica" aparece no célebre prefácio a *Para a crítica da economia política*, de uma maneira, porém, que talvez tenha causado mais dano do que benefício. Lá está escrito que

> na produção social de sua vida, os humanos estabelecem relações bem determinadas, necessárias, independentes de sua vontade, relações de produção que correspondem a um determinado estágio do desenvolvimento de suas forças produtivas materiais. A totalidade dessas relações de produção constitui a estrutura econômica da sociedade, a base real, sobre a qual se eleva uma superestrutura jurídica e política, à qual correspondem certas formas de consciência social. O modo de produção da vida material condiciona o processo social, político e intelectual da vida em geral.[13]

A metáfora base-superestrutura indica de forma gráfica o que Marx quer dizer – isto é, o impacto da organização das relações de produção em todos os aspectos da vida social –, mas também cobra um preço. Ela encaminha para uma compreensão muito unidirecional e mesmo mecânica das influências entre as diferentes esferas do mundo humano. Marx fala em termos de correspondências e condicionantes. A um determinado grau de desenvolvimento das forças produtivas correspondem certas relações de produção; a elas corresponde uma superestrutura jurídica e política à qual corresponde por sua vez uma forma de consciência; o modo de produção condiciona o desenvolvimento de toda a vida social. É possível ler condicionantes e correspondências de uma maneira mais lassa, indicando sobretudo limites ou tendências. Mas é mais corrente interpretá-las de forma determinista, como se um estado levasse de forma obrigatória a outro. Assim, em última análise, do estágio de desenvolvimento das forças produtivas materiais nós poderíamos derivar, de forma inexorável, um conjunto de relações de produção, as quais, por sua vez, estabeleceriam também de maneira inelutável uma dada superestrutura.

É o tipo de leitura que faz Marx ser entendido – e não só por antimarxistas – como um "determinista econômico". Trechos de sua própria obra ajudam a

---

[13] Karl Marx, *Para a crítica da economia política* (trad. Nélio Schneider, São Paulo, Boitempo, 2024), p. 25. A edição original é de 1859.

sustentar essa posição. Por exemplo, quando escreve, a meu ver corretamente, que, ao adquirir novas forças produtivas, a humanidade acaba por alterar a maneira de ganhar a vida e, portanto, todas as relações sociais. Mas arremata: "O moinho movido pelo braço humano nos dá a sociedade com o suserano; o moinho a vapor nos dá a sociedade com o capitalista industrial"[14]. A frase de efeito é sonora, mas leva à inegável sugestão de que há uma causalidade mecânica.

Essa não é a melhor maneira de interpretar a visão marxiana de fundo em relação à sociedade e à história. É necessário, em primeiro lugar, situá-la diante das interpretações então dominantes sobre o processo histórico. Na segunda metade do século XIX, grassavam, por exemplo, visões baseadas na teoria do britânico Thomas Carlyle, para quem "a história do mundo é apenas a biografia de grandes homens". Para Marx, trata-se, ao contrário, de inserir as ações individuais nas linhas de força dos grandes conflitos coletivos e das estruturas sociais. Mais importante ainda para a compreensão de sua obra, a filosofia de Hegel via a história como o progresso da Razão, cujo núcleo dinâmico estava, portanto, no âmbito da consciência e das ideias. Marx, que foi um discípulo do pensador de Iena, chegou a descrever sua ambição intelectual como sendo colocar o hegelianismo com os pés no chão. Nele, a dialética "se encontra de cabeça para baixo. É preciso desvirá-la, a fim de descobrir o cerne racional dentro do invólucro místico"[15].

Essa inversão é o materialismo histórico, que não nega o papel do pensamento no mundo, mas compreende que sua verdade depende de seu "fundamento mundano"[16], da práxis que ele é capaz de engendrar.

Não se trata, portanto, de julgar que o mundo social deriva de forma mecânica das relações econômicas e que todo o resto – cultura, instituições, política – é epifenômeno da economia. Trata-se de entender que o mundo material condiciona a possibilidade e a efetividade do pensamento e que, justamente por ser assim, as disputas relativas à organização desse mundo material são as disputas centrais na sociedade. Um mundo material, por sinal, que não se resume apenas àquilo que o senso comum identifica como economia (as atividades geradoras de

---

[14] Idem, *A miséria da filosofia* (trad. José Paulo Netto, São Paulo, Boitempo, 2017), p. 102. A edição original é de 1847.

[15] Idem, "Posfácio da segunda edição", em *O capital: crítica da economia política*, Livro I, cit., p. 91. A publicação original é de 1873.

[16] Idem, "Teses sobre Feuerbach", em Karl Marx e Friedrich Engels, *A ideologia alemã* (trad. Rubens Enderle, Nélio Schneider e Luciano Cavini Martorano, São Paulo, Boitempo, 2007), p. 534. O manuscrito original é de 1845.

PIB, por assim dizer), mas engloba as diferentes atividades pelas quais mulheres e homens produzem a própria existência. Essa compreensão mais sofisticada permite um entendimento mais preciso do mundo social, mas exige também maior esforço de operacionalização que o mero determinismo econômico.

Muitos autores, partindo de Marx, buscaram estabelecer modelos capazes de apreender, de forma simultânea, as múltiplas determinações cruzadas entre as diferentes esferas da prática humana e a primazia da estrutura material na explicação histórica. Por exemplo, Louis Althusser apontava um padrão complexo de sobredeterminação entre as diferentes práticas humanas, que incidem umas sobre as outras, com a economia operando como "determinante em última instância". Isto é, a economia é determinante a longo prazo e, concretamente, define qual esfera da sociedade concentrará, em dado momento histórico, a tarefa de reprodução da ordem estabelecida. Na Idade Média, marcada pela naturalização de uma ordem que se assume como hierárquica, esse papel cabia à religião. No capitalismo, em que a desigualdade é apresentada como fruto das trocas mercantis livres e voluntárias, a economia determina que ela própria é a instância dominante, para o que, aliás, contribui de forma central a própria separação entre economia e política, como visto antes[17].

Não invoquei Althusser para necessariamente endossar sua teoria, mas para apontar como o materialismo histórico não significa determinismo econômico nem indiferença a outras motivações da ação humana. O que o materialismo histórico indica é que a atenção às circunstâncias materiais é importante para a explicação de qualquer movimento na sociedade humana, mesmo aqueles que parecem à primeira vista guardar pouca relação com elas. Uma mudança na doutrina católica – a invenção do purgatório – é mais bem entendida quando conectada à emergência, na Baixa Idade Média, de uma camada urbana com recursos suficientes para comprar da Igreja a celebração de missas em prol de almas que permaneciam a meio do caminho entre o céu e o inferno. A revolução impressionista nas artes plásticas dependeu da disseminação da pintura ao ar livre, que gera quadros de menor dimensão, apropriados ao novo público consumidor burguês, ao passo que antes a produção voltada à nobreza e à Igreja privilegiava obras murais ou em grandes formatos. Os paradigmas da beleza física, de mulheres e também de homens, que exaltam maior gordura

---

[17] Louis Althusser, *Pour Marx* (Paris, La Découverte, 1996) [ed. bras.: *Por Marx*, trad. Maria Leonor F. R. Loureiro, Campinas, Editora Unicamp, 2015]. A edição original é de 1965.

corporal estão associados a sociedades com baixa oferta de calorias. E assim por diante. Não é determinismo: o surgimento das camadas médias urbanas na Europa medieval não engendra o purgatório, nem a ascensão da burguesia exige a pintura de cavalete. Mas as condições de êxito dessas inovações se ligam à situação material.

Se é assim para a teologia, a arte ou os padrões de beleza, certamente também o é para a política. Aquilo que é aceito em geral como sendo os conflitos políticos correntes, que estão nas páginas de política dos jornais, que ocupam os "comentaristas políticos", consiste nas brigas partidárias, nas lutas pelos cargos no Estado e nos esforços para a obtenção de maiorias eleitorais. São homens e mulheres – dada a estrutura sexista da sociedade, em geral mais homens que mulheres – competindo pelo poder. É a "pequena política", definida por Gramsci como compreendendo "as questões parciais e cotidianas que se apresentam no interior de uma estrutura já estabelecida em decorrência de lutas pela predominância entre as diversas frações de uma mesma classe política". Ou seja, a pequena política põe em disputa a ocupação das posições de direção dentro de uma determinada ordem de dominação, mas não a própria ordem. "Portanto", prossegue o revolucionário sardo, "é grande política tentar excluir a grande política do âmbito interno da vida estatal e reduzir tudo a pequena política"[18]. Ao participar do fechamento de seu foco às questões da pequena política, elegendo como preocupação central os processos institucionalizados de disputa pelos cargos de comando do Estado, a ciência política corrobora o trabalho de naturalização da ordem de dominação vigente e de estreitamento das potencialidades emancipatórias da ação política.

Esse processo leva também à exclusão da maior parte da população, que, mesmo quando dispõe de direitos formais, tende a assumir uma postura de passividade diante de disputas políticas que estão muito longe de suas vidas. O sociólogo francês Pierre Bourdieu enfatizava a importância dessa despossessão para o funcionamento de um sistema contraditório, que ao mesmo tempo chama todos a participarem (pela ideologia democrática) e exclui a maioria (uma vez que a ação política efetiva depende da posse de recursos desigualmente distribuídos). Com isso, os dominados não aparecem como impedidos, mas

---

[18] Antonio Gramsci, *Cadernos do cárcere*, v. 3: *Maquiavel. Notas sobre o Estado e a política* (trad. Luiz Sérgio Henriques, Marco Aurélio Nogueira e Carlos Nelson Coutinho, Rio de Janeiro, Civilização Brasileira, 2000), p. 21.

sim como desinteressados em ocupar espaços que continuam formalmente abertos a eles. Fica oculta a questão principal, que "a classe dominante se define precisamente pelo fato de que ela possui um interesse particular pelos assuntos ditos de interesse geral, porque os interesses particulares de seus membros são particularmente ligados a esses assuntos"[19]. Políticas de governo que afetam a maioria das pessoas de maneira mediada e por vezes a médio ou longo prazos são conectadas diretamente aos interesses dos capitalistas ou da elite política. Uma mudança na composição do governo pode levar à abolição de um programa assistencial que me auxiliava, mas isso não ocorrerá de imediato; para os dirigentes partidários que perderão ou conquistarão cargos, no entanto, a diferença é percebida na hora. Uma alteração de política econômica pode resultar na perda de meu emprego, mas há uma cadeia de eventos intermediários entre uma coisa e outra. Para os proprietários, a percepção dos efeitos possíveis é muito mais direta.

Assim, a compreensão aprofundada da política exige tanto superar a marola das disputas do momento, conectando-as com os conflitos sociais mais profundos, quanto entender sua relação com os interesses materiais – a divisão do trabalho, o controle da riqueza, a distribuição dos frutos da cooperação social, o acesso aos diferentes espaços sociais. Foi o que o próprio Marx procurou fazer em seus escritos de conjuntura, como *O 18 de brumário de Luís Bonaparte*. A complexidade dessas obras mostra como esse não é um programa fácil de ser seguido, demandando uma grande clareza teórica em relação às contradições sociais fundamentais e, ao mesmo tempo, um olhar aguçado para as personagens do drama e as tramas em desenvolvimento.

A perspectiva marxiana, que ancora a disputa política nos conflitos sociais de base, serve de antídoto para as visões predominantes, que não veem mais do que a competição superficial, e também para as interpretações idealistas, que julgam ser possível transcender os interesses e fazer da política um exercício de uso puro da razão. A primazia conferida aos interesses materiais, no entanto, foi desafiada pela tese do "pós-materialismo", que afirmava que, a partir da segunda metade do século XX, o mundo social fora tomado por novos movimentos, cuja pauta seria mais

---

[19] Pierre Bourdieu, *La Distinction: critique sociale du jugement* (Paris, Minuit, 1979), p. 518 [ed. bras.: *A distinção: crítica social do julgamento*, trad. Daniela Kern e Guilherme J. F. Teixeira, Porto Alegre/São Paulo, Zouk/Edusp, 2007].

cultural (ou identitária) que material[20]. Há, no modelo, uma sobreposição permanente e deliberada de dois elementos diversos: a constatação da capacidade declinante de expressão política da clivagem de classe nos países centrais e a crença em sua irrelevância efetiva. Mas, olhando de uma perspectiva oposta, é razoável pensar que a redução da expressão política do conflito de classe antes demonstra um triunfo ideológico que, pesados todos os aspectos, *reitera a centralidade* da divisão de classes na explicação do mundo social[21]. Se for assim, o pós-materialismo deve ser lido não como um esforço de compreensão do mundo social, mas como um dispositivo ideológico que reforça o esvaziamento das classes na produção das adesões políticas. De resto, muito da pauta dos movimentos sociais saudados como "pós-materialistas" só pode ser assim entendida com base numa compreensão insustentavelmente restritiva do que é a materialidade. Lutas feministas em torno da divisão sexual do trabalho ou então da autonomia da mulher sobre o próprio corpo e lutas ambientalistas pela redefinição da relação da humanidade com o mundo natural, apontando para mudanças no próprio modo de produção, são eminentemente materiais.

Um desafio mais recente, mas com conteúdo similar, vem da percepção de que o motor dos conflitos sociais é antes a busca por reconhecimento intersubjetivo, que tem, portanto, precedência sobre as lutas pela organização do mundo material, uma percepção que é associada sobretudo à obra do sociólogo alemão Axel Honneth[22]. De maneira simplificada, a disputa pelo controle sobre a riqueza seria motivada pelo fato de que ele é um indicador de reconhecimento social; a privação seria, em primeiro lugar, demonstração de desrespeito à condição de humano igual a qualquer outro de um indivíduo. A aceitação da prioridade do reconhecimento tornou-se tão disseminada e influente que mesmo no interior do marxismo mais ortodoxo há quem entenda que o caminho não

---

[20] Ronald Inglehart, *The Silent Revolution: Changing Values and Political Styles among Western Publics* (Princeton, Princeton University Press, 1977).

[21] Como disse celebremente o bilionário estadunidense Warren Buffett, "claro que há luta de classe, e minha classe está ganhando".

[22] Axel Honneth, *Luta por reconhecimento: a gramática moral dos conflitos sociais* (trad. Luiz Repa, São Paulo, Editora 34, 2009). A edição original é de 1992. Apesar de existirem distâncias importantes, a teoria de Honneth parte da leitura que Alexandre Kojève fez da filosofia de Hegel, concedendo centralidade absoluta à alegoria do senhor e do escravo, isto é, à progressão do reconhecimento mútuo como medida da evolução do Espírito; ver Elliot L. Jurist, *Beyond Hegel and Nietzsche: Philosophy, Culture, and Agency* (Cambridge, MA, The MIT Press, 2000), cap. 9. Não cabe aprofundar a discussão aqui, mas é evidente seu enraizamento no idealismo filosófico.

é questioná-la mas, ao contrário, atribuí-la pioneiramente ao próprio Marx – como fez, por exemplo, Domenico Losurdo[23].

Creio que parte da discussão decorre de uma compreensão excessivamente dicotômica e estilizada das categorias postas em cena, que serão correntemente compreendidas como, de um lado, "distribuição" (material) e, de outro, "reconhecimento" (simbólico). Como observou Nancy Fraser, a melhor tradição marxista não se reconhece na categoria honnethiana da distribuição, que "negligencia as relações de produção e não consegue problematizar a exploração, a dominação e a mercantilização". Ela própria operou um modelo, muito polêmico, que apresentava redistribuição e reconhecimento como duas facetas, sempre imbricadas, das lutas por justiça social.

Na maior parte das situações sociais concretas, o sentimento de desrespeito à própria humanidade e a luta por acesso à segurança e ao conforto materiais não estão separados. Da mesma forma, é difícil determinar *a priori* se a ausência de reconhecimento é a causa da recusa a que se aceda à riqueza ou uma justificativa ideológica criada para ela. Isso não quer dizer que a *démarche* teórica promovida pela prioridade ao reconhecimento seja isenta de consequências. Ela sinaliza a ideia – errônea – de que a redistribuição material se segue automaticamente à obtenção do reconhecimento; indica, para os grupos dominados, uma estratégia que privilegia as melhorias de status e as reparações simbólicas; secundariza a clivagem de classe em meio aos outros eixos de opressão social; e estimula a leitura desses outros eixos sob a chave da "identidade", em vez da opressão estrutural (ver capítulos 3 e 4).

A dimensão do reconhecimento permite apreender um aspecto da complexidade das motivações para o engajamento político, mas, tornada a explicação universal, é no mínimo tão limitada quanto o reducionismo econômico. Como enquadramento teórico geral, ainda é superior uma leitura do materialismo histórico que o vê não como determinação econômica, mas como sobredeterminação das diferentes práticas sociais. Ela permite entender que o que está em jogo, em última análise, é a maneira pela qual mulheres e homens reproduzem a vida. Com isso, simultaneamente recusa a autonomia da política, que não é compreensível quando desconectada das relações e conflitos sociais mais amplos, e preserva a efetividade do momento político, que seria comprometida

---

[23] Domenico Losurdo, *A luta de classes: uma história política e filosófica* (trad. Silvia de Bernardinis, São Paulo, Boitempo, 2015). A edição original é de 2013.

caso se aceitasse que as instituições e a cultura são simplesmente derivadas do estágio de desenvolvimento das relações de produção.

Embora subteorizada pelo próprio Marx, essa efetividade transparece em seus escritos históricos[24] e é desenvolvida pelos grandes pensadores marxistas da política, como Lênin, Bernstein, Luxemburgo, Mariátegui, Gramsci, Althusser ou Poulantzas. A política é percebida como a prática que expressa as contradições presentes na sociedade e a arena em que se encontram as soluções, sempre provisórias, para elas. A fórmula gramsciana expressa com clareza: o "político em ato é um criador, um suscitador, mas não cria a partir do nada nem se move na vazia agitação de seus desejos e sonhos. Toma como base a realidade efetiva"[25]. Significa mais do que a frase surrada, atribuída a Bismarck, de que "a política é a arte do possível", pois entende que a ação política incide também sobre o universo das possibilidades em aberto. Por isso – e essa é uma lição que Gramsci extrai de Maquiavel – a análise realista do mundo social não pode ser desatenta aos elementos, presentes na própria realidade, que a empurram para além de sua configuração atual. A ciência política, com frequência presa de uma miopia profunda, que a leva a trabalhar com o momento presente como se estive congelado, tem muito a ganhar com esse entendimento.

---

[24] Karl Marx, *As lutas de classes na França de 1848 a 1850* (trad. Nélio Schneider, São Paulo, Boitempo, 2012). A edição original é de 1850. Idem, O *18 de brumário de Luís Bonaparte* (trad. Nélio Schneider, São Paulo, Boitempo, 2011). A edição original é de 1852. Idem, *A guerra civil na França* (trad. Rubens Enderle, São Paulo, Boitempo, 2011). A edição original é de 1871.

[25] Antonio Gramsci, *Cadernos do cárcere*, cit., p. 17.

2. AS CLASSES SOCIAIS

O conceito basilar para a explicação dos conflitos sociais e da transformação histórica, na concepção marxista, é o de classe social. O clichê "a luta de classes é o motor da história" introduz uma simplificação excessiva, mas é fato que, logo no início do *Manifesto Comunista*, está escrito que "a história de todas as sociedades até hoje existentes é a história da luta de classes" – sendo que Engels acrescentou uma nota de rodapé explicando que falavam apenas da história *escrita*, já que depois surgiram evidências de sociedades pré-históricas sem classes[1]. Criticada por condenar à irrelevância outras clivagens sociais, como gênero ou raça, essa percepção tem no entanto o mérito de apontar um eixo de conflito que estrutura grande parte da dinâmica social e que não pode ser ignorado. É possível lê-la como indicativo de que o conflito de classes é o único conflito social relevante, como fazem correntes do marxismo mais ortodoxo; que tal conflito é o mais central, embora outros também possam ser importantes, como fazem algumas vertentes contemporâneas; ou que ele é central, assim como outros podem ser igualmente centrais, sem estabelecer uma hierarquia *a priori*, na trilha, por exemplo, do feminismo socialista da segunda metade do século XX. Seja como for, "classe" é um elemento indispensável para pensarmos a sociedade e suas contradições.

Mas não para boa parte da ciência política. Há pelo menos três fatores, interligados entre si, que explicam a ausência, não só da classe, mas dos outros eixos essenciais de produção da assimetria social, como gênero ou raça, em muito do que se produz na disciplina. Primeiro, o institucionalismo estreito que faz operar um universo mental em que a concessão formal de direitos iguais é aceita sem questionamento. Ou seja, a ciência política – em particular a ciência política que se diz "neutra" – assume em seus pressupostos a integralidade da ideologia liberal, partindo da noção de que vivemos numa sociedade de indivíduos simétricos e isolados. Depois, também como consequência dessa filiação ao pensamento liberal, a corrente predominante da ciência política opera sem questionar a divisão convencional entre uma esfera pública e outra privada ou, *a fortiori*, a definição dominante sobre as fronteiras da política

---

[1]   Karl Marx e Friedrich Engels, *Manifesto Comunista* (trad. Álvaro Pina e Ivana Jinkings, São Paulo, Boitempo, 2010), p. 40. A edição original é de 1848.

(como visto no capítulo anterior). Por fim, os modelos mais utilizados na disciplina, adaptados da economia neoclássica e com forte influência utilitarista, estilizam o jogo político, reduzindo-o a duas categorias de atores internamente indiferenciados, os candidatos à liderança e os simples cidadãos ou eleitores, no mesmo movimento, afastando do horizonte a preocupação sobre como se formam as suas preferências.

Isso não quer dizer, claro, que os cientistas políticos não levem em conta a presença de padrões de estratificação e de desigualdades no mundo social ou o fato de eles afetarem a ação política – seria necessário um esforço gigantesco de cegueira voluntária para chegar a tal resultado. Mas, como regra, a atenção é dada ao acesso desigual a recursos, que estabelece diferenças quantitativas (alguns ganham muito, outros ganham pouco). É como o uso de "classe" nas pesquisas de opinião pública ou de intenção de voto, em que a alocação de cada respondente, da classe A à classe E, é dada por um conjunto de critérios que inclui a renda familiar e a posse de determinados bens, como automóveis, geladeiras ou televisores. "Classe", assim, é uma faixa de renda e consumo. O que faz sentido para sua destinação inicial, as pesquisas de mercado, que visam sondar o público potencial para a aquisição de algum produto e serviço, mostra-se bastante equivocado para entender outros comportamentos em sociedade.

É verdade que as classes sociais de que falava Marx estão relacionadas à distribuição da riqueza – e isso está longe de ser irrelevante. Mas o trabalhador não equivale ao pobre. O que o define não é a penúria material, ainda que ela possa ser constante, mas a posição que ocupa nas relações de produção. Para fazer uso de sua força de trabalho, o trabalhador tem que transformá-la em valor de troca, vendendo-a pelo salário. A relação que assim se estabelece produz uma distribuição desigual da riqueza, em desvantagem do produtor e em favor do capitalista, mas não só. Ela é marcada pela *exploração*, isto é, pelo fato de que o proprietário extrai do assalariado mais riqueza do que aquela que lhe é paga. A exploração é o que propicia a acumulação capitalista e, portanto, é definidora do próprio capitalismo. Ela indica, também, que o conflito entre trabalhadores e patrões não é um conflito sobre algo exterior a eles (a riqueza a ser distribuída), mas sobre o que os define como tais: o capitalista é capitalista e o trabalhador é trabalhador porque estão em polos opostos da relação de exploração. Estão divididos por uma contradição insuperável. Embora muita tinta tenha sido gasta, antes e depois de Marx, para demonstrar a harmonia ou a complementaridade de burgueses e operários, as disputas políticas concretas, sobre temas como legislação trabalhista, tributação, austeridade fiscal ou proteção social, entre tantos outros, mostram a cada dia como eles se encontram em campos opostos.

Além disso, o trabalho assalariado implica que o vendedor da força de trabalho cede a outro o controle de uma parte da sua vida. O tema da *alienação* é importante para uma crítica compreensiva da sociedade capitalista (ver, adiante, o capítulo 7), mas importa no momento sobretudo o fato de que o trabalhador recebe, na empresa, o treinamento oposto àquele que seria necessário para agir com competência como cidadão numa sociedade que se queira democrática. Ele é excluído das tomadas de decisões, tratado como engrenagem num processo determinado por instâncias superiores, sem direito a voz e muito menos a voto. É recompensado por sua obediência e punido quando se mostra autônomo. Justamente por isso, as teorias da democracia participativa julgam que é indispensável enfrentar o problema da passividade gerada pela propriedade individual dos meios de produção e consequente condenação de muitos à heteronomia – isto é, à sujeição a uma vontade alheia –, que é própria da situação de assalariamento[2].

À luz do que foi exposto, parece razoável aceitar a centralidade das classes para a compreensão da sociedade em que vivemos. No entanto, não é tão fácil estabelecer o conceito de "classe social" de maneira que seja, a um só tempo, operacionalizável e esclarecedor. O próprio Marx não ajuda tanto. Há um contraste patente entre a visão expressa em obras como o *Manifesto Comunista*, em que a sociedade é simplesmente cindida em duas classes polares (burgueses e proletários ou, de forma mais geral, exploradores e explorados), e a narrativa presente em seus escritos históricos, em que intervêm diversos setores médios e é dada grande atenção às divisões internas da burguesia. O capítulo "As classes", no terceiro livro de *O capital*, em que é apresentada a pergunta "o que vem a ser uma classe?", foi interrompido na segunda página, antes de qualquer desenvolvimento mais substantivo[3]. Marx nunca ofereceu uma resposta completa à sua própria questão.

---

[2]   Carole Pateman, *Participation and Democratic Theory* (Stanford, Stanford University Press, 1970) [ed. bras.: *Participação e teoria democrática*, trad. Luiz Paulo Rouanet, Rio de Janeiro, Paz e Terra, 1992].

[3]   Karl Marx, *O capital: crítica da economia política*, Livro III: *O processo global da produção capitalista* (trad. Rubens Enderle, São Paulo, Boitempo, 2017), p. 947. A edição original é de 1894.

As indicações sintéticas que ele dá se apoiam na dicotomia *possuir meios de produção* versus *trabalhar*. Os capitalistas, proprietários dos meios de produção, vivem da exploração do trabalho alheio. O proletário, que não tem os meios de produção, precisa vender sua força de trabalho para sobreviver. Uma camada intermediária trabalha com seus próprios meios, colocando no mercado os produtos de seu próprio esforço, como é o caso de artesãos. Essa camada, por vezes chamada de "pequena burguesia" (tradicional), tenderia ao desaparecimento, esmagada pela lógica da competição capitalista. Tal quadro geral, no entanto, que já era esquemático na época de Marx, tornou-se ainda mais insuficiente com a evolução posterior, seja das formas da propriedade, seja do mercado de trabalho.

Se por um lado a pequena burguesia tradicional de fato minguou, por outro surgiram novos setores intermediários e, em particular, um vasto segmento de profissionais qualificados que, embora sejam assalariados, estão distanciados da classe operária por suas condições de existência e visão de mundo. Na verdade, na medida em que a administração corporativa se profissionalizou, os próprios responsáveis pela autoridade empresarial (diretores-presidentes, CEOs) estão tecnicamente submetidos a uma relação de assalariamento. No entanto, fenômenos como a "pejotização" da força de trabalho, que transforma trabalhadores em prestadores de serviço formalmente autônomos, geram um simulacro de pequena burguesia. Já a "terceirização", em que empresas maiores contratam outras, menores, para prestar serviços dentro de suas próprias dependências e usando seus próprios equipamentos, dificulta o associativismo e a identificação das responsabilidades dos empregadores. Inicialmente restrita a serviços como limpeza e segurança, ela hoje pode alcançar o cerne da atividade produtiva.

Mais recentemente ainda, ocorre a chamada "uberização", que é uma nova forma de precarização das relações de trabalho. Motoristas de aplicativo e entregadores, entre outras categorias, são formalmente proprietários de seus meios de produção (o automóvel, a motocicleta), marcando aqui a ruptura com uma característica definidora da classe operária clássica[4]. Sem acesso

---

[4] É bem verdade que um arranjo parecido é relativamente comum no meio rural, quando agricultores formalmente independentes – por exemplo, no Sul do Brasil, plantadores de fumo ou criadores de porcos – estão submetidos por completo, em todas as fases da produção, a grandes corporações como a Souza Cruz ou a Sadia, que também detêm exclusividade para o fornecimento de insumos e para a compra dos produtos e fixam os preços. Devo essa observação a Regina Dalcastagnè.

aos aplicativos que oferecem conexão aos usuários dos serviços, porém, ficam na dependência das empresas, que definem os padrões de serviço, os preços cobrados, a remuneração dos trabalhadores e mesmo as cargas horárias. As empresas também investem pesadamente para impedir o reconhecimento jurídico da relação empregatícia, inibir o associativismo e promover a ideologia do empreendedorismo individual que, ao fim e ao cabo, impede a autopercepção dos trabalhadores como trabalhadores.

De maneira ainda mais geral, a evolução do capitalismo levou a uma redução na proporção da população engajada no trabalho produtivo de transformação do mundo material, que é aquela que compõe a classe operária em sentido estrito. Os dois requisitos são desafiados nas circunstâncias atuais. Por um lado, há uma redução da parcela de mão de obra ocupada na indústria da transformação. Embora a dimensão da mudança por vezes seja inflada, ao não levar em conta a transposição de plantas industriais de países ricos para países pobres, é difícil recusar o fato de que há uma expansão significativa da população empregada no setor de serviços.

Por outro lado, o crescimento das estruturas de gerência e controle, muitas vezes associadas à informatização, parece fazer diminuir a parcela do "trabalho produtivo" em sentido estrito. O conceito, em Marx, também é complexo. De forma resumida, é o trabalho que produz mais-valor: "Trabalho produtivo é simplesmente o trabalho que produz o capital"[5]. De maneira mais específica, o trabalho produtivo é aquele que ingressa na cadeia de produção como trabalho *abstrato*, já que o que interessa ao patrão não é se serão produzidas bonecas, geladeiras ou rifles, mas que haja a extração de mais-valor. Os trabalhos do engenheiro, do administrador ou mesmo do faxineiro, no entanto, são concretos; precisam ser obtidos em sua singularidade[6]. Não importa o que esteja sendo produzido, será necessário um engenheiro, cujo trabalho não pode ser substituído pelo faxineiro (nem vice-versa). Os trabalhos concretos podem gerar redução de custos e racionalização do processo produtivo ou então serem

---

[5] Karl Marx, *Grundrisse: manuscritos econômicos de 1857-1858. Esboço da crítica da economia política* (trad. Mario Duayer e Nélio Schneider, São Paulo, Boitempo, 2011), p. 238.

[6] A fronteira *não* é trabalho braçal versus trabalho intelectual. Não só o trabalho do faxineiro é concreto quanto, como fica claro no capítulo dito "inédito" de *O capital*, o trabalho intelectual pode ser trabalho produtivo, desde que entre no ciclo de valorização como trabalho abstrato. É assim, de acordo com exemplo do próprio Marx, o trabalho do professor numa escola privada. Ver Karl Marx, *Capítulo VI (inédito): manuscritos de 1863-1867*, O capital, *Livro I* (trad. Ronaldo Vielmi Fortes, São Paulo, Boitempo, 2022). O texto original é de c. 1865.

necessários para a realização do lucro, mas só na sua especificidade e sem participação direta no ciclo de valorização do capital. A posição dessas pessoas na estrutura de classes da sociedade é mais ambígua do que a do operário, sobretudo quando dispõem de competências especializadas. A emergência da chamada "economia do conhecimento" leva a situações ainda mais complexas. Profissionais como programadores de computação, tipicamente associados a trabalhos concretos, tornam-se diretamente produtivos em ramos como a produção de *softwares*. Os patrões se veem sujeitos a incentivos contraditórios, na medida em que desejam tanto "cultivá-los como fontes de inovação" quanto "baratear seu trabalho e elevar sua produtividade"[7].

Por fim (e sem pretender que a breve listagem esgote as complexidades das clivagens de classe no capitalismo contemporâneo), há novas formas de propriedade privada. As sociedades por ações pulverizam parte da propriedade das empresas, colocando-a nas mãos até mesmo de muitos trabalhadores e produzindo, em alguns países, uma espécie de "capitalismo popular", que exerce efeitos ideológicos profundos. Esse "capitalismo popular" não muda os fatos da exploração, da alienação e da ausência de autoridade na produção, muito menos transforma empregados em patrões; em polêmica com Bernstein, Rosa Luxemburgo observava que o capitalista é "uma categoria da produção", não do direito de propriedade. As sociedades por ações podem distribuir títulos de propriedade, mas concentram o capital, isto é, o controle da atividade produtiva[8]. Ainda assim, permanece o fato de que o trabalhador que adquire um punhado de ações é levado a se ver como tendo um pé na classe capitalista. Já a disseminação das práticas do *franchising* e da terceirização da cadeia produtiva gera uma camada de proprietários híbridos, os donos das franquias e fornecedores para as grandes empresas, que auferem lucros mas quase não exercem controle sobre os próprios negócios.

Diante desse cenário, os marxistas posteriores desenvolveram diversas tentativas de definir melhor o conceito, calibrando-o para uma compreensão mais fina do capitalismo contemporâneo. Entre muitas controvérsias, é central aquela

---

[7]   Ursula Huws, "Vida, trabalho e valor no século XXI: desfazendo o nó", em *A formação do cibertariado: trabalho virtual em um mundo real* (trad. Murillo van der Laan, Campinas, Editora Unicamp, 2017), p. 359. A edição original é de 2014.

[8]   Rosa Luxemburgo, "Reforma social ou revolução? (Com um anexo: milícia e militarismo)", em *Textos escolhidos*, v. 1 (org. Isabel Loureiro, trad. Grazyna Maria Asenko da Costa et al., São Paulo, Editora Unesp, 2011), p. 49. A edição original é de 1899.

que se refere à possibilidade de alcançar uma determinação objetiva das classes sociais que não remeta à consciência dos agentes. Se a classe é derivada das relações de produção, ela existe enquanto tal mesmo que seus integrantes não se reconheçam como parte dela. A distinção um tanto mecânica entre a *classe em si*, que é dada pelas condições materiais, e a *classe para si*, conhecedora de seus próprios interesses, presente em escritos do próprio Marx[9], aponta nessa direção. Ela tem o problema, porém, de indicar uma visão determinista da relação entre experiência vivida e produção da consciência. Ao mesmo tempo, em seus estudos históricos, ao introduzir a noção de lumpemproletariado – que é condenado a permanecer como uma "não classe" por sua incapacidade de alcançar interesses coletivos –, Marx parece assumir que, em alguma medida, a consciência é definidora da classe.

Em oposição à ideia de que as classes são determinadas de forma objetiva e valorizando de forma mais central a produção da consciência ou da identidade coletiva, correntes do marxismo vão vê-las como frutos de processos históricos. Elas são formadas no processo da própria luta de classes, sem que existam pontos de chegada fixos. As estruturas sociais condicionam as possibilidades, mas seu esquema abstrato só se torna relevante para a análise quando vinculado às práticas que se estabeleceram historicamente.

Um bom exemplo da primeira abordagem está na obra do cientista político estadunidense Erik Olin Wright. Ele afirma, sem rodeios, que a existência estrutural das classes, irredutível a suas organizações coletivas, às ideologias de classes ou à luta de classes é um pressuposto marxista básico[10]. Para resolver o problema da complexidade da estrutura de classes no capitalismo contemporâneo, depois de ensaiar outras soluções[11], ele estabeleceu a ideia – e buscou prová-la empiricamente – de que, para além do controle dos meios de produção, que é o fundamental, há eixos secundários de geração da desigualdade material e de status no modo de produção capitalista. São eles as competências especializadas e a autoridade gerencial. Um engenheiro é assalariado, vendendo sua força de trabalho a um patrão para sobreviver, mas possui uma expertise que o separa do operário. O capataz da linha de montagem não tem tal expertise, mas exerce autoridade sobre os trabalhadores. O executivo detém tanto

---

[9]   Karl Marx, *A miséria da filosofia* (trad. José Paulo Netto, São Paulo, Boitempo, 2017). A edição original é de 1847.

[10] Erik Olin Wright, *Classes* (Londres, Verso, 1985), p. 28.

[11] Idem, *Class, Crisis and the State* (Londres, Verso, 1978).

conhecimento especializado quanto autoridade. Assim, ao lado da distinção básica entre quem tem e quem não tem meios de produção, é necessário levar em conta a distribuição desigual dessas vantagens[12].

Expertise e autoridade podem ser incluídas no relato porque geram também formas de exploração, que Wright entende de acordo com o conceito de John E. Roemer como uma divisão desigual de benefícios materiais, na qual as vantagens dos beneficiários dependem da existência de prejudicados[13]. Isto é, na qual uma alteração para melhor na situação do prejudicado implicaria em piorar a situação do beneficiário. O conceito de classes baseado na exploração proporciona um fundamento objetivo, que independe da consciência dos agentes, tanto para sua existência quanto para os conflitos entre elas.

O principal autor associado à abordagem oposta é o historiador britânico Edward Thompson. Sua perspectiva teórica é evidenciada já no título de sua obra mais importante, *A formação da classe operária inglesa*. Ele indica um processo que não é dado, que *se faz*. No livro, ele explica que "classe" deve ser entendida como um

> fenômeno histórico, que unifica uma série de acontecimentos díspares e aparentemente desconectados, tanto na matéria-prima da experiência como na consciência. Ressalto que é um fenômeno *histórico*. Não vejo a classe como uma "estrutura", nem mesmo como uma "categoria", mas como algo que ocorre efetivamente (e cuja ocorrência pode ser demonstrada) nas relações humanas.[14]

Deriva daí uma visão da luta de classes como conceito prévio e muito mais universal que as classes; de forma provocadora, ele dizia, no subtítulo de um artigo muito importante, que há "luta de classes sem classes". É a partir da luta de classes que as pessoas se constituem coletivamente enquanto classes. É a *constituição* de uma identidade coletiva, não o desvelamento de uma realidade já dada, mas que ainda não chegara à consciência dos agentes. Thompson está longe, portanto, da dicotomia *classe em si/classe para si*. Isso não quer dizer, no entanto, que se perde a referência às posições nas relações de produção

---

[12] Idem, *Classes*, cit.; idem, *Class Counts: Comparative Studies in Class Analysis* (Cambridge, Cambridge University Press, 1997).

[13] John E. Roemer, *A General Theory of Exploitation and Class* (Cambridge, MA, Harvard University Press, 1982).

[14] E. P. Thompson, *A formação da classe operária inglesa*, v. 1 (trad. Denise Bottmann, Rio de Janeiro, Paz e Terra, 1987), p. 9. A edição original é de 1963.

ou que qualquer agrupamento de pessoas pode eventualmente se constituir como classe. Ele critica a ideia de que "a formação de classe é independente de determinações objetivas, que classe pode ser definida simplesmente como uma formação cultural etc."[15]. Trata-se de ler a relação entre condições objetivas e emergência da identidade coletiva (e da ação política) como balizamento de possibilidades, mais do que como determinação estrita.

Do ponto de vista de Thompson, a compreensão da posição dos estratos sociais que emergiram com o desenvolvimento do capitalismo é menos uma questão de apontar suas determinações estruturais que de entender os processos pelos quais as lutas sociais concretas fomentam a produção das identidades políticas coletivas. Trabalhadores do chão da fábrica e funcionários de escritório, por exemplo, pertencerão à mesma classe na medida em que os conflitos produzirem sua unidade. Afinal, a classe é uma formação *histórica*, "definida pelos homens [*sic*] enquanto vivem sua própria história"[16], logo, não faz sentido determinar fronteiras *a priori*.

As duas abordagens alternativas, aqui apresentadas por meio das posições exemplares de Wright e de Thompson, fornecem caminhos para compreensões dos conflitos políticos centrais, pondo em destaque tanto sua relação com as condições materiais de existência quanto com a produção dos sentimentos de pertencimento coletivo vinculados a essas condições. A ciência política ganha em complexidade se for capaz de entender qualquer um dos dois aspectos, para além do imediatismo das conjunturas eleitorais e do atomismo.

O foco nas classes sociais permite romper, em primeiro lugar, com os modelos baseados em indivíduos vistos como isolados e simétricos, que campeiam na ciência política. O maior exemplo são as teorias da escolha racional e suas derivações. Nelas, agentes racionais se defrontam em campo neutro, cada qual buscando alcançar seus objetivos. Com isso, as teorias tendem a descartar de suas reflexões as estruturas sociais e as desigualdades a elas associadas. Tendem também a abraçar a noção utilitarista de que cada indivíduo busca sua própria satisfação e, assim, deixam de lado a questão crucial da formação social das preferências.

---

[15] Idem, "Eighteenth-Century English Society: Class Struggle without Class?", *Social History*, v. 3, n. 2, 1978, p. 133-65, p. 149.

[16] Idem, *A formação da classe operária inglesa*, cit., p. 12.

Mais interessante para a discussão é a questão do peso e da importância de outros eixos de desigualdade social. Afinal, nossa sociedade não é só capitalista, é também sexista, racista e homofóbica. A tradição marxista, ao definir que a dominação de classe é o fundamento último da ordem social, não levaria em conta outras formas de assimetria e de opressão. Assim, o racismo teria nascido como um estratagema para minar a solidariedade entre os dominados; mesmo a opressão sobre as mulheres seria um subproduto da apropriação privada da riqueza, a crer no relato apresentado no clássico *A origem da família, da propriedade privada e do Estado*[17]. O corolário dessa percepção é que só a luta de classes realmente importa; todo o resto seria desviacionismo. Quando o socialismo chegasse, todas as formas de dominação desapareceriam naturalmente.

Essa narrativa está desacreditada, mesmo no âmbito do próprio marxismo. Também não prosperaram as leituras feministas, frequentes nos anos 1970, de que racismo e dominação de classe seriam apenas extensões do sexismo. Hoje é amplamente reconhecido que as diferentes opressões sociais são irredutíveis umas às outras, ainda que operem de forma cruzada para produzir a realidade que nos cerca e nos constitui. Mas o mero reconhecimento desse fato é insuficiente, sendo necessário entender de que forma as diferentes opressões se combinam e se sobrepõem. E também, para a discussão deste livro, até que ponto o referencial teórico marxiano e marxista, embora voltado precipuamente para a questão de classe, contribui – ou deixa de contribuir – para a elucidação de outras formas de dominação presentes na sociedade (ver os próximos dois capítulos).

As leituras que privilegiam as identidades de gênero ou raciais não costumam negar a existência nem a relevância das classes sociais – apenas as colocam em um distante segundo plano, atrás de demandas consideradas mais urgentes. A afirmação taxativa de que a divisão de classes não tem importância política costuma vir de intelectuais conservadores e ressurge de tempos em tempos. Nas sociedades desenvolvidas, o avanço de uma visão de mundo igualitária, a abertura das posições sociais a potencialmente qualquer um, a relativa uniformização dos padrões ou, ao menos, das expectativas de consumo, a elevação do nível médio de escolaridade, a redução dos níveis de pobreza e o avanço da mobilidade social, entre outros fatores, teriam desinflado a importância das

---

[17] Friedrich Engels, *A origem da família, da propriedade privada e do Estado* (trad. Nélio Schneider, São Paulo, Boitempo, 2019). A edição original é de 1884.

classes como chave explicativa da dinâmica e dos conflitos sociais. E, tal como na narrativa do "pós-materialismo", lembrada no capítulo anterior, essas sociedades desenvolvidas são apresentadas, expressa ou implicitamente, como a imagem do futuro do mundo menos desenvolvido. Ou seja: as classes se tornaram ou estão no caminho para se tornarem irrelevantes.

Uma das primeiras exposições completas dessa percepção, ainda nos anos 1950, aparece em um artigo do sociólogo Robert Nisbet, intitulado "The Decline and Fall of Social Class" [O declínio e a queda da classe social]. Ele afirma que a utilidade da análise de classes está hoje restrita à sociologia histórica ou aos países periféricos. Nos Estados Unidos e na maior parte do mundo ocidental, porém, a estratificação por classes foi substituída por "níveis impessoais conectados por canais cada vez mais amplos de mobilidade vertical"[18]. Pouco depois, o argumento foi recuperado por Daniel Bell. Seu objetivo era afirmar o "fim das ideologias", inaugurando a longa linhagem de estudos que pretendiam provar que a divisão entre esquerda e direita se tornara caduca. Ele não afirma que as classes sociais deixaram de existir nem nega que há um sistema de classes em vigor; seu ponto é que, "a não ser que a sociedade seja altamente estratificada, não se pode usar a estrutura de classes para a análise política direta"[19]. De fato, a relação entre dominação de classe e exercício do poder político mostrou-se menos mecânica do que alguns escritos de Marx e Engels sugeriam (ver, adiante, o capítulo 5). Nem por isso a estrutura de classes se mostrou menos central para a compreensão dos conflitos políticos.

A tese de Nisbet, ainda que não seja evocada de forma expressa, ressurge com outra roupagem na obra de Pierre Rosanvallon. As sociedades capitalistas contemporâneas seriam marcadas pela diluição das divisões sociais e pela homogeneização das condições materiais. A assimetria estrutural, que a análise de classes evidencia, perderia importância na produção da desigualdade, que assumiria a forma individualizada de exclusão social[20]. Este é o argumento central: a exclusão é um fenômeno individual. Os afetados por ela "não partilham mais do que um certo perfil de ordem biográfica", associado a "rupturas

---

[18] Robert A. Nisbet, "The Decline and Fall of Social Class", *The Pacific Sociological Review*, v. 2, n. 1, 1959, p. 16.

[19] Daniel Bell, *The End of Ideology: On the Exhaustion of Political Ideas in the Fifties* (Cambridge, MA, Harvard University Press, 2000), p. 66 [ed. bras.: *O fim da ideologia*, trad. Sérgio Bath, Brasília, Editora UnB, 1980]. A edição original é de 1960.

[20] Pierre Rosanvallon, *La Société des égaux* (Paris, Seuil, 2011), p. 309.

sociais ou familiares" ou "evasões profissionais", sem que sejam perceptíveis "diferenças estáveis"[21]. Ao contrário dos trabalhadores, os excluídos não podem se expressar politicamente, pois partilham uma situação, mas não seus determinantes. Portanto, não possuem interesses em comum. Em suma: as desigualdades existem, mas não têm densidade sociológica, muito menos relevância política, e por isso exigem respostas individuais, não a transformação das estruturas sociais. Para colocar de forma provocativa, a solução não passa mais pela revolução e sim pela caridade.

O que Rosanvallon faz, de forma ainda mais evidente que seus antecessores, é recuperar uma visão de mundo similar à do liberalismo oitocentista: uma sociedade de indivíduos singulares, cujos pertencimentos de grupo são de-simportantes. No mesmo movimento em que descarta a relevância política da classe, rejeita outras clivagens como gênero ou raça. Uma vez mais, o que embasa essa *démarche* é um duplo movimento redutor. Primeiro, a classe é reduzida à estratificação social por renda e consumo, tornando-se um fator fraco ou mesmo negligenciável em sociedades mais porosas à mobilidade individual e mais homogêneas quanto ao status de seus integrantes. Há aí um erro conceitual, pois a noção de classe se refere a determinações estruturais que vão além da renda. E também um erro empírico, pois o capitalismo desenvol-vido é bem menos aberto à mobilidade social e despreocupado dos signos de diferenciação de status do que esse retrato apresenta. O segundo movimento reduz a importância política da classe à sua expressão manifesta, ignorando os mecanismos complexos que medeiam a passagem da posição na estrutura social à produção do interesse político (ver capítulo 7).

Há ainda um último elemento no baixo entusiasmo da ciência política pela análise de classe. Classe, remetendo como remete às posições diversas nas relações de produção, é uma categoria em primeiro lugar "econômica". Muitos cientistas políticos, ainda aferrados a essa territorialização disciplinar, preferem trabalhar com outro vocabulário; a desigualdade política será entendida em termos de elites, um conceito bastante fluido que está no cerne de uma corrente intelectual, a teoria das elites, nascida na Europa na virada do século XIX para o século XX por obra de pensadores situados no lado direito do espectro político. A am-bição de Vilfredo Pareto, Gaetano Mosca e Robert Michels, aceitos como "pais" da doutrina clássica das elites, era demonstrar que, ao afirmarem a possibilidade

---

[21] Idem, *La Nouvelle question sociale: repenser l'État-providence* (Paris, Seuil, 1995), p. 202, 208.

56 Marxismo e política

de uma sociedade mais igualitária, democratas e socialistas estavam vendendo ilusões. Eles são excelentes exemplos de um dos modos básicos do discurso conservador, de acordo com a tipologia de Albert Hirschman: a "tese da futilidade", segundo a qual não adianta tentar mudar o mundo, já que, em sua essência, ele sempre será o mesmo[22]. No caso, sempre haverá uma minoria governante e uma maioria governada. Por motivos que, dependendo do autor, podem estar ligados à psicologia humana ou à dinâmica das organizações, o poder da maioria nunca passa de uma quimera inalcançável. As mudanças políticas estudadas na história, mesmo as revoluções mais radicais, nunca teriam passado de turbulências momentâneas, destinadas, quando muito, a trocar os nomes daqueles que estão no comando.

Em meados do século XX, a tradição elitista foi atualizada na leitura de Maquiavel por James Burnham[23]. Ex-marxista que se tornou depois uma das vozes fundadoras do neoconservadorismo estadunidense, Burnham concluiu que a fantasia da igualdade, em particular de que o povo pode exercer o poder, apenas fomenta o arbítrio (uma posição que não está distante da denúncia convencional do "populismo" nos dias de hoje). A política é atividade de minorias e o melhor que podemos esperar é que as minorias concorram entre si. De resto, permanece válida a regra: os poucos mandam e os muitos obedecem.

O problema dessa generalização, claro, é que ela toma como absoluta a presença do grupo governante, sem investigar como ele é recrutado, como seu poder é exercido, que tipo de trocas são estabelecidas com os governados ou que recursos esses últimos podem controlar. A discussão sobre igualdade política é apresentada como se fossem permitidas apenas duas alternativas dicotômicas, preto ou branco. O sultão do Império Otomano e o primeiro-ministro de uma república parlamentarista aparecem como equivalentes – e a conexão entre o exercício do poder estatal e as formas de assimetria e de dominação presentes na sociedade fica, é claro, posta de lado.

Mas o discurso sobre as elites acabou reapropriado por perspectivas mais críticas, que apontam a existência de minorias com influência política excessiva como demonstração de que a democracia formal não realiza suas promessas.

---

[22] Albert O. Hirschman, *A retórica da intransigência: perversidade, futilidade, ameaça* (trad. Tomás Rosa Bueno, São Paulo, Companhia das Letras, 1992). A edição original é de 1991.

[23] James Burnham, *The Machiavellians: Defenders of Freedom* (Chicago, Gateway, 1970). A edição original é de 1943. Para uma análise, ver Serge Audier, *Machiavel, conflit et liberté* (Paris, Vrin/ Éditions de l'EHESS, 2005).

Na teoria política, esse caminho foi aberto sobretudo pelo livro *A elite do poder*, de C. Wright Mills, que causou grande discussão quando foi lançado. Na contramão das narrativas pluralistas então predominantes, ele dizia que, nos Estados Unidos, as decisões políticas fundamentais eram tomadas por um pequeno grupo, composto pelos chefes militares, pelos principais líderes políticos e pelos milionários. Embora sejam três setores, eles formam uma única elite, uma vez que seus interesses são unificados por múltiplos mecanismos de coordenação, em geral informais, incluindo o trânsito de indivíduos de um setor a outro (militares da reserva ou governantes aposentados tornam-se dirigentes empresariais, capitalistas e militares ingressam no governo e assim por diante)[24]. O sucesso de C. Wright Mills deve muito ao fato de que ele deu expressão teórica a um desconforto que grassava na sociedade estadunidense, que pouco depois seria verbalizado pelo presidente (republicano), general Dwight Eisenhower, em seu discurso de despedida, com a denúncia do domínio do "complexo industrial-militar".

Mesmo em sua versão mais crítica, o conceito de elite privilegia a divisão entre governantes e governados e sugere sua relativa independência diante das outras clivagens sociais. Com o controle da riqueza aparecendo apenas como uma fonte de acesso ao poder, entre outras, a relação entre sistema político e economia capitalista fica esmaecida. Ainda que a classe possa ser considerada uma variável presente no pensamento de Wright Mills, gênero e raça não encontram espaço e, ainda mais importante, seus escritos parecem indicar que a reforma das instituições políticas na direção de uma democracia mais verdadeira resolveria os problemas que ele aponta, uma vez que o vínculo com as estruturas sociais nunca é trabalhado de maneira mais profunda. Pesquisas que seguiram a trilha aberta por ele acabaram por identificar o poder econômico como real origem do poder político nos Estados Unidos[25], aproximando a elite da classe dominante.

É possível, como propôs T. B. Bottomore, ver classes e elites como conceitos a serem trabalhados em paralelo, iluminando diferentes facetas do mundo social, ou mesmo buscar uma combinação das duas tradições teóricas, como na

---

[24] C. Wright Mills, *A elite do poder* (trad. Waltensir Dutra, Rio de Janeiro, Zahar, 1981). A edição original é de 1956.

[25] Thomas R. Dye, *Who's Running America?* (Engleewood Cliffs, Prentice-Hall, 1976); G. William Domhoff, *The Power Elite and the State: How Policy is Made in America* (Nova York, Aldine de Gruyrer, 1990).

noção de "elite de classe" apresentada por Perissinotto e Codato[26]. O conceito de classe tem, porém, uma vantagem relevante. É uma ferramenta que vincula, já de partida, o exercício do poder político às assimetrias e opressões presentes em outros espaços sociais. A classe dominante não se define como tal por controlar o governo, mas por controlar os recursos principais de reprodução do mundo social. Por isso, uma análise das disputas políticas com atenção às classes já nos força a ultrapassar a visão estreita da política como resumida à disputa de cargos de mando e condicionada às instituições existentes (como visto no capítulo anterior). Força-nos também a entender o Estado não como ente à parte, mas como sempre vinculado aos padrões de dominação presentes na sociedade (como será visto no capítulo 5). Em suma, o foco nas classes, embora não resuma todo o conflito social, ilumina uma parte indispensável dele e amplia nossa compreensão sobre o que é a política.

---

[26] T. B. Bottomore, *As elites e a sociedade* (trad. Otávio Guilherme C. A. Velho, Rio de Janeiro, Zahar, 1974). A edição original é de 1964. Renato Perissinotto e Adriano Codato, "Classe social, elite política e elite de classe: por uma análise socialista da política", *Revista Brasileira de Ciência Política*, v. 1, n. 2, 2009, p. 243-70.

3. DIVISÃO SEXUAL DO TRABALHO E CLASSES

Sustentar a relevância da análise de classes para a compreensão da sociedade e da política contemporâneas é tarefa menos espinhosa do que entender a relação entre classes sociais e formas de dominação diversas, como aquelas vinculadas a gênero ou raça. Como visto no capítulo anterior, é difícil negar que essas outras hierarquias têm uma efetividade característica, irredutível à classe; isto é, que sexismo e racismo não são só subprodutos da desigualdade entre as classes sociais, mas têm origens próprias e podem operar de forma independente. Dessa constatação nascem múltiplas indagações, referentes à unidade ou não das diferentes lutas emancipatórias e à possibilidade ou não da realização da igualdade racial e de gênero nos marcos de uma sociedade capitalista (e, inversamente, da sobrevivência de racismo e sexismo em uma eventual sociedade pós-capitalista). Uma questão relevante, do ponto de vista deste livro, é até que ponto o marxismo contribui para a compreensão das opressões sexistas e racistas – e se é necessário buscar referenciais teóricos alternativos ou mesmo contraditórios para interpelá-las. Neste capítulo, discutiremos sobretudo as questões relativas a sexo ou gênero; no próximo, a raça, cor ou etnia.

Ainda que gênero e raça sejam citados sempre como as principais formas de dominação social a serem levadas em consideração ao lado da classe, é importante observar que elas estabelecem relações bastante diversas com a estrutura de classes. Há uma divisão sexual do trabalho que confere às mulheres responsabilidades específicas sobre um conjunto heterogêneo de tarefas indispensáveis para a vida humana, mas que tendem a ocorrer em espaços privados e são invisibilizadas como atividade laboral – as tarefas chamadas de "reprodução social". As mulheres se encontram distribuídas pelas diferentes classes sociais mas, em cada uma delas, tendem a ser as responsáveis por esses afazeres. A primeira questão para o marxismo, então, é como relacionar as atividades de reprodução social com as relações capitalistas de produção. Não há uma divisão racial do trabalho similar; o que há é a concentração da população não branca nos trabalhos mais pesados, menos qualificados, de menor prestígio e mais mal remunerados. A questão inicial no que se refere ao racismo, portanto, é outra: é como distinguir raça e classe como mecanismos de exploração e marginalização dos não brancos.

Antes de prosseguir, talvez seja necessário também um alerta sobre a terminologia empregada. Embora tenha se tornado corrente, o uso de "gênero" não é isento de polêmicas, a começar por suas origens em círculos médicos voltados à "normalização" de indivíduos considerados desviantes por suas preferências sexuais, posturas ou comportamentos[1]. Há feministas materialistas que preferem falar em "relações sociais de sexo"[2]. Por outro lado, a noção de um sistema sexo-gênero vinculando uma característica biológica primária às construções sociais que lhe dão sentido e que se tornara hegemônica no feminismo do final do século XX foi posta em xeque por leituras que tendem a anular o polo biológico e retirar materialidade da categoria "mulher", como a teoria *queer* e a transgeneridade. Com isso, o recurso à categoria "gênero" pode – ou não – estar descolado do dimorfismo sexual característico da espécie humana.

A polêmica relativa ao uso de "raça", termo que remetia originalmente a uma leitura biologizante da diversidade humana, hoje desacreditada por completo do ponto de vista científico, é igualmente acesa. Argumenta-se, em seu favor, que a inexistência de raças biológicas não anula a efetividade social da divisão racial constituída pelo racismo. Ou seja, raças não existem como fenômeno biológico, mas o racismo as constitui como fenômeno social. Há quem ainda prefira falar em "etnias", a fim de destacar o caráter cultural da divisão. Mas, com isso, fica perdida a conexão com aquilo que é próprio do discurso racista, dificultando a tarefa de compreendê-lo e de combatê-lo. Não me alongo nesses debates; assinalo apenas que meu uso dos vocábulos mais correntes tem o intuito de facilitar a exposição, não implicando uma tomada de posição. Dito isso, é possível prosseguir.

Embora Karl Marx e seu colaborador, Friedrich Engels, tivessem uma posição inequívoca em favor da emancipação das mulheres, registrada em vários escritos, as primeiras gerações de marxistas eram hostis ao feminismo, visto como um movimento burguês ou pequeno burguês. Pensadoras que depois foram reconhecidas como fundadoras do feminismo afirmavam, com todas as letras, que não eram feministas e recusavam até mesmo a colaboração com o movimento sufragista[3]. Era uma forma de enfatizar a primazia do compromisso de classe e,

---

[1]   Ver Sheila Jeffreys, *Gender Hurts: A Feminist Analysis of the Politics of Transgenderism* (Londres, Routledge, 2014).

[2]   Danièle Kergoat, "Dinâmica e consubstancialidade das relações sociais", *Novos Estudos*, n. 86, 2010, p. 93-103. A edição original é de 2008.

[3]   Ver Tony Cliff, "Clara Zetkin and the German Socialist Feminist Movement", *International Socialism*, v. 2, n. 13, 1981, p. 29-72.

em particular, a ideia de que as opressões sofridas por mulheres trabalhadoras e por mulheres burguesas eram incomparáveis entre si. O programa inicial feminista era, de fato, baseado na reivindicação de acesso ao voto, à propriedade e à educação, três bens que eram pouco acessíveis a trabalhadores de ambos os sexos. Na síntese de Aleksandra Kollontai, que foi certamente a autora das reflexões mais importantes sobre a questão da mulher no marxismo do início do século XX, as feministas buscavam "igualdade nos quadros da atual sociedade", sem desafiar os privilégios de classe[4]. É a crítica que ainda hoje se faz a correntes do feminismo, por vezes rotuladas como "feminismo liberal", com baixa densidade teórica, mas alta cobertura midiática, que medem o avanço das mulheres por sua presença na direção de grandes corporações – a ONG estadunidense Catalyst serve de exemplo. No entanto, a experiência mostra que, para a operária na fábrica, para a balconista no comércio ou para a atendente no call center, que têm no gênero um marcador que implica uma carga extra de privações e violências, faz pouca diferença ser explorada por outra mulher ou por um homem.

Um texto da própria Kollontai ilumina a posição dominante entre as marxistas das primeiras gerações. Ela relata os significados diversos da maternidade para mulheres em diferentes posições sociais, com o intuito de demonstrar quão ilusório é tentar unificar as experiências de mulheres em situações tão díspares. Assim, para a esposa do burguês, a maternidade corresponde à versão idealizada: descobrir-se grávida significa se ver cercada de atenções e de cuidados. Já para a sua aia, quem sabe engravidada à força pelo patrão, é imperioso esconder a situação o quanto possa, já que será provavelmente demitida quando for descoberta. Para a lavadeira ou a operária da fábrica, a gravidez significa um fardo a mais em trabalhos já pesados. Em suma, é impossível unificar todas essas experiências, já que elas são completamente atravessadas pelo pertencimento de classe[5]. O argumento de Kollontai é poderoso. Ela não faz, porém, o movimento complementar, que seria indagar o impacto diferenciado dessa mesma situação – a expectativa de ter um bebê – em mulheres e homens da mesma classe social. Ou seja, ela se preocupa em mostrar como gênero é sensível a classe, mas não como classe é sensível a gênero.

---

[4] Aleksandra Kollontai, "The Social Basis of the Women Question", em *Selected Writings* (trad. Alix Holt, Nova York, Norton, 1977), p. 59. A edição original é de 1909.

[5] Idem, "Working Woman and Mother", em *Selected Writings* (trad. Alix Holt, Nova York, Norton, 1977). A edição original é de 1914.

Kollontai, sua contemporânea Clara Zetkin ou mesmo, décadas depois, a brasileira Heleieth Saffioti, em suas primeiras obras, são autoras que afirmam a maior centralidade da classe como categoria explicativa do mundo social, e também sua vinculação doutrinária ao marxismo, do qual elas extraíam as ferramentas necessárias para denunciar a submissão das mulheres. Por isso, recusavam o rótulo de "feministas". O medo do ecletismo, isto é, de contaminar a pureza doutrinária marxista introduzindo elementos vindos de outras tradições teóricas, leva ainda hoje a tentativas de estabelecer integralmente a crítica à dominação masculina a partir dos escritos fundadores de Marx (como é o caso de Lise Vogel, cuja obra será brevemente discutida adiante).

Já deve ter ficado claro que, da perspectiva que adoto, o ecletismo não é necessariamente um problema, nem a pureza doutrinária um valor a ser perseguido – uma vez que o marxismo deve ser entendido como um sistema capaz de fornecer ferramentas para a interpretação e a transformação do mundo, e não como uma fortaleza teórica inexpugnável. Marx foi, como qualquer ser humano, um fruto de seu tempo. Defendia a igualdade entre os sexos, mas muitas vezes apresentava um olhar pouco crítico à naturalização das diferenças dos papéis de homens e mulheres, tal como expressadas nos arranjos familiares tradicionais, e nem de longe era capaz de analisar as múltiplas dimensões da dominação masculina, da forma que o feminismo depois passou a fazer. Era seguramente contrário às opressões raciais, o que também está registrado em seus escritos, mas afirmava sem inibição a superioridade da civilização europeia sobre todas as outras e usava, por vezes, uma terminologia que agora parece chocante. Questões como os direitos dos homossexuais estavam completamente fora de seu horizonte de preocupações. Também no que se refere à temática ambiental, embora seus escritos revelem indícios de preocupação com tema, suas posições são distintas daquelas que hoje, com a consciência da gravidade da crise ecológica, são exigidas do pensamento crítico (ver capítulo 9).

A visão estereotipada de que para o marxismo apenas as questões de classe têm relevância encontra guarida em escritos do próprio Marx. Em polêmica com social- democratas alemães que tinham escrito no projeto de programa de seu partido que lutavam "pela eliminação de toda a desigualdade social e política", ele escreveu que o correto seria "dizer que, com a abolição das diferenças de classes, desaparece por si mesma toda desigualdade social e política delas derivada"[6]. Parece evidente a ideia de que todas as formas de desigualdade estão ancoradas na classe. Mas há outros momentos em que seu pensamento aponta para perspectivas menos fechadas, que fornecem caminhos mais auspiciosos para refletir sobre as múltiplas opressões sociais e sobre as maneiras pelas quais elas se articulam. Na sexta de suas "Teses sobre Feuerbach", ele anota que "a essência humana não é uma abstração [...]. Em sua realidade, ela é o conjunto das relações sociais"[7]. A ênfase nas relações é importante porque permite tratar dessas temáticas evitando o risco de essencialização de posições sociais ou de identidades, presentes em tantas vertentes teóricas e políticas. E o uso do plural abre a porta para a compreensão de que a relação de classe não esgota a realidade.

Marx não dedicou a essas questões mais do que reflexões esparsas em seus escritos. A principal obra do marxismo clássico a tratar da temática hoje chamada de "gênero" é *A origem da família, da propriedade privada e do Estado*, de Engels[8]. Em linhas gerais, o livro, apoiado no conhecimento antropológico de sua época, em particular na obra de Lewis Morgan, afirma que o desenvolvimento das forças produtivas na pré-história permitiu que os seres humanos produzissem riqueza para além de seu consumo imediato. Abriu-se, assim, a possibilidade de acumulação, que gerou a propriedade privada e, por causa dela, a família (para permitir a transmissão dessa propriedade) e o Estado (para proteger a classe minoritária dos proprietários). A dominação masculina é, a crer nesse relato, um subproduto da emergência da propriedade privada.

Uma autora feminista que se engajou num importante embate crítico com o marxismo, Catharine A. MacKinnon, observou que Engels se apoia num conjunto de pressupostos não problematizados. É o caso da equivalência entre produção de excedente e "riqueza", no sentido social atribuído ao termo; da busca pela apropriação individual desse excedente, que aparece como um desejo inerente às pessoas; ou, então, da vontade de legar herança para seus próprios filhos, tão forte que geraria a família patriarcal, a exigência de monogamia feminina e a obsessão pelo controle da sexualidade das mulheres, tudo para evitar que um homem, ao perfilhar o rebento de outro,

---

[6]   Karl Marx, *Crítica do programa de Gotha* (trad. Rubens Enderle, São Paulo, Boitempo, 2012), p. 39. A edição original é de 1875.

[7]   Idem, "Teses sobre Feuerbach", em Karl Marx e Friedrich Engels, *A ideologia alemã* (trad. Rubens Enderle, Nélio Schneider e Luciano Cavini Martorano, São Paulo, Boitempo, 2007), p. 534. A edição original é de 1845.

[8]   Friedrich Engels, *A origem da família, da propriedade privada e do Estado* (trad. Nélio Schneider, São Paulo, Boitempo, 2019). A edição original é de 1884.

transferisse a ele seus bens[9]. Em particular, o relato de Engels não explica por que a primitiva divisão sexual do trabalho, responsável pelo aumento da produtividade, leva a que o homem se assenhore individualmente da riqueza que gera, ao passo que o trabalho da mulher continua servindo apenas para a garantia da reprodução do lar. A compreensão convencional de que só o trabalho extradoméstico é trabalho "de verdade", gerador de valor, não é desafiada. O resultado líquido é que, como o controle da propriedade "é a origem da dominação masculina, segue-se que apenas aqueles homens que possuem poder de classe podem oprimir as mulheres dentro da família"[10]. Decorre daí a reticência de Engels e de muitos marxistas posteriores a investigar as relações de gênero nas famílias proletárias.

Assim, a análise de Engels, que assentou as bases da compreensão marxista clássica sobre o tema, leva à ideia de que a família proletária, na qual as mulheres são cada vez mais engajadas no trabalho assalariado e não há patrimônio a ser legado aos eventuais herdeiros, estaria potencialmente livre do sexismo. Como observou uma autora marxista contemporânea, é uma leitura equivocada, por ignorar o papel central da família da classe trabalhadora não na transmissão da riqueza, que de fato ela não tem, mas na reprodução da própria classe, e por negligenciar seja a base material, sejam elementos psicológicos que perpetuam a supremacia masculina também nos lares de trabalhadores[11].

Conforme Vogel assinala, o livro de Engels serviu de fundamento para o grande best-seller da literatura marxista da virada do século XIX para o XX: *A mulher e o socialismo*, de August Bebel, que teve dezenas de reedições ainda durante a vida do autor e que acaba por reproduzir os mesmos problemas[12]. Ela identifica um avanço na posição de Lênin, que enfatizava a importância da socialização do trabalho doméstico, essencial para a emancipação das mulheres. A elaboração maior, contudo, vem dos escritos de Kollontai[13], aos quais,

---

[9] Catharine A. MacKinnon, *Toward a Feminist Theory of the State* (Cambridge, MA, Harvard University Press, 1989), p. 29.

[10] Ibidem, p. 31.

[11] Lise Vogel, *Marxism and the Oppression of Women: Toward a Unitary Theory* (Chicago, Haymarket, 2013), p. 88-9 [ed. bras.: *Marxismo e a opressão às mulheres: rumo a uma teoria unitária*, trad. Camila Carduz Rocha et al., São Paulo, Expressão Popular, 2022]. A edição original é de 1983.

[12] August Bebel, *La mujer y el socialismo* (trad. Vicente Romano García, Madri, Akal, 1976). A edição original é de 1879.

[13] Aleksandra Kollontai, "The Labour of Women in the Revolution of the Economy", em *Selected Writings* (trad. Alix Holt, Nova York, Norton, 1977). A edição original é de 1923.

entretanto, Vogel não dedica atenção. Graças a essa consciência, a Rússia pós-revolucionária foi um laboratório de novas práticas no campo da família e dos direitos reprodutivos. Os debates da época, dos quais se encontra um rico relato no livro de Wendy Goldman, mostram a complexidade da questão. Havia quem quisesse simplesmente abolir o casamento, fonte inegável de opressão para as mulheres. Mas, sem ele, seria mais difícil garantir que os homens assumissem ao menos uma parte da responsabilidade pelas crianças que geravam. Iniciativas ousadas no sentido de libertar as mulheres do fardo do trabalho doméstico, defendidas como prioridade por Kollontai, não podiam ser levadas adiante pela escassez de recursos. Devastada pela guerra civil e pelo cerco das potências capitalistas, a jovem União Soviética lutava para alimentar sua população, logo, creches, escolas integrais, lares coletivos e refeitórios públicos teriam que ficar para depois. Como em muitas outras áreas, o stalinismo interrompeu essas políticas em favor de outras mais conservadoras, obliterando também a discussão sobre elas[14]. Mas, ainda no final do século XX, a questão da socialização do trabalho doméstico ocupava o lugar central em análises marxistas que buscavam integrar classe, gênero e raça, como no caso de Angela Davis[15]. A percepção da insuficiência da abordagem marxista clássica inspirada em Engels levou então ao "ecletismo" em muitas teorias feministas da segunda metade do século XX. O esforço tinha a finalidade de superar o "casamento infeliz do marxismo com o feminismo"[16], em que a variável classe tomava conta de tudo e o gênero nunca deixava de ser apenas um apêndice. As chamadas "teorias de sistemas duais" reconheciam classe e gênero como dois eixos diversos de dominação social, imbricados nas práticas sociais, mas operando a partir de mecanismos diferentes. Nesse caso, o marxismo, como corpo teórico, daria conta de apenas uma parte da realidade social, precisando ser complementado por outros aportes. Juliet Mitchell, por exemplo, embora tenha uma vez afirmado que seu projeto era apresentar questões feministas para obter respostas marxistas[17],

---

[14] Wendy Goldman, *Mulher, Estado e Revolução: política da família soviética e da vida social entre 1917 e 1936* (trad. Nadya Angyalossy Alfonso, São Paulo, Boitempo, 2014). A edição original é de 1993.

[15] Angela Y. Davis, *Women, Race, & Class* (Nova York, Vintage, 1983) [ed. bras.: *Mulheres, raça e classe*, trad. Heci Regina Candiani, São Paulo, Boitempo, 2016]. A edição original é de 1981.

[16] Heidi Hartmann, "The Unhappy Marriage of Marxism and Feminism: Towards a More Progressive Union", em Linda Nicholson (org.), *The Second Wave: A Reader in Feminist Theory* (Nova York, Routledge, 1997). A edição original é de 1979.

[17] Juliet Mitchell, *Woman's Estate* (Baltimore, Penguin, 1971), p. 99.

acabou por concluir que a explicação para a submissão das mulheres deveria ser procurada na psicanálise, estando desconectada do mundo material[18]. Ann Ferguson preferia falar em uma "classe de sexo", marcada pela exploração do "trabalho sexual-afetivo" das mulheres pelos homens[19]. O paralelismo estrito entre as mulheres, de um lado, e a classe trabalhadora, de outro, proposto por esse tipo de leitura não se mostrou convincente.

Já Heidi Hartmann optou por outro caminho, que preservava expressamente a materialidade da dominação masculina. Segundo ela, o patriarcado se viu ameaçado pelas relações de produção capitalistas, que levavam "todas as mulheres e crianças para a força de trabalho e portanto destruíam a família e a base do poder dos homens sobre as mulheres"[20]. O capitalismo não soube ou não quis dar esse passo, optando por se adequar à ordem patriarcal. A segregação do trabalho por sexo permitiu a acomodação entre os dois sistemas de dominação. Recebendo menos que os homens, as mulheres seriam incentivadas a se casar – e eles ganhavam com o arranjo, graças tanto ao salário relativamente mais alto quanto aos serviços domésticos realizados por elas[21]. A dominação masculina "influenciou a direção e a forma que o desenvolvimento capitalista tomou"[22].

Parte das críticas às teorias duais vê a dualidade como um problema em si mesmo, por apresentar capitalismo e patriarcado como dois sistemas relativamente independentes, ainda que se combinem no mundo social concreto. O objetivo seria ultrapassar tal dualidade para alcançar uma teoria unificada, que compreendesse "o patriarcado capitalista como um sistema único em que a opressão das mulheres é um atributo central"[23]. Não creio que isso seja necessário. Na prática social, capitalismo e dominação masculina, assim como racismo, operam em conjunto. Mas, de um ponto de vista histórico, é

---

[18] Idem, *Psychoanalysis and Feminism: Freud, Reich, Laing, and Women* (Nova York, Pantheon Books, 1974) [ed. bras.: *Psicanálise e feminismo: Freud, Reich, Laing e mulheres*, trad. Ricardo Britto Rocha, Belo Horizonte, Interlivros, 1979].

[19] Ann Ferguson, "Women as a New Revolutionary Class", em Pat Walker (org.), *Between Labor and Capital* (Boston, South End Press, 1979).

[20] Heidi Hartmann. "Capitalism, Patriarchy, and Job Segregation by Sex", em Zillah R. Eisenstein (org.), *Capitalist Patriarchy and the Case for Socialist Feminism* (Nova York, Monthly Review, 1979), p. 207.

[21] Ibidem, p. 208.

[22] Ibidem, p. 216-7.

[23] Iris Marion Young, "Beyond the Unhappy Marriage: A Critique of the Dual Systems Theory", em Linda Sargent (org.), *Women and Revolution: A Discussion of the Unhappy Marriage of Marxism e Feminism* (Boston, South End Press, 1981), p. 44.

68 Marxismo e política

irrecusável o fato de que esses sistemas de dominação possuem origens e histórias diversas. Abordá-los como um sistema único ou plural é uma estratégia analítica, que pode ser útil em alguns casos e em outros não.

Iris Young apresenta uma segunda crítica às teorias duais, que aceitariam, sem questionar, uma análise das relações de produção que descarta as questões de gênero[24]. Ou seja, tais teorias tratariam o papel do gênero na análise social como, no máximo, algo secundário. Contra essa visão, ela diz que é preciso entender a centralidade da dominação de gênero na organização da produção material. Ela mesma nunca chegou a desenvolver sua proposta, mas esboçou um caminho que passa por abandonar a busca por uma homologia rigorosa entre trabalhadores e mulheres, reconhecendo que a categoria "classe", tal como o marxismo a construiu, é insensível a gênero. Em vez disso, o foco deveria passar à *divisão do trabalho*, que ela vê como uma categoria mais concreta e mais abrangente que classe. Problemas importantes, para os quais a análise de classes não encontra solução simples, como a posição de profissionais especializados ou de funcionários públicos, seriam mais bem enfrentados por meio da análise da divisão do trabalho[25]. E gênero é um aspecto central da divisão do trabalho – na verdade, a divisão por sexo foi sua primeira forma histórica. Assim, uma abordagem centrada na divisão do trabalho tanto mantém um compromisso indiscutível com o materialismo histórico quanto incorpora naturalmente as preocupações feministas.

Uma década antes, Christine Delphy já apresentava uma leitura que é congruente com esse foco na divisão do trabalho. Seu ponto de partida é a relevância econômica do trabalho doméstico, cuja ausência de reconhecimento é central na marginalização das mulheres. Mais tarde, uma linha de raciocínio similar vai alimentar a controversa reivindicação de salário para o trabalho doméstico, cuja principal porta-voz é Silvia Federici. Essa reivindicação é controversa porque, segundo suas críticas, ela poderia levar a um congelamento da divisão sexual do trabalho, perpetuando as mulheres numa posição que as priva do acesso à esfera pública. Remunerada, a mulher não teria por que contestar um arranjo que perpetua a desigualdade e a inferioriza. Para as defensoras, "em uma sociedade na qual o trabalho é sinônimo de salário", o trabalho doméstico, por não ser remunerado, "se torna invisível como trabalho, ao ponto de esses serviços não

---

[24] Ibidem, p. 49.

[25] Ibidem, p. 51-2.

serem incluídos no Produto Interno Bruto (PIB) e suas provedoras estarem ausentes dos cálculos da força de trabalho nacional"[26].

Voltando a Delphy, seu argumento é que, em sociedades que são simultaneamente capitalistas e patriarcais, estão sobrepostos dois modos distintos de produção (logo, de exploração da força de trabalho), um deles na esfera doméstica, outro no mercado. Ela parte da compreensão de que o trabalho que as mulheres fazem em casa não é qualitativamente diferente daquele que os trabalhadores desempenham nas empresas. Uma visão marxista tradicional diz que o trabalho doméstico fornece apenas valores de uso, isto é, os produtos vistos sob o prisma das necessidades que eles podem satisfazer. Já o trabalho assalariado produz valores de troca, isto é, os produtos vistos sob o prisma do quanto valem em caso de venda ou escambo. Isso significa que essa distinção não se refere ao processo produtivo em si, mas à destinação de seu resultado. Um exemplo: a dona de casa que assa um pão para sua família. Se ele não for consumido em casa, pode ser vendido no mercado. E se ela não fizer o pão, um idêntico será adquirido na padaria. Como já observava o próprio Marx, quando donas de casa se tornam trabalhadoras assalariadas, parte dos produtos e serviços que elas forneciam na forma de trabalho doméstico será buscada no mercado[27]. Portanto, conclui Delphy, "a exclusão do trabalho das mulheres do domínio da troca não resulta da natureza de sua produção"[28]. A produção, em si mesma, não é diversa. O que ocorre é um círculo vicioso, no qual o não reconhecimento do caráter produtivo do trabalho doméstico leva a tradição marxista a deixar em segundo plano as relações de gênero e, por outro lado, a primazia dada à classe faz se perpetuar uma distinção radical entre trabalho assalariado e não assalariado.

A riqueza gerada pelo trabalho doméstico das mulheres é apropriada pelos homens, que consomem os produtos ou são os responsáveis por sua eventual venda no mercado. É identificável, portanto, uma forma de exploração, mas cujas características são diferentes da exploração dos trabalhadores pelos capitalistas. Em particular, a recompensa da mulher por seu trabalho

---

[26] Silvia Federici, *O ponto zero da revolução: trabalho doméstico, produção e luta feminista* (trad. Coletivo Sycorax, São Paulo, Elefante, 2019), p. 88-9. A edição original é de 2012.

[27] Marx, *O capital*, Livro I: *O processo de produção do capital* (trad. Rubens Enderle, São Paulo, Boitempo, 2013), p. 469. A edição original é de 1867.

[28] Christine Delphy, "L'Ennemi principal", em *L'Ennemi principal*, v. 1: *Économie politique du patriarcat* (Paris, Syllepse, 2013), p. 42. A edição original é de 1970.

não depende de um padrão socialmente estabelecido ou de sua qualificação comparativamente às outras mulheres submetidas a relações similares, mas da riqueza e da generosidade do marido[29]. Prestando serviços idênticos, mulheres serão remuneradas de forma diversa, de acordo com a situação de seus casamentos.

Autores marxistas com visão mais ortodoxa criticaram Delphy, em particular por não reconhecer que o trabalho doméstico é um trabalho *concreto* que, portanto, não pode ser dado como equivalente do trabalho *abstrato*, produtor de mais-valor[30]. Em sua teoria econômica, Marx denomina "trabalho concreto" aquele que tem como objetivo produzir "valor de uso", isto é, satisfazer uma necessidade humana. Cada necessidade a ser satisfeita exige um tipo específico de trabalho, por isso o qualificativo "concreto": se eu preciso de um calçado, é o trabalho do sapateiro, não do alfaiate ou do marceneiro que pode me servir. Já o trabalho abstrato é aquele cujo objetivo é gerar um produto a ser trocado no mercado, isto é, produzir "valor de troca". A rigor, não interessa qual é o produto, desde que encontre comprador. Para o capitalista, como apontado no capítulo 1, pouco importa se sua fábrica produz brinquedos ou armamentos, desde que seja possível se apropriar de uma parte da riqueza gerada por seus trabalhadores (mais-valor). A complexa relação entre valor de uso e valor de troca, entre trabalho concreto e trabalho abstrato, funda a crítica de Marx não só à economia política, mas a toda a sociedade capitalista, e é um tema central do primeiro livro de *O capital*.

O que a crítica ortodoxa a Delphy não apreende é que sua teoria é sensível ao caráter *duplo* do trabalho e do valor, central na análise marxiana. Afinal, a troca só é possível se, aos olhos do comprador, aquela mercadoria tem valor de uso; o que é trabalho abstrato aos olhos do vendedor ganha concretude para o consumidor. Em suma: o trabalho feito no lar também é potencialmente apropriável como trabalho abstrato, bastando que se mude a destinação do produto. Como, uma vez mais, dizia o próprio Marx, *todo* trabalho é, em primeira instância, concreto, "dispêndio de força humana de trabalho numa forma específica"[31]. Ele só adquire o caráter de trabalho abstrato por sua inserção em determinadas relações de produção e de circulação. Delphy não está negando a

---

[29] Ibidem, p. 46.

[30] Maxine Molyneux, "Beyond the Domestic Labour Debate", *New Left Review*, n. 116, 1979, p. 3-27, p. 9.

[31] Karl Marx, *O capital*, Livro I, cit., p. 124.

qualidade concreta do trabalho doméstico: está indicando que ele enseja um outro tipo de exploração, em paralelo com a exploração capitalista, na qual o mais-trabalho (o trabalho da mulher para além de sua própria necessidade e consumo) é apropriado diretamente, sem precisar se metamorfosear em mais-valor[32].

Outras críticas observam que perspectiva de Delphy carece de uma análise sistemática da relação entre os modos de produção "capitalista" e "doméstico"[33] e, sobretudo, não alcança a dominação masculina fora da família[34]. Ela não é capaz de iluminar a situação de mulheres que não estão submetidas ao casamento[35], nem a dominação masculina exercida em espaços públicos. Ou seja, a teorização de Delphy é dependente de um padrão tradicional de casamento e de inserção no mundo social que corresponde a uma parcela decrescente da experiência das mulheres, seja porque se ampliou a inserção delas no mercado de trabalho assalariado, seja porque são mais frequentes arranjos familiares diversos do convencional. São críticas que apontam o alcance limitado do modelo desenhado pela pensadora francesa.

Com todas as suas lacunas e insuficiências, Young e Delphy apresentam abordagens que se mantêm fincadas no materialismo histórico, mas expandem as categorias do marxismo tradicional a fim de enfrentar a questão da dominação masculina. A contribuição de Lise Vogel, que ambiciona ser mais fiel à obra do próprio Marx, acaba por seguir caminho similar. Seu ponto é enfatizar o papel do trabalho doméstico, desproporcionalmente assumido pelas mulheres, na reprodução da força de trabalho – no sentido tanto da reposição das forças do trabalhador quanto da produção de trabalhadores futuros. Assim, aquilo que Marx chama de "trabalho necessário", isto é, aquele pelo qual o trabalhador produz a riqueza que paga o seu próprio salário e permite sua reprodução, deve ser complementado por uma segunda categoria, até então oculta: o "componente

---

[32]   Delphy, portanto, é simultaneamente mais criativa e mais cautelosa que a feminista italiana Mariarosa Dalla Costa, que na mesma época defendia a tese de que o trabalho doméstico produz mais-valor exatamente da mesma forma que o trabalho assalariado. Ver Mariarosa Dalla Costa, "Women and the Subversion of the Community", em *Women and the Subversion of the Community: A Mariarosa Dalla Costa Reader* (trad. Richard Braude, Oakland, PM Press, 2019). A edição original é de 1972.

[33]   Michèle Barrett, *Women's Oppression Today: The Marxist/Feminist Encounter* (Londres, Verso, 1988), p. 14. A edição original é de 1980.

[34]   Sylvia Walby, *Theorizing Patriarchy* (Oxford, Blackwell, 1990), p. 12.

[35]   Maxine Molyneux, "Beyond the Domestic Labour Debate", cit.; Michèle Barrett e Mary McIntosh, "Christine Delphy: Towards a Materialist Feminism?", *Feminist Review*, n. 1, 1979, p. 95-106.

doméstico do trabalho necessário"[36]. Trata-se de uma categoria específica do capitalismo, singularizado como o único modo de produção em que "tarefas de manutenção cotidiana e substituição geracional são isoladas espacial, temporal e institucionalmente da esfera da produção"[37].

Com isso, Vogel abre uma via poderosa para retirar o trabalho doméstico das sombras e incluí-lo nos circuitos de produção do mais-valor – que a tradição marxista define como resultando do trabalho "extra", executado além do trabalho necessário para a reprodução do trabalhador e apropriado pelo patrão. Segundo ela, as tarefas domésticas não geram valor em si, mas se o tempo que consomem for liberado, os trabalhadores e trabalhadoras terão maior disponibilidade para desempenhar as tarefas assalariadas *produtivas* (no sentido marxista de geradoras de mais-valor). O problema é que, como a autora mesma admite, o "componente doméstico do trabalho necessário" é, em tese, inespecífico das mulheres. As atividades exclusivas delas, como gestação, parto e aleitamento, formam uma parte muito pequena do trabalho doméstico geral. É preciso, uma vez mais, buscar uma explicação para o porquê de ele ter se tornado um mecanismo de opressão das mulheres e também para a permanência dessa opressão mesmo sobre aquelas que não realizam trabalho doméstico. Para explicar a segunda face da dominação, a negação dos direitos iguais às mulheres, vinculada ao "sistema de supremacia masculina"[38], o ferramental fornecido pela economia política mostra-se, na verdade, insuficiente.

O esboço de uma síntese interessante, que absorve o insight de Young sobre a centralidade da divisão do trabalho e ao mesmo tempo concede visibilidade à reprodução social, como quer Vogel, se encontra na obra da socióloga inglesa Ursula Huws. Ela cria uma tipologia de diferentes tipos de trabalho, sendo eles reprodutivos (isto é, necessários para a reprodução social e do capitalismo em geral) ou diretamente produtivos (geradores de lucro para empresas específicas), remunerados ou não remunerados[39]. O trabalho doméstico é reprodutivo e não remunerado; o trabalho no serviço público, reprodutivo e remunerado. São

---

[36] Lise Vogel, *Marxism and the Oppression of Women*, cit., p. 160.

[37] Idem, "Domestic Labour Revisted", em *Marxism and the Oppression of Women*, cit., p. 191. A edição original é de 2000.

[38] Idem, *Marxism and the Oppression of Women*, cit., p. 160.

[39] Ursula Huws, "Vida, trabalho e valor no século XXI", em *A formação do cibertariado: trabalho virtual em um mundo real* (trad. Murillo van der Laan, Campinas, Editora Unicamp, 2017), p. 359. A edição original é de 2014.

pessoas que garantem o provimento de tarefas essenciais, mas que não passam pelos mecanismos de mercado, do cuidado com os filhos à segurança pública. Já o trabalho assalariado na iniciativa privada é produtivo e remunerado. Por fim, uma categoria em geral negligenciada pela literatura, o "trabalho de consumo", é não remunerado, mas diretamente produtivo. Ele consiste no dispêndio de tempo e energia para a compra dos produtos e serviços necessários à vida cotidiana[40]. Fortemente feminizado, é uma etapa indispensável para a realização do lucro – e cada vez mais demandante, à medida que as empresas reduzem seu pessoal e transferem aos consumidores uma parte crescente do processo de venda, por meio de quiosques de autoatendimento, operações on-line etc. Como a própria autora observa, a produção de uma tipologia do trabalho, embora relevante, não permite derivar automaticamente uma tipologia de classes, mas contribui para iluminar a sobreposição entre classe e gênero no âmbito da economia capitalista.

As abordagens aqui sintetizadas apresentam argumentos fortes para vincular a posição das mulheres, nas sociedades contemporâneas, às necessidades da reprodução capitalista. Não são capazes, porém, de explicar *toda* a dominação masculina remetendo à dominação de classe – nem deveriam ter essa ambição. Por isso, é possível estabelecer um discurso feminista que não seja simultaneamente anticapitalista, da mesma forma como o filósofo Charles W. Mills, vinculado ao movimento chamado "teoria crítica da raça", propugnava um "capitalismo não-supremacista-branco", capaz de cumprir sua promessa de uma sociedade aberta aos talentos[41]. Uma visão que pode ser considerada restrita, comprometida com um horizonte limitado de transformação social, mas que nem por isso é desprovida de sentido, e que, talvez, corresponda melhor ao "espírito do tempo", um tempo em que as alternativas ao capitalismo parecem inexistentes. Como disse em outro contexto a teórica feminista Anne Phillips, teimar sobre os limites que o capital impõe à emancipação humana só leva a "um ataque agudo de depressão"[42].

Sob tais condições, insistir em uma agenda feminista (ou antirracista) desvinculada das questões de classe pode, de fato, parecer mais auspicioso. As

---

[40] O trabalho de consumo é indissociável do trabalho de reprodução da classe trabalhadora: o "produto do consumo individual é... o próprio consumidor". Karl Marx, *O capital*, Livro I, cit., p. 261.

[41] Carole Pateman e Charles W. Mills, *The Contract and Domination* (Cambridge, Polity, 2007), p. 31.

[42] Anne Phillips, *Which Equalities Matter?* (Londres, Polity, 1999), p. 17.

chances de obter avanços são maiores, sobretudo quando setores da classe dominante abraçam um tipo de "neoliberalismo progressista"[43] que combina uma política econômica concentracionista e contrária à classe trabalhadora a um reconhecimento de tipo "meritocrático" para os grupos identitários subalternos. E, de fato, há inúmeras pautas feministas importantes que são transclassistas, ainda que a incidência delas na vida das mulheres concretas seja afetada pelo pertencimento de classe: violência sexual, violência doméstica, objetificação, liberdade sexual, direitos reprodutivos. É possível enfrentar todas essas questões de uma maneira que afete apenas marginalmente a reprodução capitalista e a dominação de classe, produzindo uma sociedade que talvez distribua melhor as desigualdades, sem superá-las: ponha mulheres ou pessoas negras em posições elevadas no Estado, nas empresas ou no sistema educacional, sem questionar a divisão do trabalho político que concentra o poder decisório nas mãos de poucos e condena todos os outros à passividade, à exploração do trabalho ou à permanente desvalorização simbólica e material das habilidades e do capital cultural dos dominados. Negar esse fato serve para afirmar a convergência automática de todos os movimentos com aspirações emancipatórias – que, no entanto, é ilusória.

Por vezes, a afirmação do caráter anticapitalista de todas as lutas de grupos oprimidos passa por uma redefinição do conceito de capitalismo, em que a exploração do trabalho é relegada a segundo plano e a definição abrange "acima de tudo uma acumulação de diferenças, desigualdades, hierarquias, divisões, que alienaram os trabalhadores uns dos outros e de si mesmos"[44]. A manobra reduz a pregnância do conceito "capitalismo" e, no mesmo movimento, anula a necessidade de investigar a maneira pela qual a dominação de classe se vincula – ou não – a outros eixos de dominação social, substituindo-a por uma solução retórica *a priori*. Em versões menos sofisticadas, esse caminho acaba por obscurecer a exploração; assim, a dominação de classe, em paralelo com

---

[43] A expressão é de Nancy Fraser, *The Old is Dying and the New Cannot Be Born: From Progressive Neoliberalism to Trump and Beyond* (Londres, Verso, 2019) [ed. bras.: *O velho está morrendo e o novo não pode nascer*, trad. Gabriel Landi Fazzio, São Paulo, Autonomia Literária, 2020].

[44] Silvia Federici, *Caliban and the Witch: Women, the Body and Primitive Accumulation* (Nova York, Autonomedia, 2004), p. 116 [ed. bras.: *Calibã e a bruxa: mulheres, corpo e acumulação primitiva*, trad. Coletivo Sycorax, 2. ed., São Paulo, Editora Elefante, 2023]. Uma visão convergente, mas mais matizada, se encontra em Nancy Fraser e Rahel Jaeggi, *Capitalism: A Conversation in Critical Theory* (Cambridge, Polity, 2018) [ed. bras.: *Capitalismo em debate: uma conversa na teoria crítica*, trad. Nathalie Bressiani, São Paulo, Boitempo, 2020].

sexismo e racismo, é definida como "classismo", isto é, como preconceito de classe – "na verdade, elitismo ou esnobismo e não a organização fundamental da sociedade sob o capitalismo"[45]. A maior parte dos autores vinculados ao marxismo vai, ao contrário, buscar demonstrar que a exploração do trabalho pode não ser toda a explicação, mas é um componente incontornável para a compreensão das hierarquias de gênero e de raça.

---

[45] Keeanga-Yamahtta Taylor, "Raça, classe e marxismo", *Revista Outubro*, n. 31, 2018, p. 181. A edição original é de 2011.

4. CAPITALISMO E DESIGUALDADE RACIAL

Nas últimas décadas, as questões ligadas à desigualdade racial e à discriminação contra minorias étnicas ou nacionais passaram a ter mais visibilidade em muitas partes do mundo. Na Europa, a onda foi puxada pela extrema direita, que fez da xenofobia anti-imigrantes a bandeira principal de seu discurso e, conforme ganhou peso político e eleitoral, colocou o tema no centro da agenda. Nos Estados Unidos, a violência seletiva da polícia contra a população negra, que de tempos em tempos leva a reações explosivas, provocou o surgimento do movimento Black Lives Matter, com impacto importante na consciência do público. Barack Obama, eleito em 2008 e reeleito em 2012, tornou-se o primeiro presidente afro-americano, rompendo o mais simbólico dos "tetos de vidro" institucionais; em 2020, Kamala Harris, de ascendência indiana e africana, chegaria à vice-presidência. (Seus mandatos, no entanto, testemunham em favor da relativa irrelevância do pertencimento racial dos eleitos no que se refere ao conteúdo das políticas governamentais.) No México zapatista e também em vários outros países latino-americanos ganharam visibilidade as demandas dos povos indígenas pelo respeito às suas vidas, suas terras e suas culturas. No Brasil, ainda que ecos por vezes fortes de todas essas movimentações se tenham feito ouvir, a principal questão foi a implantação de ações afirmativas, como cotas para ingresso no ensino superior, a fim de enfrentar os aberrantes padrões históricos de desigualdade racial vigentes no país.

Essa ampliação da centralidade das temáticas raciais foi acompanhada, no âmbito da teoria, pela ascensão de perspectivas que tendem a desvinculá-las seja do capitalismo, seja da noção de classe social. O chamado "identitarismo" é a diluição, no discurso menos informado, de uma leitura do mundo produzida por vertentes acadêmicas como a teoria da interseccionalidade ou a teoria crítica da raça, ambas de origem estadunidense. Embora haja notável variedade interna em cada uma das correntes, é seguro dizer que, em suas versões mais difundidas, elas se caracterizam pela hostilidade à tradição marxista, considerada congenitamente insensível à variável "raça" ou "cor". Nas palavras de uma destacada teórica interseccional, a "sua [do marxismo] valorização de classe sobre raça, etnicidade e categorias similares limita seu potencial" explicativo[1]. E, de forma ainda mais radical, escreveu um dos pioneiros da teoria crítica da raça:

> Por que alguém hoje deveria se preocupar com as ideias mortas de um filósofo cujo grau de "mortidade" [*deadness*] (imagine que tivéssemos uma métrica tanatológica, capaz de registrar graus de "mortidade"...) parece, por medidas convencionais, estar fora da escala, sublinhada pela natureza totalmente pós-marxista do novo século?[2]

Há uma série de questões, no entanto, que precisam ser discutidas antes que se chegue a um descarte tão fácil da contribuição do marxismo. É indiscutível que Marx e os primeiros marxistas subteorizaram a questão racial, ainda que ele próprio tenha sido um entusiasta da abolição da escravidão (e, por conta disso, um grande admirador de Abraham Lincoln). Mesmo Lênin, que deu atenção ao tema e pressionou a Terceira Internacional a abraçar, com ênfase, as lutas anticoloniais e da população negra estadunidense, tendia a anexá-lo ao debate sobre a questão nacional e o direito de autodeterminação dos povos[3]. Também não se discute que muitas organizações de inspiração marxista tiveram dificuldade para conceder prioridade ao embate contra as desigualdades raciais, por vezes considerando-as meros subprodutos da dominação de classe, destinadas a desaparecer tão logo o socialismo triunfasse. Isso se traduzia ainda em tolerância a práticas discriminatórias internas e, por vezes, à busca de justificativas para a manutenção do *status quo* racista – como no caso de tantos partidos operários que apoiaram o colonialismo de seus países, referendando-se no discurso da imaturidade dos povos não europeus. (Por outro lado, a importância crucial do Partido Comunista na organização e mobilização da população negra dos Estados Unidos ao longo do século XX costuma ser "esquecida" em muitas narrativas atuais.)

São problemas conhecidos, que revelam as dificuldades para a construção de uma ação política emancipatória que contemple simultaneamente os diferentes eixos de dominação social. Mas a questão de que me ocupo aqui é outra. O

---

[1] Patricia Hill Collins, *Intersectionality as Critical Social Theory* (Durham, Duke University Press, 2019), p. 77 [ed. bras.: *Bem mais que ideias: a interseccionalidade como teoria social crítica*, trad. Bruna Barros e Jess Oliveria, São Paulo, Boitempo, 2022].

[2] Charles W. Mills, *From Class to Race: Essays in White Marxism and Black Radicalism* (Lanham, Bowman, 2003), p. XV.

[3] Pedro Caldas Chadarevian, "Os precursores da interpretação marxista do problema racial", *Crítica Marxista*, n. 24, 2008, p. 73-93.

marxismo é um *obstáculo* ao entendimento da questão racial, como para as vertentes da teoria crítica da raça exemplificadas por Charles W. Mills? Por vezes, esse entendimento toma a forma de uma disputa, em que é necessário demonstrar a primazia explicativa da categoria "raça" sobre a categoria "classe", estabelecendo uma "dominação racial abstrata", como diz Mike Cole, como mecanismo primário de explicação do mundo[4]. Ou o marxismo, sem ser necessariamente pernicioso, é *inútil* para a compreensão do racismo? Assim, embora entrelaçadas na dinâmica social, as dominações de classe e de raça teriam que ser explicadas de forma completamente independente.

Acho pertinente explorar um terceiro caminho, que indica que, mesmo com sua teorização deficiente, o marxismo contribui para o entendimento das desigualdades raciais na medida em que elas ganham sentido em sua relação com o capitalismo. Quando digo isso (convém explicar para evitar leituras apressadas ou enviesadas, cujo resultado é, uma vez mais, descartar o marxismo), não se trata de apagar ou subordinar a variável "raça", mas de entender que sua vinculação com a divisão de classes não pode ser ignorada ao se investigar o funcionamento do racismo em uma sociedade capitalista.

Para seguir com proveito essa trilha é importante desfazer outra confusão comum, aquela entre a experiência vivida da opressão e o peso que ela deve receber na explicação das estruturas sociais. A violência gerada pelo racismo, numa sociedade como a brasileira, basta para que coloquemos o combate a ele entre as prioridades incontestáveis de qualquer ação política com pretensão emancipatória. Isso não impede, porém, que se conclua que o capitalismo explica mais a presença do racismo que o contrário. A posição de muitas teorias intersecionais, para as quais, como defende Patricia Hill Collins, a equivalência entre as diferentes formas de opressão deve ser incorporada como uma hipótese de trabalho prévia[5], é equivocada. É necessário investigar as relações entre elas, empírica e teoricamente, sem predefinições arbitrárias. A contribuição que o marxismo pode dar tem como ponto de partida, assim, a análise das relações entre racismo e capitalismo, entre raça e classe.

Embora haja pontos de contato, a discussão sobre a relação entre raça e classe é substantivamente diferente da discussão sobre gênero e classe. "Gênero", afinal, é

---

[4] Mike Cole, "Critical Race Theory in Education, Marxism and Abstract Racial Domination", *British Journal of Sociology of Education*, v. 33, n. 2, 2012, p. 168-83.

[5] Patricia Hill Collins, "On West and Fenstermaker's 'Doing Difference'", *Gender & Society*, v. 9, n. 4, 1995, p. 492.

o sentido social atribuído ao dimorfismo social próprio de nossa espécie (assim como de tantas outras). É possível discutir as razões pelas quais as diferentes sociedades humanas concederam tamanha centralidade a essa diferença em sua organização interna, mas o fato é que ela está presente desde muito cedo e antecede, em muito, o surgimento do capitalismo. Já "raça" é um construto bem mais recente, que coincide com a emergência do modo de produção capitalista. Embora certamente se possa identificar a presença de formas de racismo em outras formações sociais (basta pensar no antissemitismo europeu), sua manifestação especificamente moderna – o "racismo científico" – depende de um duplo processo. A afirmação da biologia como disciplina científica gera o instrumental capaz de identificar as supostas diferenças naturais entre grupos humanos. E o pensamento liberal é o pano de fundo ideológico que, por afirmar abstratamente a igualdade, torna necessário justificar as desigualdades em termos de características inatas dos indivíduos[6].

Além disso, a vinculação empírica entre raça e classe é muito mais íntima. Embora se possa apontar o fenômeno da "feminização da pobreza" ou as dificuldades maiores para as mulheres no mercado de trabalho, o fato é que, graças à intermediação da família (e à centralidade da instituição familiar na reprodução das desigualdades), elas estão espalhadas pelas diferentes posições sociais em proporções próximas à distribuição geral na população. É controverso se a mulher de um burguês, restrita à esfera doméstica e sem atuação direta na atividade empresarial do marido, é, ela própria, uma burguesa, mas não há dúvida de que, ao menos, ela se beneficia da exploração da força de trabalho e desfruta de um modo de vida burguês. No caso do racismo, ao contrário, um índice poderoso de sua existência é a concentração dos grupos raciais, étnicos ou nacionais oprimidos na base da pirâmide social, as dificuldades de mobilidade ascendente de seus integrantes e sua escassez relativa conforme passamos dos marginalizados aos trabalhadores formais, destes às camadas médias e, enfim, aos proprietários.

Isso leva, por vezes, a uma tendência a negar a especificidade do racismo como produtor de desigualdade social. É o que está na base, por exemplo, do mito da "democracia racial" brasileira, que não nega a associação óbvia entre ser negro e ser pobre, mas a atribui a um acaso histórico. A pesquisa empírica, no entanto, já desmontou esse discurso, mostrando a efetividade

---

[6]   Antonio Sérgio Alfredo Guimarães, "Preconceito de cor e racismo no Brasil", *Revista de Antropologia*, v. 47, n. 1, 2004, p. 9-43.

da discriminação baseada em raça e cor, isto é, seu impacto na mobilidade social, nos salários, nas chances educacionais etc. Quando em posições sociais similares, as perspectivas de futuro dos negros são sistematicamente piores que as dos brancos, seja entre trabalhadores, seja entre profissionais liberais. O grande quadro foi traçado por estudos com largo tratamento estatístico[7] e confirmado por uma miríade de pesquisas que revelam o racismo em ação nas expectativas dos profissionais de educação quanto a seus estudantes, nas entrevistas de emprego, no atendimento em serviços de saúde, nas compras no comércio, em suma, nas mais diversas interações cotidianas. A questão, portanto, não é comprovar que a variável "raça" possui peso próprio, mas como integrá-la, no âmbito teórico, à análise de classes.

Um caminho que reforça a ideia da ligação íntima entre raça e classe vincula-se ao fato de que o racismo contra a população negra é indissociável do fenômeno da escravidão moderna – aquela que se caracteriza pela exploração da mão de obra escrava com vistas à produção em larga escala para o mercado mundial e que tem na *plantation* colonial sua forma típica, em contraposição com o escravagismo patriarcal, próprio da Antiguidade. Sua centralidade na formação do capitalismo já era assinalada por Marx: "A escravidão direta é o eixo da indústria burguesa, assim como as máquinas, o crédito etc. Sem escravidão, não teríamos o algodão; sem o algodão, não teríamos a indústria moderna"[8]. A estigmatização racial dos africanos é indissociável da necessidade de legitimação ideológica do trabalho escravo. Na fórmula direta do historiador trinitense Eric Williams, a escravidão dá "uma feição racial ao que é basicamente um fenômeno econômico. A escravidão não nasceu do racismo: pelo contrário, o racismo foi consequência da escravidão"[9].

---

[7] Para o caso brasileiro, ver Carlos Hasenbalg, *Discriminação e desigualdades raciais no Brasil* (Rio de Janeiro, Graal, 1979); e Carlos Hasenbalg e Nelson do Valle Silva, *Estrutura social, mobilidade e raça* (São Paulo, Vértice, 1988).

[8] Karl Marx, *A miséria da filosofia* (trad. José Paulo Netto, São Paulo, Boitempo, 2017), p. 103. A edição original é de 1847.

[9] Eric Williams, *Capitalismo e escravidão* (trad. Denise Bottmann, São Paulo, Companhia das Letras, 2012), p. 34. A edição original é de 1944. A afirmação de Balibar de que o racismo atual, centrado na imigração, é racismo sem raças, cujo tema central não é a hereditariedade, mas a irredutibilidade das diferenças culturais, pode (talvez) ser válida para o contexto europeu. Ver Étienne Balibar, "Y a-t-il un 'néoracisme'?", em Étienne Balibar e Immanuel Wallerstein, *Race, Nation, Classe: Les identités ambiguës* (Paris, La Découverte, 2007) [ed. bras.: *Raça, nação, classe: as identidades ambíguas*, trad. Wanda Nogueira Caldeira Brant, São Paulo, Boitempo, 2021]. Em países como o Brasil ou os Estados Unidos, cuja história é marcada pela escravidão dos africanos, certamente não é assim. Por outro lado, é importante anotar que a

A partir daí, é possível entender a desigualdade racial contemporânea como uma mera sobrevivência da escravidão – que desapareceria com o passar do tempo, conforme a dinâmica do trabalho assalariado se impusesse, nas visões mais otimistas, ou com efeitos mais duradouros devido a mecanismos internos de reprodução. Esta última é a percepção presente, por exemplo, no estudo clássico sobre *A integração do negro na sociedade de classes*, de Florestan Fernandes. A "revolução abolicionista brasileira", que culminou na emancipação dos escravos em 1888, legou ao país uma população formalmente livre, mas desprovida dos recursos materiais e psíquicos necessários para a adaptação à nova condição. "A sociedade brasileira largou o negro ao seu próprio destino, deitando sobre seus ombros a responsabilidade de se reeducar e de se transformar para corresponder aos novos padrões e ideais de ser humano criados pelo advento do trabalho livre, do regime republicano e do capitalismo"[10].

A própria similaridade da subordinação assalariada à escravatura gerava repulsa em uma população ciosa de sua nova posição como pessoas livres, dificultando a incorporação à força de trabalho. Era impossível, portanto, concorrer com a mão de obra imigrante, que chegava ao Brasil também no momento da abolição, mas já aparelhada com a visão de mundo própria do trabalhador assalariado, capacitada para a competição no mercado de trabalho capitalista. Faltavam à população negra, também, os recursos sociais que permitiam o "triunfo", sempre relativo, na nova ordem, já que a escravidão operara contra a consolidação dos laços familiares e, ainda mais, do associativismo entre os cativos. Diante dos ex-escravos

> se abrem duas escolhas irremediáveis, sem alternativas. Vedado o caminho da classificação econômica e social pela proletarização, restava-lhes aceitar a incorporação gradual à escória do operariado urbano em crescimento ou se abater penosamente, procurando no ócio dissimulado, na vagabundagem sistemática ou na criminalidade fortuita meios para salvar as aparências e a dignidade de "homem livre"[11].

---

variável "cor" mobilizada nos esquemas racistas não reflete apenas a cor da pele ou outros traços fenotípicos (cabelos, nariz etc.), incluindo também traços culturais, como vestuário, "boas maneiras" e o domínio da cultura europeia. Antonio Sérgio Alfredo Guimarães, "Formações nacionais de classe e raça", *Tempo Social*, v. 28, n. 2, 2016, p. 168. Em suma: "raça" é sempre uma categoria cultural.

10 Florestan Fernandes, *A integração do negro na sociedade de classes*, v. 1 (5. ed., São Paulo, Globo, 2008), p. 35. A edição original é de 1964.

11 Ibidem, p. 44.

Marco incontornável dos estudos sobre a desigualdade racial no Brasil, a obra de Florestan será criticada por negligenciar outros aspectos do racismo, que o definem não como mera sobrevivência, mas como um mecanismo funcional para a reprodução do capitalismo – o que estudos de base marxista vão ressaltar. O mais óbvio deles é que, ao dividir o grupo dos explorados, opondo brancos a negros, o racismo enfraquece a resistência da classe trabalhadora e facilita a perpetuação da dominação burguesa. Isso, é claro, não *explica* a existência do racismo, apenas indica que sua permanência é útil na medida em que favorece a dominação[12]. O risco é tomar uma coisa pela outra. Em sua polêmica contra o uso de explicações funcionalistas no marxismo, Jon Elster parte exatamente de uma carta de Marx em que ele aponta como o preconceito dos ingleses contra os irlandeses prejudica a luta operária. Marx deslizaria do *tertius gaudens* (a ideia de que um terceiro, alheio ao conflito, dele se beneficia) para o *divide et impera* (o conflito é provocado deliberadamente por aquele terceiro, que dele se beneficiará). Tal transição, diz Elster, "não me parece plausível. Classes dominantes podem explorar preconceitos, mas não podem criá-los"[13].

A afirmação de Elster soa sensata, mas há evidências de que o processo histórico é mais complexo do que ele indica. Por exemplo: no século XVII, na Virgínia, os africanos eram trazidos à força, é verdade, para suprir a necessidade de mão de obra para as plantações de tabaco, uma vez que a imigração europeia não era suficiente. No entanto, estavam submetidos à mesma forma de servidão por contrato que os imigrantes europeus pobres, uma servidão com tempo determinado, ao fim do qual eram libertados. Foi como resposta a uma rebelião de trabalhadores que o estatuto legal dos negros foi alterado, tornando-os escravos permanentes e hereditários – a servidão dos brancos torna-se um privilégio relativo, aproximando-os dos senhores e afastando-os de seus companheiros de eito[14]. No caso, o preconceito parece ser, ao menos em parte,

---

[12] Por outro lado, como assinala Balibar, o risco é imaginar que a "consciência de classe" surgiria naturalmente da vivência operária, "a não ser quando impedida, desviada, desnaturada pelo racismo", o que certamente não é o caso. Étienne Balibar, "Le 'Racisme de classe'", em Étienne Balibar e Immanuel Wallerstein, *Race, Nation, Classe: Les identités ambiguës*, cit., p. 275. A dinâmica de competição entre os trabalhadores, fruto das próprias relações de produção capitalistas, é aproveitada pelo racismo, não produzida por ele.

[13] Jon Elster, *Making Sense of Marx* (Cambridge/Paris, Cambridge University Press/Éditions de la Maison des Sciences de l'Homme, 1991), p. 22.

[14] Asad Haider, *Mistaken Identity: Race and Class in the Age of Trump* (Londres, Verso, 2018), p. 55 [ed. bras.: *Armadilha da identidade: raça e classe nos dias de hoje*, trad. Leo Vinícius Liberato, São Paulo, Veneta, 2019].

fruto da intencionalidade da classe dominante, que dá corpo a ele ao inseri-lo na ordem institucional. Ou, dito de forma mais rigorosa, a solidariedade é rompida pela mudança objetiva nas expectativas dos dois grupos e alimenta o preconceito como ideologia justificadora de uma discriminação que, sem ela, teria que ser assumida como arbitrária. E, conforme observou Fernando Henrique Cardoso para o caso do Brasil, a "função reguladora" do preconceito é relativamente pequena na sociedade escravagista, já que apenas complementa o que está definido abertamente na ordem legal, mas avulta quando advém uma situação de igualdade formal[15].

Ao mesmo tempo, o exemplo da Virgínia evidencia que afirmar a utilidade do racismo para a divisão da classe trabalhadora pode ser correto, mas é insuficiente para abranger seus múltiplos efeitos. Ele gera posições diversas no mundo social, de acordo com a atribuição de raça, cor ou etnia, concedendo aos brancos, mesmo aqueles que integram as classes dominadas, vantagens relativas. Ou seja: como toda ideologia, o racismo é *produtivo*, quer dizer, produz um mundo social que tende a espelhar sua própria narrativa.

Uma primeira aproximação com a questão é a ideia de um "salário psicológico" pago aos trabalhadores brancos, isto é, o sentimento de superioridade que a branquitude confere a eles. A expressão é de um texto de 1932, da intelectual comunista Maude White[16], e reaparece pouco depois como "um tipo de salário público e psicológico" na influente obra de W. E. B. Du Bois, sociólogo e historiador marxista reconhecido como um dos fundadores do pensamento social negro nos Estados Unidos[17]. Ao definir essa remuneração extra oferecida ao trabalhador branco como psicológica, os autores não estão insinuando que ela é fantasiosa ou ilusória. Ela fortalece a autoestima, que é um componente tão importante do bem-estar subjetivo, e se contrapõe ao sentimento de fracasso e inutilidade, tão frequente entre pessoas de grupos dominados que se veem como incapazes da ascensão social, o que pretensamente estaria ao alcance dos mais talentosos. No mundo de hoje, em que uma nova extrema direita ganha força

---

[15]   Fernando Henrique Cardoso, *Capitalismo e escravidão no Brasil meridional: o negro na sociedade escravocrata do Rio Grande do Sul* (Rio de Janeiro, Civilização Brasileira, 2003), p. 318. A edição original é de 1962.

[16]   Citado em Erik S. McDuffie, *Sojourning for Freedom: Black Women, American Communism, and the Making of Black Left Feminism* (Durham, Duke University Press, 2011), p. 52.

[17]   W. E. B. Du Bois, *Black Reconstruction in America: An Essay Toward a History of the Part which Black Folk Played in the Attempt to Reconstruct Democracy in America, 1860-1880* (Cleveland, Meridian, 1968), p. 700. A edição original é de 1935.

ao apostar no apego de tantos subalternos à recompensa psicológica gerada pela inserção em algum grupo hierárquico superior, não é possível desconsiderar os efeitos concretos do mecanismo identificado por White e Du Bois.

Mas a retribuição é mais do que psicológica. A divisão racial distribui desigualmente vantagens e desvantagens materiais e simbólicas em desfavor dos não brancos. Eles são relegados às tarefas menos especializadas e mais mal remuneradas, têm maior dificuldade para obter promoções e encontram menos condescendência por parte de chefes e patrões. Cabe lembrar que embora a classe trabalhadora, como coletividade, tenha uma posição fixa de subordinação no capitalismo, o trabalhador individual pode ter a esperança, é bem verdade que raras vezes efetivada, de progresso dentro da ordem capitalista. No entanto, as poucas oportunidades existentes são ainda menos acessíveis para os integrantes dos grupos raciais subalternos, exatamente porque as práticas discriminatórias operam contra eles. O racismo, então, favorece objetivamente os brancos, na concorrência pelas brechas para melhoria de vida dentro do sistema.

Vale dedicar uma atenção especial à educação, que um discurso convencional apresenta como o mecanismo por excelência para a mobilidade social ascendente. Uma promessa ilusória, já que, como demonstraram Bourdieu e Passeron, a escola pressupõe competências nativas das classes dominantes, que exigem um esforço muito maior para serem absorvidas pelos dominados[18]. Se sua pretensão republicana e niveladora é aceita sem questionamento, ela acaba por naturalizar e legitimar as desigualdades sociais, que passam a aparecer como mero reflexo das diferenças de competência acadêmica ou mesmo de inteligência que o sistema educacional apenas registraria. Poucos são os filhos da classe trabalhadora que conseguem superar essas barreiras e fazer da escola um instrumento de ascensão. Para os não brancos, trata-se de um desafio ainda maior, já que o racismo estrutura os horizontes de possibilidades e as expectativas, produzindo um menor investimento de famílias, de professores e dos próprios estudantes em sua educação[19].

Fiz referência ao "salário psicológico" que, nas palavras de White e de Du Bois, o racismo confere aos brancos. Essa noção é central na reflexão de Frantz

---

[18] Pierre Bourdieu e Jean-Claude Passeron, *La Reproduction: éléments pour une théorie du système d'enseignement* (Paris, Minuit, 1970) [ed. bras.: *A reprodução: elementos para uma teoria do sistema de ensino*, trad. Reinado Bayrão, 7. ed., Petrópolis, Editora Vozes, 2014].

[19] Ver Zeus Leonardo, *Race Frameworks: A Multidimensional Theory of Racism and Education* (Nova York, Teachers College Press, 2013).

Fanon, o psiquiatra e revolucionário martinicano cuja obra se tornou referência para os estudos do chamado "pós-colonialismo". Ele destaca a produção do sentimento de inferioridade dos negros por um processo duplo, sendo primeiro econômico – relegando-os às posições mais espoliadas da sociedade – e, em seguida, de "interiorização ou, melhor, epidermização dessa inferioridade"[20]. Romper com esse sentimento é um passo necessário para a emancipação, o que leva Fanon a, celebremente, exaltar a violência "desintoxicadora" do colonizado contra o colonizador e, de forma mais geral, estabelecer a importância política da revalorização da negritude[21]. Mas, como observou um comentarista, não há nenhum aceno à essencialização ou à romantização dela. O esforço de Fanon era no sentido de "não ficar preso ao particular – isto é, orgulho da raça e da etnia (a marca da política de identidade) –, nem o deixar de lado em nome da afirmação de uma defesa abstrata e *color-blinded* (cega à cor) da 'revolução proletária'"[22].

Um alerta contra a essencialização, décadas antes, já fora apresentado por outro importante pensador marxista, o peruano José Carlos Mariátegui. Após indicar como a noção de inferioridade dos povos não europeus havia sido crucial para a empreitada da colonização, ele critica quem, ao opor-se ao preconceito contra os indígenas, é levado ao "extremo oposto", isto é, à noção de que

> a criação de uma nova cultura americana será, essencialmente, obra das forças raciais autóctones. Subscrever esta tese é cair no mais absurdo e ingênuo misticismo. Ao racismo dos que desprezam o índio, porque acreditam na superioridade absoluta e permanente da raça branca, seria tolo e perigoso opor-se ao racismo dos que superestimam o índio com fé messiânica em sua missão como raça no renascimento americano.[23]

Uma interpretação materialista histórica do racismo deve, assim, ser capaz de indicar sua vinculação com a dominação capitalista, sem reduzi-lo a isso; incorporar seus efeitos tanto materiais quanto simbólicos ou psicológicos; reconhecer

---

[20] Frantz Fanon, "Peau noire, masques blancs", em *Œuvres* (Paris, La Découverte, 2011), p. 66. [ed. bras.: *Pele negra, máscaras brancas*, trad. Sebastião Nascimento, São Paulo, Ubu, 2020]. A edição original é de 1952.

[21] Idem, "Les Damnés de la terre", em *Œuvres* (Paris, La Découverte, 2011), p. 496. [ed. bras.: *Os condenados da terra*, trad. Lígia Fonseca Ferreira e Regina Salgado Campos, Rio de Janeiro, Zahar, 2022]. A edição original é de 1961.

[22] Peter Hudis, "Racism and the Logic of Capital: A Fanonian Reconsideration", *Historical Materialism*, v. 26, n. 2, 2018, p. 209.

[23] José Carlos Mariátegui, "El problema de las razas en América Latina", em *Ideología y política* (Caracas, Ministerio de Comunicación y Información, 2016), p. 29. A edição original é de 1929.

a relevância dos aspectos culturais sem negligenciar os econômicos; e entender que ele desenvolve uma dinâmica própria, que incide nas relações sociais, reproduzindo hierarquias raciais mesmo quando a dominação de classe não está em jogo. É uma interpretação que se recusa a hipostasiar – isto é, a tomar uma abstração por uma realidade – a "raça", seja em termos biológicos, seja em termos culturais, preferindo vê-la como um processo sempre contextual de "racialização dentro de um conjunto particular de relações de produção"[24]. E, como fica claro pela leitura da citação de Mariátegui, o ponto de partida de muito da reflexão marxista, de que o racismo serve para dividir os dominados, leva à percepção de que a luta antirracista deve também contribuir para superar tal divisão.

Trata-se de um programa bastante demandante do ponto de vista quer da elaboração teórica, quer da prática política, mas que parece necessário para contemplar a complexidade da reprodução do racismo nas sociedades contemporâneas. Ele se contrapõe a visões alternativas que têm ganhado espaço no debate público e acadêmico, como a chamada "interseccionalidade", que nasceu no feminismo negro estadunidense. A noção de interseccionalidade parte da constatação de que os múltiplos padrões de dominação presentes na sociedade estruturam as vivências e os horizontes daqueles que estão submetidos a eles de uma forma simultânea, não segmentada. Isto é, uma opressão não se soma a outra, simplesmente. A experiência social de uma mulher negra, numa sociedade que é tanto sexista quanto racista, não pode ser descrita como uma composição entre as experiências de um homem negro e de uma mulher branca. Ela é específica e assim deve ser apreendida. É uma percepção importante, uma vez que aqueles em vantagem dentro dos grupos dominados – os homens, entre negros e negras; as brancas, entre as mulheres – tendem a ganhar maior visibilidade como porta-vozes de suas demandas e, assim, expor as suas perspectivas particulares como se fossem as de todo o grupo. Na verdade, a noção de interseccionalidade recupera, em linguagem mais acadêmica, uma reflexão que ocorrera dentro do marxismo estadunidense, ainda na primeira metade do século XX, quando dirigentes comunistas negras passaram a discutir a "tripla opressão" da trabalhadora negra[25].

Nesta reflexão anterior, porém, a variável "classe" ganhava centralidade muito maior. Seu objeto, a trabalhadora negra, sofria uma carga maior de exploração

---

[24] Robert Miles, "Marxism versus the Sociology of 'Race Relations'?", *Ethnic and Racial Studies*, v. 7, n. 2, 1984, p. 230.

[25] Ver Erik S. McDuffie, *Sojourning for Freedom*, cit.

por seu sexo e por sua cor, mas nem por isso a exploração deixava de estar ligada à condição de trabalhadora sob o capitalismo. As teorias da interseccionalidade, por sua vez, vêm à luz em um momento em que a variável "raça" ganha espaço no feminismo, mas a variável "classe" torna-se menos presente. Alguns de seus escritos fundadores simplesmente passam ao largo das questões de classe[26]; em seguida, elas são incorporadas de forma, o mais das vezes, apenas lateral. Como diz uma autora crítica à corrente, para a interseccionalidade "o cruzamento privilegiado é entre 'raça' e gênero, enquanto a referência à classe social não passa muitas vezes de uma citação obrigatória"[27].

Cabe observar que há duas importantes diferenças entre o sujeito político coletivo "classe trabalhadora" e os outros grupos dominados. Em primeiro lugar, a classe trabalhadora é definida por um atributo comum da humanidade, o trabalho, isto é, a capacidade de transformação do mundo material. Os outros grupos dominados apresentam a exigência de serem incluídos em pé de igualdade na humanidade comum, mas não têm como atributo *peculiar* aquilo que, como atributo *geral*, define a humanidade enquanto tal. Como escrevem Marx e Engels, a união social sob a égide da classe proletária, "devido ao caráter do próprio proletariado, pode apenas ser uma união universal"[28].

Em segundo lugar, e em continuidade com o item anterior, a classe trabalhadora tem por projeto, ao menos na visão de Marx, a extinção de sua própria peculiaridade, com a emergência de uma sociedade sem classes. Isso também não está ao alcance dos outros grupos subalternos. Havia uma ambição de apagamento da relevância social da identidade, no feminismo herdeiro de Mary Wollstonecraft ou de Simone de Beauvoir, que antecipava uma sociedade *gender-free*, ou no antirracismo de visão mais tradicional, voltado a uma sociedade de *color blindness*, cujo maior porta-voz foi Martin Luther King. Mas era, sempre, a superação da valoração hierárquica da diferença, não da diferença em si mesma. Hoje, a virada para uma política da

---

[26] Ver Kimberle W. Crenshaw, "Demarginalizing the Intersection of Race and Sex: A Black Feminist Critique of Discrimination Doctrine, Feminist Theory and Antiracist Politics", *University of Chicago Legal Forum*, n. 1, 1989, p. 139-67; idem, "Mapping the Margins: Intersectionality, Identity Politics and Violence against Women of Color", *Stanford Law Review*, v. 43, n. 6, 1991, p. 1.241-99.

[27] Danièle Kergoat, "Dinâmica e consubstancialidade das relações sociais", cit., p. 99.

[28] Karl Marx e Friedrich Engels, *A ideologia alemã* (trad. Rubens Enderle, Nélio Schneider e Luciano Cavini Martorano, São Paulo, Boitempo, 2007). p. 73. Os manuscritos são de 1845-1846.

diferença, em que ela é valorizada em si mesma, torna essa distinção ainda mais marcante.

As duas discrepâncias indicam que a classe trabalhadora tem uma porta aberta para a conexão com a universalidade que é mais direta que em outros movimentos de caráter emancipatório. O foco discursivo na *identidade* agrava a situação. A ideia de identidade remete, no senso comum, a uma autopercepção subjetiva e o movimento identitário é visto como aquele que busca sobretudo o reconhecimento simbólico. O identitarismo participaria, assim, do mesmo processo que levou à afirmação, nos anos 1970 e 1980, da era do "pós-materialismo" e, a partir dos anos 1990, da primazia da busca pelo reconhecimento como motor da luta política.

É errado, no entanto, reduzir os novos movimentos a isso. Eles estão, na verdade, direcionados à defesa de direitos e ao combate a formas de dominação e opressão que de fato vigoram em nossa sociedade. Com pautas, aliás, que estão longe de ser "meramente culturais" – não podemos questionar o caráter material de bandeiras como a integridade física, o controle sobre o próprio corpo, as cotas para acesso a locais sociais privilegiados ou ainda as creches ou a remuneração igual para trabalho igual. A questão, então, não é opor classe a lutas identitárias, mas entender a posição ocupada pelo eixo de classe *vis-à-vis* outros eixos de dominação social.

A dificuldade aparece quando gênero ou raça surgem como categorias com existência concreta, prévia às relações sociais de dominação que as dotam de sentido na sociedade contemporânea. Tornada aquilo que constitui (os sujeitos) sem ser constituída (pelo mundo social), a identidade leva ao aprisionamento em posições fixas e unívocas, tomando "atributos socialmente construídos como verdades ontológicas"[29]. Nas palavras do antropólogo Francesco Remotti, "a identidade é a forma extrema de reivindicação da unidade por sujeitos – individuais e coletivos – que, no entanto, são marcados internamente por uma multiplicidade inexorável"[30]. Ao desaguar no identitarismo, a interseccionalidade desfaz o percurso que pretendia criar, com a sobreposição de múltiplas opressões resultando na formação de nichos fechados em si mesmos, virtualmente incapazes de diálogo e de articulação. Compreendida dessa forma, ela introduz posições fixas em dinâmicas de

---

[29] Peter Hudis, "Racism and the Logic of Capital", cit., p. 208.

[30] Francesco Remotti, *L'ossessione identitaria* (Roma, Laterza, 2010), p. 42

opressão que, no entanto, só poderiam ser adequadamente compreendidas como relações móveis, determinadas historicamente[31]. E, enfim, ignora o fato de que a materialidade das identidades coletivas no mundo social se vincula a seu caráter instrumental para a reprodução da dominação e que, portanto, um projeto emancipatório acaba fatalmente por apontar para a sua dissolução.

O identitarismo leva a vincular diretamente a possibilidade de expressão política à posse de determinadas características distintas, em geral inscritas na própria corporeidade. Com isso, as identidades de grupo deixam de ser o que de fato são, "abstrações que devem ser explicadas em termos de histórias materiais específicas"[32], passando a ser encaradas como realidades tangíveis que definem (ou engessam) as possibilidades de ação e expressão política. A ação unitária dos dominados é obstaculizada pelo fetiche da autoexpressão, por sua vez derivado da cadeia de equivalências entre posição socialmente determinada, vivência, identidade e consciência. Qualquer realidade apareceria, assim, como completamente inacessível para quem não a vive, e o diálogo entre diferentes acaba por ser sempre uma conversa impossível. A epistemologia marxiana, que afirma o caráter social da constituição dos sujeitos e aponta para uma dialética entre experiência e pensamento[33], é não apenas mais sofisticada, mas também abre caminhos mais promissores para a intervenção política transformadora. Não são menos significativos os efeitos repressivos dentro do próprio grupo. A "reificação" da identidade aprisiona seus integrantes, que devem se conformar ao modelo predeterminado de quem são, e os embates pelo poder de falar em nome do grupo, que significam sempre a capacidade de ressignificá-lo, são obscurecidos: a política de identidade se inclina na direção de "formas repressivas de comunitarismo"[34].

Construída dessa forma, a identidade baseada em gênero, raça e sexualidade tende a exacerbar a preocupação com o "reconhecimento" e relegar as lutas por distribuição material para o segundo plano. Como diz uma leitura crítica dessas políticas da identidade, parece que a escravidão negra nas Américas

---

[31] Elsa Dorlin, "De l'Usage épistémologique et politique des catégories de 'sexe' et de 'race' dans les études sur le genre", *Cahiers du Genre*, n. 39, 2005, p. 92. Ver também Antonio Sérgio Alfredo Guimarães, "Formações nacionais de classe e raça", cit., p. 161.

[32] Asad Haider, *Mistaken Identity*, cit., p. 11.

[33] Karl Marx e Friedrich Engels, *A ideologia alemã*, cit.

[34] Nancy Fraser, "Rethinking Recognition", *New Left Review*, segunda série, n. 3, 2000, p. 122.

buscava "a produção da supremacia branca, em vez da produção de algodão, açúcar, arroz e tabaco"[35].

A situação se agrava com a reivindicação cada vez mais particularista, presente nas compreensões correntes nas disputas políticas, de "lugares de fala" privilegiados e mesmo monopolísticos. "Ter lugar de fala" tornou-se um bilhete de acesso, numa leitura literal da metáfora: é ter assento numa assembleia exclusiva. Quem "não tem lugar de fala" não tem assento, logo deve ser expulso, isto é, se calar. Mas a ideia de lugar de fala remetia ao entendimento de que todo discurso é socialmente posicionado. Em oposição a compreensões racionalistas, que julgam que os discursos devem ser avaliados por seus argumentos abstratos, a ideia de lugar de fala indicava que a identidade do falante nunca é irrelevante. As posições socialmente estruturadas geram perspectivas que informam os discursos, sempre situados, nunca capazes de alcançar a totalidade[36]. Por isso, independentemente de seus valores, ideais ou simpatias, mulheres e homens, negros e brancos, trabalhadores e patrões, gays e héteros vão manifestar visões diferentes de mundo. Em outras palavras, o lugar de fala indicava os limites de qualquer discurso, sem fundar qualquer pretensão de verdade.

Isso é um alerta que visa produzir uma leitura menos ingênua e mais informada de *todos* os discursos presentes no mundo social. Não é um veto. Nem as percepções que sustentam um privilégio epistêmico dos grupos dominados, como as teorias do ponto de vista feministas dos anos 1970 e 1980[37], creem que da experiência vivida deriva automaticamente a capacidade de entendê-la e de interpretá-la de forma crítica, para não dizer iluminada, ou que se deve estabelecer uma reserva de mercado no debate sobre o mundo. Da forma como é mobilizada nos embates discursivos atuais, a noção de "lugar de fala" leva a uma exacerbação do privilégio epistêmico dos dominados. É como se fosse o oposto da falsa consciência, sustentada pela crença na transparência do mundo, no acesso imediato à verdade por meio da vivência. Mas aqui, uma vez mais, a tradição marxista tem contribuição a dar. Se a ideologia é constitutiva do indivíduo, se a experiência no mundo social é marcada por alienação e fetichismo,

---

[35] Karen E. Fields e Barbara J. Fields, *Racecraft: The Soul of Inequality in American Life* (Londres, Verso, 2012), p. 117.

[36] Ver Iris Marion Young, *Inclusion and Democracy* (Oxford, Oxford University Press, 2000).

[37] Nancy C. M. Hartsock, "The Feminist Standpoint: Developing the Ground for a Specifically Feminist Historical Materialism", em *The Feminist Standpoint Revisited and Other Essays* (Boulder, Westview, 1998). A edição original é de 1983.

então fica claro que não há e que não pode haver autoconsciência espontânea. O feminismo contemporâneo, aliás, nasce com a compreensão de que, dada a dominação masculina, as mulheres significam sua própria vida "por meio de consciências alheias"[38]. A necessidade de romper com essa situação está no coração da discussão feminista da segunda metade do século XX, em autoras tão diversas entre si quanto Betty Friedan ou Catharine A. MacKinnon[39], e também na prática dos "grupos de mulheres" cujo objetivo era exatamente produzir uma reflexão coletiva que propiciasse meios de ultrapassar a "consciência emprestada" que a condição de subalternidade impõe aos grupos dominados.

Ultrapassando a linha que separa a necessária reivindicação por acesso a voz e por autonomia da postulação de uma clarividência automática derivada da vivência como dominado, o "lugar de fala" tornou-se, muitas vezes, veículo de um particularismo míope que pode e deve ser enfrentado. Mas seu substrato – a multiplicidade de sujeitos emancipatórios, própria da sociedade contemporânea – não é contornável. Não é mais possível nem mesmo desejável subsumir todas as demandas emancipatórias, dos diferentes eixos de dominação social, na classe, o que significa que qualquer projeto de transformação social passa hoje pela composição com uma diversidade de grupos e de agendas[40]. E, dada a pluralidade de posições de sujeito, essas demandas se cruzam nos próprios indivíduos e complicam o reconhecimento de porta-vozes de demandas coletivas. O marxismo seguramente não apresenta respostas prontas para todos esses dilemas. Mas ajuda, e muito, a ampliar a complexidade do olhar sobre eles e a afastar saídas enganosamente fáceis.

---

[38] Simone de Beauvoir, *Le Deuxième sexe*, v. 2 (Paris, Gallimard, 1949), p. 516 [ed. bras.: *O segundo sexo*, v. 2., *A experiência vivida*, trad. Sérgio Milliet, 2. ed., São Paulo, Difusão Europeia do Livro, 1967].

[39] Betty Friedan, *The Feminine Mystique* (Nova York, Norton, 2001). A edição original é de 1963. Catharine A. MacKinnon, *Toward a Feminist Theory of the State*, cit.

[40] Ver Ernesto Laclau e Chantal Mouffe, *Hegemonía y estrategia socialista: hacia una radicalización de la democracia* (Madri, Siglo Veintiuno, 1987) [ed. bras.: *Hegemonia e estratégia socialista: por uma política democrática radical*, trad. Joanildo A. Burity, Josias de Paula Jr e Aécio Amaral, São Paulo, Intermeios, 2015]. A edição original é de 1985.

5. O ESTADO

A visão marxista da política dá centralidade ao Estado, entendido como o organismo que garante a reprodução da dominação social. No momento em que o *mainstream* da ciência política estava disposto a abandonar o próprio conceito de Estado em favor da noção pretensamente mais abrangente de "sistema político", uma boa parte da reação veio do marxismo (embora não só dele). Para David Easton, uma das principais vozes da ofensiva contra a categoria do Estado, tratava-se de negar a ideia de uma estrutura centralizada de dominação, substituindo-a por uma rede de relações mais ou menos horizontais entre autoridades e entre grupos de cidadãos[1]. O sistema político seria isto: um conjunto de interações integradas porém autônomas, pouco hierarquizadas entre si. Como método, a mudança estaria mais de acordo com a perspectiva do funcionalismo sistêmico; como ideologia, com a visão pluralista então hegemônica no Ocidente. Ao marxismo, ao contrário, interessava enfatizar a unidade do poder político e o exercício da dominação social por trás da aparente multiplicidade de interesses que se expressam nas arenas institucionais.

Isso não quer dizer que o conceito de Estado seja simples. Pelo contrário, é uma noção notoriamente difícil de ser apreendida. Como mostra o *tour de force* teórico e histórico empreendido por Bob Jessop, há inúmeras maneiras de abordá-la e elas nem sempre combinam entre si[2]. O Estado, afinal, não é um objeto a ser identificado pela observação empírica, mas um construto intelectual útil para organizar a compreensão do funcionamento do poder na sociedade – e que deve ser sensível às profundas transformações históricas que nele ocorrem. Ele é importante para indicar que, a despeito de toda a complexidade e mesmo de eventuais contradições, há um eixo que estrutura o exercício da autoridade política. E, no caso do marxismo, também que esse eixo não seja independente dos padrões de dominação social vigentes às margens da esfera política em sentido estrito.

Na obra do próprio Marx, o tratamento mais extenso da questão do Estado está num escrito de juventude, a *Crítica da filosofia do direito de Hegel*.

---

[1] David Easton, *The Political System: An Inquiry into the State of Political Science* (Nova York, Alfred A. Knopf, 1953).

[2] Bob Jessop, *The State: Past, Present, Future* (Cambridge, Polity, 2016).

Na leitura de Hegel, o Estado é a encarnação terrena da razão e da ética; o progresso do Espírito no mundo, que é o fio condutor da filosofia hegeliana da história, manifesta-se como a evolução das formas estatais, culminando na mais perfeita de todas: a monarquia constitucional. Manifestação da unidade social (ao passo que a sociedade civil é vista, de maneira hobbesiana, como espaço de conflito permanente entre agentes autointeressados), o Estado seria porta-voz do interesse universal e instrumento da superação dos conflitos. O conjunto de seus agentes – o funcionalismo público – é descrito como "estamento universal", desprovido de interesses próprios, portanto operando em favor da totalidade da sociedade, isto é, de seu caráter reconciliado, acima das particularidades.

Marx recusa, é claro, tal interpretação. Ele discute longamente as contradições internas do texto de Hegel, observando como o fundamento idealista de seu raciocínio permite que as disputas de poder sejam transcendidas retoricamente e a questão do exercício da dominação social desapareça do horizonte. "Hegel transforma todos os atributos do monarca constitucional em autodeterminações absolutas da *vontade*. Ele não diz: a vontade do monarca é a decisão última, mas, sim, a decisão última da vontade é… o monarca. A primeira frase é empírica. A segunda distorce o fato empírico em um axioma metafísico"[3].

O ponto fundamental da crítica reside no fato de que, ao depositar a soberania nessa entidade metafísica, Hegel despe o povo de seu exercício e o aliena politicamente. Novamente, tal como Hobbes, o filósofo de Iena julga que apenas a submissão a uma autoridade comum permite que a comunidade supere o estatuto de uma coleção de indivíduos atomizados em permanente disputa entre si. A crítica de Marx, portanto, tem um caráter democrático, enfatizando a necessidade de que o poder político esteja nas mãos do conjunto dos cidadãos, mas permanece enquadrando a questão a partir da oposição entre monarca e povo, isto é, o Estado é visto em contraposição à sociedade civil, portanto como alheio a seus conflitos.

O passo seguinte será o entendimento de que o poder do Estado não apenas se impõe sobre o povo, mas nasce dos conflitos internos à sociedade civil e é partícipe deles. No *Manifesto Comunista*, está a famosa formulação de que "o executivo no Estado moderno não é senão um comitê para gerir

---

[3] Karl Marx, *Crítica da filosofia do direito de Hegel* (trad. Rubens Enderle e Leonardo de Deus, São Paulo, Boitempo, 2005), p. 45. A edição original é de 1843.

os negócios comuns de toda a classe burguesa"[4]. Ou seja, o funcionamento do Estado moderno não é explicado por sua oposição à sociedade civil, mas por seu alinhamento a um dos grupos em luta dentro dela: a burguesia. Anos depois, Marx ainda diria que o Estado assume a forma de "poder nacional do capital sobre o trabalho", de "força pública organizada para a escravização social", de "máquina do despotismo de classe"[5]. A unilateralidade da ação estatal, em favor da burguesia, é ressaltada em traços fortes, de uma maneira que parece incompatível com o modo mais sutil com que costuma se manifestar atualmente.

A concepção expressa no *Manifesto* é referida muitas vezes como "a tese do Estado-comitê gestor" e assinalada como excessivamente mecânica e simplista. Cabe perceber que o texto de Marx e Engels fala especificamente do poder executivo, o que nem sempre é lembrado e permite uma brecha para a observação de conflitos em outros espaços estatais. Ainda assim, fica a ideia de que o Estado capitalista é uma espécie de supraconsciência da burguesia. Em muitas leituras marxistas posteriores, de fato, a função do Estado será descrita como proteger os interesses de longo prazo da classe burguesa, não apenas da oposição dos dominados, mas também (ou sobretudo) de seus conflitos internos e de sua incapacidade para ver além da vantagem imediata. Fica faltando explicar, porém, como o Estado é capaz de atingir tal presciência, em favor dos burgueses, de que os próprios burgueses carecem.

Em consonância com essa percepção, Engels explicou o surgimento do Estado como fruto direto da instituição da propriedade privada, numa narrativa que guarda notáveis semelhanças com a de Rousseau[6]. Os conflitos que irrompem a partir da ultrapassagem do estágio de usufruto comum de toda a riqueza, que por sua vez é fruto do desenvolvimento da produtividade humana, fazem surgir um organismo dedicado à manutenção da paz social e, em particular, à garantia do direito de propriedade. Para Engels, o que marca o surgimento do Estado é a criação de uma força pública armada, diferente

---

[4] Karl Marx e Friedrich Engels, *Manifesto Comunista* (trad. Álvaro Pina e Ivana Jinkings, São Paulo, Boitempo, 2010), p. 42.

[5] Karl Marx, *A guerra civil na França* (trad. Rubens Enderle, São Paulo, Boitempo, 2011), p. 55. A edição original é de 1871.

[6] Jean-Jacques Rousseau, "Discours sur l'origine et les fondements de l'inégalité parmi les hommes", em *Œuvres complètes*, t. 3 (Paris, Gallimard, 1964) [ed. bras.: *A origem da desigualdade entre os homens*, trad. Eduardo Brandão, São Paulo, Companhia das Letras, 2017]. A edição original é de 1755.

do "povo em armas"[7.] Como se vê, há uma antecipação da noção weberiana de que o Estado é caracterizado pelo monopólio do uso legítimo da violência em determinado território – a divisão territorial é o segundo critério definidor apresentado por Engels[8]. Mas para ele, como antes para Rousseau e diferentemente de Weber, o exercício desse monopólio possui conteúdo definido, que é a proteção dos interesses dos proprietários.

Há outro aspecto de *A origem da família, da propriedade privada e do Estado* que merece ser resgatado. Após indicar, ainda em polêmica contra a visão hegeliana, que o Estado não é algo vindo de fora, muito menos a "realidade da ideia moral", mas um produto da sociedade, anota-se que ele é o poder "oriundo da sociedade, mas [que se colocou] acima dela e tornou-se cada vez mais estranho a ela"[9]. A observação é importante porque, ao enfatizar o distanciamento, estabelece a ideia de que o comportamento do Estado não pode ser derivado de forma automática dos embates sociais correntes. A afirmação enganosa de sua neutralidade e de seu compromisso com o "bem comum" é parte integrante de seu funcionamento. Por isso, mesmo a tese do comitê gestor não pode ser lida como se o Estado fosse uma mera ferramenta nas mãos da classe dominante, uma espécie de clava a ser empunhada para subjugar os dominados. Afirmar-se como esfera transcendente aos conflitos e intervir para proteger um dos lados são duas faces da mesma atuação do Estado.

Parte do processo se liga à produção permanente, pelo próprio Estado, de uma distância entre sua esfera abstrata e o mundo social concreto. A perspectiva do Estado é a de "um todo abstrato, que somente ganha existência pelo isolamento em relação à vida real, que é impensável sem a contraposição organizada entre a ideia universal e a existência individual do ser humano"[10]. O "bem comum" que ele projeta nega o caráter inconciliável dos conflitos sociais e, já por isso, retira legitimidade das exigências pela superação da dominação. Os direitos que ele estabelece ignoram as condições de acesso a seu usufruto e geram uma igualdade que não apenas é ilusória mas também, na medida em

---

7   Friedrich Engels, *A origem da família, da propriedade privada e do Estado* (trad. Nélio Schneider, São Paulo, Boitempo, 2019), p. 103. A edição original é de 1884.

8   Ibidem, p. 157.

9   Ibidem, p. 157.

10 Karl Marx, "Glosas críticas ao artigo 'O rei da Prússia e a reforma social. De um prussiano'", em Karl Marx e Friedrich Engels, *Lutas de classes na Alemanha* (trad. Nélio Schneider, São Paulo, Boitempo, 2010), p. 51, ênfases retiradas. A edição original é de 1844.

que leva à cegueira diante das diferenças, favorece os já privilegiados. A ordem estatal enquadra as disputas da sociedade numa gramática que pressupõe o mundo existente tal como ele é e, assim, contribui para refrear as demandas por transformação[11].

Em paralelo, como demonstra Karl Polanyi, o Estado moderno produz o mercado como grande mediador das relações econômicas e, no mesmo movimento, se afirma como ente diverso dele. Não que o mercado, no sentido de espaço de troca de produtos, não existisse antes. Porém, "seu papel era apenas incidental na vida econômica"[12]. O mercado autorregulável é uma ficção que só pode prosperar graças a "estimulantes altamente artificiais administrados ao corpo social"[13] pelo Estado, que enseja as condutas depois descritas como "inatas" dos seres humanos lidos como agentes econômicos e apresenta a si próprio como mero garantidor da expressão desse comportamento natural.

Outro mecanismo importante para que a natureza do Estado não seja desvelada de imediato é a possível disjunção entre os exercícios da dominação social, pela classe proprietária, e da autoridade política, pelos governantes. Sobretudo a partir da disseminação de uma visão de mundo democrática e republicana, à qual se segue a disseminação do acesso ao sufrágio e a afirmação legal da igualdade política, a presença de capitalistas ocupando diretamente as chefias de governo tornou-se mais exceção que regra.

Um caso extremo dessa dissociação foi estudado por Marx naquele que é o mais importante de seus escritos históricos e de conjuntura, *O 18 de brumário de Luís Bonaparte*. Ele acompanha a política francesa da Revolução de Fevereiro de 1848, que derrubou a monarquia de Luís Felipe e instaurou a Segunda República, até o golpe de dezembro de 1851, com o qual o presidente Luís Bonaparte, eleito logo após a revolução, dissolveu a Assembleia Nacional e se fez "cônsul" com poderes ditatoriais e mandato de dez anos (no ano seguinte, em novo golpe, ele se tornaria imperador, assumindo o nome de Napoleão III). Marx analisa as minúcias da situação, sem esconder sua profunda repulsa pessoal por Bonaparte, vinculando as expressões políticas do conflito, nos diferentes grupos partidários ou dinásticos, aos interesses das classes e frações de classe.

---

[11] Ver Bernard Edelman, *A legalização da classe operária* (trad. Marcus Orione et al., São Paulo, Boitempo, 2016). A edição original é de 1978.

[12] Karl Polanyi, *A grande transformação: as origens da nossa época* (trad. Fanny Wrobel, 2. ed., Rio de Janeiro, Campus, 2000), p. 61. A edição original é de 1944.

[13] Ibidem, p. 77-8.

A leitura hoje exige um esforço de familiarização com o contexto francês da época, motivo pelo qual as edições modernas costumam vir acompanhadas de um amplo aparato crítico, mas é necessária, tanto por ser um exemplo de análise política quanto – o que interessa mais aqui – por avançar numa compreensão mais complexa do funcionamento do Estado.

Herdeiro de uma família de aventureiros, que chegara ao exercício do poder em momento de turbulência política e inventara seus próprios títulos de nobreza, Luís Bonaparte não era um integrante da classe burguesa. Sua eleição à presidência foi fruto dos azares da competição em condições de sufrágio universal (masculino) – cuja instituição foi uma vitória da classe trabalhadora na Revolução de Fevereiro, mas que abriu caminho para o triunfo de *outsiders* que falassem diretamente às massas. O poder pessoal que obteve nasceu do impasse entre a burguesia, que controlava o parlamento, e a crescente mobilização operária. A afirmação de uma autoridade estatal independente das classes sociais polares, que se impõe de forma despótica sobre ambas, é a forma de resolver a situação, mas não é a superação do conflito nem a produção de uma solução intermediária. Embora os cargos no Estado e as benesses associadas a eles sejam destinados ao círculo do governante e algumas vantagens secundárias sejam oferecidas para sua base social (no caso de Bonaparte, os pequenos proprietários do campo), o arranjo tem como espinha dorsal a manutenção da ordem capitalista, isto é, a continuidade da possibilidade de exploração do trabalho. Em suma,

> a burguesia confessa que o seu próprio interesse demanda que ela seja afastada do perigo de *governar a si própria*; que, para estabelecer a tranquilidade no país, sobretudo o seu Parlamento de burgueses devia ser silenciado; que, para preservar o seu poder social intacto, o seu poder político devia ser desmantelado; que os burgueses privados só poderiam continuar a explorar as demais classes e desfrutar sem percalços a propriedade, a família, a religião e a ordem se a sua classe fosse condenada à mesma nulidade política que todas as demais classes; que, para salvar a sua bolsa, a coroa deveria ser arrancada da sua cabeça e a espada destinada a protegê-la deveria ser pendurada sobre a sua própria cabeça como espada de Dâmocles.[14]

Marx está dizendo que, num momento em que o conflito social se torna menos previsível, a burguesia é levada a aceitar que precisa colocar no poder uma espécie de superego, que seja capaz de reproduzir a dominação sem se render

---

14 Karl Marx, *O 18 de brumário de Luís Bonaparte* (trad. Nélio Schneider, São Paulo, Boitempo, 2011), p. 81-2. A edição original é de 1852.

aos apetites do momento. O que ele apresenta aqui é um entendimento mais sofisticado do que a tese do comitê gestor deixa transparecer. Entre o exercício da dominação social pela classe burguesa e o exercício da dominação política pelos detentores do Estado há uma distância que pode ser preenchida de diferentes maneiras, de acordo com as circunstâncias históricas. Em particular, a forma do poder estatal parece ser sensível à correlação de forças entre os grupos sociais em conflito. Porém, esse avanço teórico deixa algumas questões em aberto, com as quais a reflexão marxista posterior vai se debater. Dois conjuntos delas são especialmente importantes[15].

Primeiro, o *bonapartismo* estudado por Marx é um regime excepcional, com caráter abertamente autoritário, que nega as instituições liberais. O fascismo, na primeira metade do século XX, e os regimes militares latino-americanos, na segunda, serão estudados como possíveis casos de bonapartismo. No entanto, a separação entre burguesia e poder político será identificada como uma característica constante do tipo de Estado liberal que se tornou a forma padrão da dominação burguesa, ao menos nos países mais desenvolvidos. Mais até: com frequência, as decisões políticas contrariam a vontade expressa da burguesia.

O Brasil pós-golpe de 2016 é um mau exemplo, mas durante a vigência da Nova República o fenômeno era evidente. Uma passada de olhos pela *Agenda Legislativa da Indústria*, editada anualmente pela Confederação Nacional da Indústria (CNI), por exemplo, mostra uma gama de medidas contra as quais os industriais se levantam: políticas sociais compensatórias, legislação trabalhista, proteção ambiental, serviços públicos socializados, regulação da concorrência etc. A despeito dessa oposição, muitas dessas medidas foram aprovadas e implementadas. Menos, decerto, do que os grupos desprivilegiados exigiam, mas muito mais do que a burguesia gostaria. Não por acaso, sua bandeira há décadas é a "redução do Estado". Assim, a "autonomia relativa" da política e do Estado é um traço definidor da sociedade capitalista[16]. Sobra pouco espaço, aqui, para a noção do comitê gestor – e duas perguntas se colocam de chofre: qual é a margem dessa *autonomia* desfrutada pelo Estado? Como se assegura que ela será sempre *relativa*, isto é, que o poder político não vai efetivamente se tornar independente da dominação de classe?

---

[15] Para uma síntese da reflexão de Marx e de marxistas posteriores sobre o tema, ver Felipe Demier, *A teoria marxista do bonapartismo* (São Paulo, Usina, 2021).

[16] Nicos Poulantzas, *Poder político e classes sociais* (trad. Francisco Silva, 2. ed., São Paulo, Martins Fontes, 1986). A edição original é de 1968.

O que leva ao segundo conjunto de questões. O Estado não é neutro, mas nem por isso obedece cegamente ao que a burguesia deseja. Como já dizia Marx, no trecho citado, ele opera para proteger a burguesia de si mesma. De maneira geral, as políticas que contrariam seus interesses expressos são entendidas como concessões necessárias para manter a estabilidade do regime de dominação vigente. É razoável aceitar, em linhas gerais, tal veredito. Mas *quem provê racionalidade a esse sistema*? Dito de outra forma: como se garante que a ação do Estado vai coincidir com os interesses de longo prazo da burguesia, ainda que contrarie sua vontade momentânea? Afinal, se o Estado é mesmo a supraconsciência da burguesia, como dito antes, essa supraconsciência transcende, e muito, a consciência corrente, mesquinha e de curto prazo dos burgueses. Se não queremos aceitar essa supraconsciência como um ente metafísico, quase similar ao Espírito hegeliano, é preciso decifrar os mecanismos pelos quais ela se estabelece.

A resposta a tais indagações não é fácil. Mas é fundamental, para que o Estado possa ser definido plenamente como "Estado capitalista", em vez de apenas um "Estado na sociedade capitalista". A segunda expressão marca uma distância entre aparato estatal e modo de produção, como se as relações entre eles fossem apenas contingentes. Caso seja possível demonstrar, ao contrário, que há um vínculo intrínseco entre forma do Estado e dominação de classe, é inteiramente outro o tipo de investigação necessária para o deciframento do mundo político. Trata-se, portanto, de um tema crucial para a definição do próprio objeto da ciência política como disciplina intelectual.

Os caminhos para responder a essas questões foram balizados pelo debate no pensamento marxista na segunda metade do século XX – mas de maneiras muitas vezes incompatíveis entre si. O ponto de partida foi a publicação dos escritos carcerários do dirigente comunista italiano Antonio Gramsci, nos quais ele esboça uma teoria "ampliada" do Estado, que inclui tanto os aparatos do poder político quanto os espaços de produção das mentalidades localizados na sociedade civil. Sem ignorar o componente coercitivo do Estado, Gramsci enfatiza o fato de o grupo dominante ter que exercer também a direção moral da sociedade, apresentando-se como portador de seus interesses universais. A hegemonia, um conceito central no pensamento gramsciano que gerou e ainda gera muita polêmica, é a combinação das capacidades de impor a coerção e de exercer a direção da sociedade. Ela deve gerar não a aceitação passiva da ordem instituída, mas o consentimento ativo dos dominados, isto é, a ação de cada um na reprodução do mundo social tal como ele é.

A direção depende, portanto, da capacidade que os governantes têm de transmitir ao conjunto da sociedade a ideia de que zelam pelo bem de todos. Ao se colocar como idêntica ao todo social, a classe dirigente promove a identificação de todos os setores sociais com ela própria. Assim, "o aspecto essencial da hegemonia da classe dirigente reside em seu monopólio intelectual, isto é: na atração que seus próprios representantes suscitam nas demais camadas de intelectuais"[17]– a palavra "intelectuais" assume, aqui, o sentido também ampliado que Gramsci dá a ela, englobando não apenas literatos e eruditos, mas todos aqueles que produzem os programas políticos dos grupos sociais em disputa. Porém, para que a pretensão da classe dirigente de ser portadora dos interesses universais seja verossímil e para que seu poder de atração seja factível, é necessário também que sejam feitas concessões materiais e institucionais, como as políticas sociais ou a extensão da cidadania política.

Graças à teoria ampliada do Estado, Gramsci pode revalorizar a política, que é o conjunto de práticas nas quais as contradições sociais se expressam e encontram soluções (sempre provisórias). É um espaço em aberto, longe do determinismo que uma leitura economicista do marxismo tende a gerar. Ainda que a vontade política seja definida como "consciência operosa da necessidade histórica"[18], tal necessidade só se manifesta por meio da produção da vontade coletiva. O realismo para identificar os limites das condições dadas e a ousadia para buscar superá-los compõem, ambos, a ação política, segundo a reelaboração que o revolucionário italiano faz dos temas maquiavelianos da *virtù* e da fortuna. Como visto no capítulo 1, há aqui um ensinamento importante para a ciência política que, em nome de uma percepção realista, congela o mundo em sua condição atual e é míope quanto aos impulsos de transformação nele presentes.

Escrevendo numa prisão fascista, da qual só saiu para morrer, Gramsci nunca desenvolveu seu pensamento para além do estágio de anotações. Há oscilação no uso dos conceitos e contradições internas significativas[19]. Ainda assim, os *Cadernos do cárcere* estimularam de diferentes maneiras a reflexão posterior

---

[17] Hugues Portelli, *Gramsci e o bloco histórico* (trad. Angelina Peralva, Rio de Janeiro, Paz e Terra, 1987), p. 65. A edição original é de 1972.

[18] Antonio Gramsci, *Cadernos do cárcere*, v. 3: *Maquiavel. Notas sobre o Estado e a política* (trad. Luiz Sérgio Henriques, Marco Aurélio Nogueira e Carlos Nelson Coutinho, Rio de Janeiro, Civilização Brasileira, 2000), p. 17.

[19] Ver Perry Anderson, "As antinomias de Gramsci", em *Afinidade seletivas* (trad. Paulo Castanheira, São Paulo, Boitempo, 2002). A edição original é de 1976.

sobre o Estado, em particular por sua sensibilidade para o fato de que não há uma simples transposição, mas um trabalho de tradução entre a dominação de classe e o exercício do poder político.

O sociólogo britânico Ralph Miliband, por exemplo, buscou compatibilizar a aparência de pluralismo com o fato da dominação de classe se apoiando, em grande medida, na teoria crítica das elites de Wright Mills (apresentada brevemente no capítulo 2). A questão seria mostrar como, embora pareça "competitivo, fragmentado e difuso"[20], o exercício do poder é sempre consistente com a manutenção da dominação burguesa. Ele enfatiza as redes de socialização comum – nas escolas e universidades de prestígio, nos clubes, nos casamentos cruzados – que ligam os burgueses e as elites políticas dos três poderes, bem como os incentivos que os governantes têm para não enfrentarem o capital, sendo recompensados com postos em empresas privadas e outras vantagens. Observa também a necessidade de eventuais governantes socialistas provarem "maturidade" para o exercício do poder, isto é, moderação, o que representaria uma barreira ideológica à transformação social por meio das instituições políticas vigentes[21]. Um ponto importante é que Miliband não contesta a ideia de que os governantes mantêm uma crença sincera de que estão acima das classes, prezando pelo bem geral. Mas, para eles, por causa de todos os mecanismos citados, o interesse nacional e o interesse dos capitalistas se confundem; a racionalidade capitalista é *a* racionalidade[22].

A teoria de Miliband foi duramente criticada por autores do campo marxista, em parte por se desviar da ortodoxia ao incorporar o conceito de "elite". A crítica importante, porém, é que a conexão entre a autoridade estatal e a sociedade de classes parece quase contingente, dependente de afetos interpessoais. Ele não consegue "compreender as classes sociais e o Estado como estruturas objetivas, e suas relações como um sistema objetivo de conexões regulares, uma estrutura da qual os agentes, 'homens', aparecem, segundo as palavras de Marx, como 'portadores'"[23].

---

[20] Ralph Miliband, *O Estado na sociedade capitalista* (trad. Fanny Tabak, Rio de Janeiro, Zahar, 1972), p. 12. A edição original de 1969.

[21] Ibidem, p. 124-6.

[22] Ibidem, p. 93-101.

[23] Nicos Poulantzas, "O problema do Estado capitalista", em Robin Blackburn (org.), *Ideologia na ciência social: ensaios críticos sobre a teoria social* (trad. Aulyde Rodrigues, Rio de Janeiro, Paz e Terra, 1982), p. 223, ênfases suprimidas. A edição original é de 1972.

Porém, o próprio Poulantzas, em sua primeira e ambiciosa tentativa de produzir uma ampla teoria marxista do poder político, pode ser acusado do pecado oposto[24]. O Estado que ele apresenta é uma engrenagem complicada, descrita minuciosamente, com um funcionamento automático em que não há brecha para a ação humana. Seu ponto de partida é a compreensão de que as sociedades humanas reais combinam diferentes estágios de relações econômicas, fruto da evolução diferenciada das variadas regiões e setores da economia. Assim, por exemplo, uma classe latifundiária, que é certamente dominante em seu espaço, está numa relação complexa com a burguesia industrial ou financeira, que participa do mesmo Estado nacional. Acresce-se a isso a sobrevivência de ideologias e de formas de organização política advindas de momentos históricos anteriores. Tudo isso dá às sociedades concretas suas diferentes feições e impede que se imagine que a dominação política é uniforme e exercida por um único grupo.

Poulantzas vai então introduzir a noção de *bloco no poder*, uma coalizão de classes ou frações de classe – noção que utiliza para designar setores de uma mesma classe social que têm interesses concorrentes. Assim, todos os capitalistas pertencem a uma mesma classe social, a burguesia, já que ocupam um lugar similar nas relações de produção e possuem um interesse básico em comum, a manutenção das relações de produção capitalistas. Em outro nível, todos os capitalistas são concorrentes (por maiores fatias do mercado, pelo lucro). Mas, num nível crucial e intermediário, eles formam frações: banqueiros contra industriais, exportadores contra importadores, capital monopolista contra capital concorrencial, capital associado ao capital estrangeiro contra capital nacional.

Esse bloco no poder é uma constelação de interesses muitas vezes divergentes. Aí está o fundamento da autonomia relativa do Estado, que não é o instrumento de uma classe, mas precisa agregar e conciliar os interesses de várias classes e frações. Dentro do bloco, Poulantzas discrimina várias posições. A classe reinante é aquela que ocupa os cargos mais altos do Estado, o que não quer dizer que detenha o maior poder ("reina mas não governa"). A classe detentora do Estado é a que fornece a maior parte do pessoal estatal (em geral, as classes médias). Uma classe-apoio não pertence realmente ao bloco no poder, mas obtém certas vantagens, como os pequenos camponeses sob Napoleão III; a rigor, a classe-detentora e mesmo a classe-reinante podem ser somente classes-apoio.

---

[24] Idem, *Poder político e classes sociais*, cit.

Por meio de mecanismos como a fabricação de classes-apoio, o Estado exerce sua função de direção da sociedade. Poulantzas distingue duas hegemonias: uma do bloco de poder sobre o conjunto da sociedade, constituindo seus interesses políticos como interesse geral do povo-nação, e outra dentro do próprio bloco de poder, para garantir que sua unidade não será ameaçada. Eventualmente, cada uma delas será exercida por grupos diferentes – é possível que o capital concorrencial exerça a hegemonia social (a concorrência mercantil é apresentada como fundamento do progresso e dos benefícios que o capitalismo geraria para todos), mas o capital monopolista seja hegemônico no bloco no poder[25]. É um modelo complexo e intrincado que, no entanto, se apoia num estruturalismo muito estrito. As estruturas sociais se acomodam de forma automática; a racionalidade do sistema nasce delas, sem passar pelos agentes humanos, que simplesmente operam as engrenagens da forma como elas exigem.

Uma explicação oposta é oferecida por Claus Offe, que enfatiza a relação entre as estruturas sociais e a racionalidade autointeressada dos agentes políticos[26]. Ele explica que os governantes se equilibram no cumprimento de duas funções paralelas. Por um lado, precisam garantir a legitimação do exercício do poder, respondendo às pressões sociais e demonstrando sua orientação imparcial para o bem comum. Por outro, precisam garantir a continuidade da acumulação capitalista. Isso independe de sua origem social, preferências políticas ou existência de relações pessoais com os burgueses; advém do simples fato de que a existência do Estado e a possibilidade de implementação de políticas dependem de que os capitalistas estejam dispostos a investir na produção, movimentar a economia, gerar impostos. A propriedade privada dos meios de produção constrange por si só a ação do Estado: como as decisões de investimento são monopólio dos capitalistas, eles definem, em última análise, o nível de aquecimento da economia, logo a arrecadação e, portanto, o horizonte de possibilidades da ação estatal. É por isso que a voz dos "mercados" é tão influente, mesmo quando contraria as preferências do eleitorado, e que governantes acabam por introjetar as necessidades dos capitalistas mesmo se seu discurso é contrário a eles.

---

[25] Ibidem, p. 136-7.

[26] Claus Offe, "Dominação de classe e sistema político: sobre a seletividade das instituições políticas", em *Problemas estruturais do Estado capitalista* (trad. Barbara Freitag, Rio de Janeiro, Tempo Brasileiro, 1984). A edição original é de 1972.

No atual estágio do capitalismo, aberto pelo agravamento de uma crise cujas raízes se encontram no início dos anos 1970 (rompimento unilateral do padrão-ouro, choque do petróleo), o cenário sofre uma modificação. Nos termos de Wolfgang Streeck, há a passagem do Estado fiscal, que precisa arrecadar impostos para exercer suas atividades, para o Estado endividado, pressionado por seus credores[27]. A eles, credores, é que os governantes devem responder em primeiro lugar, o que explica porque se impõem as medidas de austeridade, cujo efeito é penalizar a grande maioria dos eleitores (aposentados, assalariados, usuários de serviços públicos) para garantir o pagamento do serviço da dívida pública. Se uma dívida, entendida de forma geral, é "uma reivindicação sobre a produção futura de valor"[28], a dívida do Estado é uma reivindicação sobre o imposto futuro que, assim, restringe a possibilidade de sua utilização. A retração da democracia liberal, hoje discutida por uma vasta literatura mesmo dentro da ciência política mais tradicional, tem a ver com este fato: a obrigação de rolar as dívidas com o capital financeiro reduz a margem para que o Estado atenda a reivindicações do eleitorado.

Sem a ambição de esgotar a discussão sobre a relação entre Estado e classe na segunda metade do século XX, é importante anotar a contribuição que Poulantzas fez em seu último livro, no qual rompeu com o estruturalismo estrito anterior e concedeu maior atenção às lutas de classes. Ele observa que é incorreto tanto ler as instituições do Estado como instrumento a serviço da classe dominante, mesmo que por meio de uma "supraconsciência", quanto vê-las como espaço mais ou menos neutro em que se batem os interesses sociais em conflito. Elas são o produto da correlação de forças daquela formação social naquele momento histórico. As instituições estatais não refletem simplesmente a vontade dos dominantes porque tiveram que acomodar as pressões dos dominados.

As estruturas estatais, portanto, *estão em disputa*, já que são sensíveis à luta social, mas também *têm lado nessa disputa*, pois refletem a posição superior da classe dominante. "Não basta dizer simplesmente que as contradições e as lutas atravessam o Estado, como se se tratasse de fazer aflorar uma substância

---

[27] Wolfgang Streeck, *Buying Time: The Delayed Crisis of Democratic Capitalism* (trad. Patrick Camiller e David Fernbach, Londres, Verso, 2017), p. 79 [ed. bras.: *Tempo comprado: a crise adiada do capitalismo democrático*, trad. Marian Toldy e Teresa Toldy, São Paulo, Boitempo, 2018]. A edição original é de 2013.

[28] David Harvey, *A loucura da razão econômica: Marx e o capital no século XXI* (trad. Artur Renzo, São Paulo, Boitempo, 2018), p. 51. A edição original é de 2017.

já constituída ou de percorrer um terreno vazio já existente. As contradições de classe constituem o Estado, presentes na sua ossatura material, e fabricam assim sua organização"[29]. Mais do que somente um aparato, portanto, o Estado deve ser entendido como um conjunto de relações sociais *cristalizado* em um aparato.

Sem ser conclusiva, a discussão sobre o Estado no âmbito do marxismo é importante para salientar questões que não podem ser ignoradas. Em especial, ela entende que é necessário explicar as instituições políticas a partir de fora, em vez de aceitar sua lógica sem questioná-la, e conectá-las com a dinâmica social mais ampla. Ela mostra que, embora seja bem mais fácil, analisar as decisões políticas apenas a partir do jogo institucional nos leva a deixar de fora aspectos essenciais para um entendimento acurado de seu significado.

O mesmo se pode dizer, aliás, a respeito de outro desafio à importância do Estado: aquele lançado pela globalização econômica. Uma leitura superficial, mas frequente, afirma que a nova ordem mundial liquidou os Estados, reduzidos à posição de mortos-vivos: existindo *de jure*, impotentes *de facto*[30]. No entanto, eles mantêm importantes recursos materiais e simbólicos, continuam como fontes de legitimidade para a formulação e implementação de políticas e, em suma, cumprem papel nada desprezível na construção do mundo neoliberal[31]. Mesmo que se reconheça que parte da capacidade de regulação da vida social foi transferida dos Estados nacionais para instâncias supranacionais, permanece central entender por que essas instâncias escolhem endossar o funcionamento desembaraçado dos mecanismos de mercado, em vez de buscar formas de controlá-los e corrigi-los. Em suma, continua central trilhar o caminho indicado pela reflexão marxista: a relação entre autoridade política e dominação de classe.

---

[29] Nicos Poulantzas, *L'État, le pouvoir, le socialisme* (Paris, Les Prairies Ordinaires, 2013), p. 197 [ed. bras.: *O Estado, o poder, o socialismo*, trad. Rita Lima, Rio de Janeiro, Paz e Terra, 2009]. A edição original é de 1978.

[30] Kenichi Ohmae, *The End of the Nation State: The Rise of Regional Economies* (Nova York, The Free Press, 1995); Ulrich Beck e Elisabeth Beck-Gernsheim, *Individualization: Institutionalized Individualism and its Social and Political Consequences* (trad. Patrick Camiller, Londres, Sage, 2002).

[31] Ver Pierre Dardot e Christian Laval, *La Nouvelle raison du monde: essai sur la société néolibérale* (Paris, La Découverte, 2009) [ed. bras.: *A nova razão do mundo: ensaio sobre a sociedade neoliberal*, trad. Mariana Echalar, São Paulo, Boitempo, 2016].

6. DEMOCRACIA, EMANCIPAÇÃO E CAPITALISMO

esde o final da Segunda Guerra Mundial, a democracia se tornou um valor referenciado nos discursos políticos dos mais diferentes matizes. Todos buscam se apropriar dela e ressignificá-la da maneira mais conveniente a seus propósitos. É difícil encontrar, mesmo entre as correntes mais exóticas, quem se assuma como contrário ou indiferente à democracia. Os defensores das instituições políticas liberais afirmam que elas são a única realização possível da democracia no mundo contemporâneo. Seus críticos, à esquerda ou à direita, recusam esse veredito e dizem se erguer em nome de ideais democráticos mais autênticos ou mais profundos. Em suma: "antidemocrático" sempre é o adversário.

Tamanho consenso nominal em favor da democracia só pode se efetivar, é claro, por cima de uma grande confusão conceitual. Todos são a favor da democracia, mas cada um abraça uma compreensão diferente do que ela é ou deve ser. O imbróglio é perceptível já na linguagem corrente. A definição óbvia de "democracia", derivada de seu sentido etimológico e na ponta da língua de qualquer escolar, é "governo do povo". No entanto, nos países aceitos correntemente como democráticos, aqueles em que vigoram as instituições representativas liberais, é evidente que o povo não governa. O povo apenas autoriza o exercício do poder pelo governante e sua pretensa vontade coletiva costuma ser, em geral, incerta e nebulosa, incapaz de efetivamente orientar qualquer ação de governo. Mesmo quando identificada com maior clareza, ela é obedecida de maneira muito mediada e pontual. Ou seja: já na percepção mais trivial da democracia, ela é cindida em elementos pouco compatíveis entre si.

A situação só se complica quando o olhar é desviado para um uso mais sofisticado do conceito. A teoria da democracia se divide numa multidão de correntes e subcorrentes, com zonas de consenso quase inexistentes. Num extremo, a democracia aparece como um procedimento que visa gerar governantes aceitos como legítimos, para com isso reduzir os custos da dominação social, sem qualquer referência substantiva à soberania popular – é a leitura posta em circulação nos anos 1940 pelo economista austríaco Joseph Schumpeter, e que desde então goza de enorme influência[1]. No extremo oposto, sob inspiração de

---

[1] Joseph A. Schumpeter, *Capitalism, Socialism and Democracy* (Nova York, Harper Perennial, 1976) [ed. bras.: *Capitalismo, socialismo e democracia*, trad. Daniel Moreira Miranda, São Paulo, Edipro, 2022]. A edição original é de 1942.

Jean-Jacques Rousseau, afirma-se a necessidade de que o povo produza uma "vontade geral" capaz de realmente definir a ação do governo[2]. Entre eles, muitos outros teóricos apresentam combinações diversas de elementos procedimentais e substantivos. Mas o debate não se resume a esse eixo; inclui também questões vinculadas à relação da democracia com os direitos e as liberdades individuais, com a expertise e a racionalidade no processo decisório, com a vigência de desigualdades em prejuízo de determinados grupos sociais (como as mulheres ou a população negra), com o respeito a tradições culturais minoritárias, com o Estado-nação e a soberania nacional etc.

A polêmica na teoria política costuma ser animada – mas, nela, o papel desempenhado pelo marxismo é modesto. Se, conforme visto no capítulo anterior, o marxismo é acusado de não ter uma teoria do Estado, com mais razão se pode dizer que lhe falta uma teoria da democracia. O próprio Marx dedicou pouca atenção ao tema. Sua crítica à ideia de que a "emancipação política" esgota a emancipação humana funda a denúncia do formalismo oco de uma democracia desconectada das condições reais de vida das pessoas que a habitam[3], mas não é suficiente para apontar uma percepção própria do que a democracia deve ser. Como outros revolucionários da época, Marx foi impactado pela breve experiência da Comuna de Paris (os dois meses em que as massas populares tomaram conta da capital francesa, em 1871, antes de serem massacradas pelo exército). Na obra que dedicou ao episódio, ele louva as instituições políticas então ensaiadas, que proporcionariam um controle mais próximo e mais estrito do povo sobre o exercício do poder: substituição do exército pela população em armas, salário igual ao de um operário para os ocupantes de cargos públicos, eleição popular direta para a magistratura. Em particular, Marx aprovava o fato de que o órgão dirigente, a Comuna propriamente dita, formada por conselheiros municipais "escolhidos por sufrágio universal" e "com mandatos revogáveis a qualquer momento", era projetado para ser "não um corpo parlamentar, mas um órgão de trabalho, Executivo e Legislativo ao mesmo tempo"[4].

---

[2] Jean-Jacques Rousseau, "Du contract social", em *Œuvres complètes*, t. 3 (Paris, Gallimard, 1964). A edição original é de 1762.

[3] Karl Marx, *Sobre a questão judaica* (trad. Nélio Schneider, São Paulo, Boitempo, 2010), p. 46. A edição original é de 1844.

[4] Idem, *A guerra civil na França* (trad. Rubens Enderle, São Paulo, Boitempo, 2011), p. 56-7. A edição original é de 1871.

Não há esforço significativo de construção de uma justificativa teórica para a superioridade dos arranjos da Comuna. O que os escritos de Marx revelam é, acima de tudo, uma sensibilidade favorável à maior aproximação com a democracia direta, avessa tanto à representação política quanto aos instrumentos liberais de controle do exercício do poder. Para o liberalismo, a separação de poderes, com os famosos "freios e contrapesos" entre eles, ou a seleção dos juízes por meios que visam ampliar sua independência, inclusive em relação aos humores populares de cada momento, se destinam a garantir o império da lei, proteger as liberdades das minorias e impedir a tirania. Marx vê, em todos esses dispositivos, uma intenção conservadora. São anteparos que visam evitar que o povo exerça o poder, isto é, são impedimentos à realização de uma democracia genuína, em favor da manutenção de privilégios. Na vigência da democracia verdadeira, tais garantias seriam desnecessárias (e, aqui, os ecos de Rousseau são notáveis): o povo não precisaria se proteger de seu próprio poder.

É difícil pensar como as instituições apreciadas por Marx, que exigem supervisão próxima e constante da totalidade dos cidadãos, funcionariam em territórios maiores que uma cidade ou se adaptariam ao cotidiano normal, distante da efervescência do processo revolucionário. Na *Crítica da razão dialética*, Sartre desenvolve as ideias polares do "grupo em fusão" (*groupe en fusion*) e da "serialidade" (*serialité*). A vivência serial é aquela em que nos percebemos como indivíduos singulares, destacados dos outros, com quem estabelecemos relações interessadas, ainda que, por vezes, de cooperação. A fusão ocorre quando mergulhamos no ser em comum com os outros e somos capazes de experienciar nossa individualidade como parte do grupo. É na fusão que se realiza a práxis coletiva, ao passo que a serialidade produz indiferença e inércia. Mas o grupo em fusão é marcado pelo signo da excepcionalidade e Sartre mesmo não se furta a descrever sua auto-organização como "milagre"[5]. Ao que parece, a organização que Marx deseja exige que esse milagre se renove todos os dias, que essa excepcionalidade seja cotidiana – o que torna difícil ver nela um modelo a ser aplicado em circunstâncias mais banais (e mais permanentes).

Outro aspecto do pensamento marxiano sobre o exercício do poder governamental ajuda a compreender melhor sua posição: a ideia da "ditadura do proletariado". Embora raramente tenha feito uso da expressão, ele a indicou,

---

[5] Jean-Paul Sartre, *Critique de la raison dialectique*, v. 1: *Théorie des ensembles pratiques* (Paris, Gallimard, 1960), p. 755.

numa célebre carta a seu amigo Joseph Weydemeyer, como uma das principais contribuições de sua obra[6]. O uso de "ditadura" se revelou uma péssima estratégia de marketing, mas convém notar que o entendimento que Marx tem da palavra não corresponde ao contemporâneo. Caso correspondesse, o caráter paradoxal da expressão estaria evidente; afinal, em meados do século XIX, o movimento operário era o principal porta-voz das bandeiras democráticas, em oposição a regimes políticos claramente restritivos. A fórmula de Marx remete, antes, ao sentido na Roma antiga, em que a ditadura era uma situação excepcional e temporária, necessária para o enfrentamento de determinados desafios. De fato, em polêmica com os autores anarquistas, Marx previa a necessidade de uma fase de transição entre a sociedade atual e aquela sociedade comunista na qual desapareceriam a propriedade privada, as classes sociais e o Estado. Essa fase seria a ditadura do proletariado, isto é, o curto período em que a classe operária assumiria o poder político a fim de preparar o desaparecimento do Estado.

Assim, instituições como as da Comuna de Paris seriam, elas próprias, transitórias. A sociedade comunista seria definida pela auto-organização espontânea, não coercitiva, de seus integrantes. Uma sociedade que está *além* da democracia. Isso ajuda a explicar por que a contribuição marxiana ao tema é tão escassa – o que não significa que não tenha tido impacto. Ela orientou muito da imaginação marxista posterior, sobretudo pela influência que teve na formulação de *O Estado e a revolução*, de Lênin. Escrito em 1917 às vésperas da tomada do poder pelos bolcheviques na Rússia, o livro desenvolve a compreensão de que a transição ao comunismo ocorreria em curto período. Destituído da tarefa de garantir a dominação de uma minoria, o Estado desapareceria gradativa e naturalmente. Por isso, a discussão sobre as formas institucionais do período da transição seria de pouca importância. Já sob o comunismo, a política seria substituída pela "administração das coisas", sem a necessidade de qualquer coordenação formal.

A leitura de Lênin reduz o Estado integralmente à função de dominação de classe, diante da qual o regime político, menos ou mais autoritário, é de importância secundária. Ele escrevia, é importante lembrar, em contexto muito diferente daquele de Marx. No começo do século XX, já era possível avaliar o funcionamento dos regimes formalmente democráticos, parlamentares, com

---

[6] Karl Marx, "Marx a Joseph Weydemeyer (em Nova Iorque)", em Karl Marx e Friedrich Engels, *Obras escolhidas em três tomos*, v. 1 (trad. Eduardo Chitas, Moscou, Progresso/Lisboa, Avante!, 1982). A carta é de 1852.

governos nascidos da competição pelos votos populares. Enquanto o revolucionário alemão via a democracia sobretudo como um *desafio* à ordem dominante, para o russo estava claro que a democracia representativa se tornara a forma padrão da dominação burguesa. A afirmação pode parecer paradoxal, já que fomos acostumados a pensar na democracia como o oposto da dominação ou mesmo como a solução política para o problema da dominação social. Lênin vê, ao contrário, como mecanismos associados às reivindicações democráticas foram despidos de grande parte de seu potencial transformador e instrumentalizados para promover a legitimação de uma determinada ordem de dominação.

É razoável afirmar que, por sua atenção à vinculação entre a política e os outros âmbitos da vida social, o marxismo é, ao lado da teoria feminista, a principal vertente teórica a iluminar os limites de uma institucionalidade democrática em que as desigualdades vigentes no cotidiano são consideradas irrelevantes para o exercício dos direitos – e como observou o próprio Marx, o Estado político é como um "céu" completamente desconectado da "terra", a sociedade burguesa[7]. Ora, essa desconexão impede que se perceba de que maneira instituições básicas desta sociedade, como a família e a propriedade privada dos meios de produção, limitam o acesso real aos direitos políticos, reduzem a efetividade potencial de seu uso e frustram as promessas igualitárias presentes na ideia de democracia. O marxismo contribui para a compreensão dos pontos cegos da ordem democrática, evitando tomá-la a partir de sua própria autodescrição.

O primeiro aporte da teoria marxista para o entendimento dos limites da democracia "realmente existente" se liga à dependência estrutural do Estado em relação ao investimento capitalista, apresentada no capítulo anterior. Ela promove uma redução significativa do alcance da soberania popular, pois ficam interditadas, de partida, ações que coloquem em risco a remuneração do capital. O que permite que um veto tão grande às decisões democráticas seja aceito como natural – ou mesmo ignorado, como se não fosse um componente central do funcionamento do sistema político – é, em primeiro lugar, a separação convencional entre política e economia (ver capítulo 1). Pesa também a influência direta do poder econômico na conformação das disputas políticas. Ela se manifesta em todos os espaços sociais e impacta a totalidade do comportamento político a partir já da formação das preferências dos cidadãos comuns.

---

[7] Idem, *Sobre a questão judaica*, cit., p. 40.

A manifestação mais evidente dessa influência se dá nas eleições. Financiadores de campanha são centrais no jogo eleitoral; cortejá-los é uma das ocupações principais de quem deseja se candidatar a algum cargo. Apenas como exemplo, vale assinalar que as campanhas para o Congresso dos Estados Unidos, nas eleições de 2022, custaram um total de 8,7 bilhões de dólares[8]. Dessa maneira, riqueza se converte em acesso privilegiado aos líderes políticos. Mesmo que regras tentem reduzir o peso do dinheiro nas campanhas eleitorais, ele continua a se manifestar de diferentes formas, algumas ilegais ou na fronteira da legalidade (caixa dois, campanha disfarçada), outras perfeitamente aceitáveis pelos parâmetros vigentes. Antes ainda do início dos processos eleitorais, o dinheiro contribui enormemente para produzir aquilo que o cientista político Bernard Manin chamou de "saliência"[9], isto é, o destaque que um indivíduo recebe em meio à multidão de outros, que o torna conhecido e que o credencia a eventualmente disputar um cargo público.

Antes, durante e depois das eleições, o capital econômico exerce influência poderosa sobre o fluxo de informações, graças ao controle quer da mídia tradicional, quer das novas arenas virtuais nas quais muito do debate público hoje ocorre, de propriedade de bilionários que nem sequer escondem o propósito de direcionar a opinião pública. Isso significa o poder de determinar os temas predominantes da agenda pública, os enquadramentos mais visíveis das questões priorizadas, os interlocutores mais presentes no debate. Em momentos-chave, o controle da informação pode produzir um clima de opinião capaz de garantir determinado resultado eleitoral. Ou que fornece respaldo popular a decisões controversas. Ou, ainda, que fomenta mobilizações de massas que podem até derrubar governos. As chamadas "revoluções coloridas", fartamente financiadas por recursos externos, são um exemplo, mas não se trata de nenhuma novidade. A vasta campanha midiática contra o governo de João Goulart, no Brasil, ou de Salvador Allende, no Chile, foi fundamental para a preparação dos golpes militares de 1964 e de 1973.

E depois das eleições, por fim, o poder econômico proporciona diversos caminhos de acesso aos eleitos, assim como às burocracias permanentes do Estado. O lobby é o mecanismo pelo qual diferentes interesses se fazem visíveis para os

---

[8] "Cost of election", em *Open Secrets*. Disponível em: <https://www.opensecrets.org/elections-overview/cost-of-election>. Acesso em: 24 nov. 2023.

[9] Bernard Manin, *The Principles of Representative Government* (Cambridge, Cambridge University Press, 1997), p. 134-5.

tomadores de decisão que, por meio de agentes especializados, apresentam as demandas e os dados e argumentos favoráveis a elas. Nos Estados Unidos, onde ele é legalizado e aceito como prática própria à democracia, 97% dos gastos com lobby se referem às corporações privadas em contraposição a sindicatos, movimentos sociais e organizações do chamado "terceiro setor"[10]. Não raras vezes, o trabalho de lobby desliza para agrados e vantagens, aproximando-se da corrupção – que não é um acidente, mas uma das formas habituais pelas quais o poder econômico exerce sua influência no regime democrático. Por fim, mesmo sem nada disso, o simples peso social da riqueza faz seus detentores serem procurados pelos governantes. Tipicamente, um grande empresário tem contato direto com parlamentares, juízes das cortes superiores, ministros. O trabalhador, não. Quando muito, seus representantes sindicais serão recebidos em oportunidades extraordinárias.

Não se trata apenas do acesso diferenciado aos integrantes das cúpulas do poder estatal. Se a riqueza concede meios excepcionais para a influência política, a ausência dela tende a inviabilizar qualquer forma de ação. A privação material retira os recursos básicos para fazer política, a começar pelo mais fundamental de todos: o tempo livre[11].

Mas não é só isso. As relações de trabalho capitalistas exigem dos assalariados as qualidades contrárias àquelas que o exercício ativo da cidadania política requer. Eles devem obedecer às ordens emanadas de seus patrões ou dos capatazes sem participar de sua elaboração[12]. Assim, não têm incentivo seja para desenvolver habilidades de argumentação e negociação, seja para ampliar seus horizontes de interesse e de conhecimento. Em suma, as habilidades políticas dos integrantes da classe trabalhadora precisam se desenvolver *fora* do e *contra* o espaço do trabalho.

Além da relação de emprego, outros constrangimentos também incidem sobre a possibilidade de ação política do trabalhador. No capitalismo contemporâneo, ele deve ser tanto produtor como consumidor. A reprodução da economia capitalista depende do consumo de massa, que é, por sua vez, alimentado

---

[10]   Yascha Mounk, *The People vs. Democracy: Why our Freedom is in Danger and How to Save It* (Cambridge, MA, Harvard University Press, 2018), p. 85-6.

[11]   Dada a divisão convencional do trabalho doméstico, essa restrição é ainda mais severa para a mulher trabalhadora.

[12]   Henry Ford era explícito ao afirmar que os melhores trabalhadores eram os pouco inteligentes, carentes de imaginação e espírito de iniciativa.

pelo permanente reforço à ideia de que o consumo é objetivo final de nossa existência. É para ele que direcionamos nossos sonhos e nossas aspirações, é por meio dele que suprimos nossas carências, é nele que encontramos consolo para nossas frustrações, a começar por aquelas geradas por um trabalho desprovido de autonomia e de sentido em si mesmo[13]. O resultado é a valorização da esfera privada como único espaço possível de realização pessoal. O efeito é muito mais vigoroso sobre os grupos dominados; afinal, lembrando da observação de Bourdieu citada no primeiro capítulo, os dominantes têm interesse particular nos assuntos de interesse geral.

Isto é: os interesses políticos, incluído aí o próprio interesse pela política, são gerados por padrões diversos de socialização, entre os quais, com destaque, as relações de trabalho e de consumo (e também a estrutura familiar). Uma visão simplista, que se atém à igualdade formal de acesso aos direitos, leva à percepção de que os diferenciais de envolvimento político são fruto de disposições individuais. Mas a questão principal é a fabricação social da presença política, sensível aos padrões de desigualdade vigentes na sociedade. É aqui que a lição do marxismo relativa à necessidade de sempre vincular a política às outras esferas sociais mostra sua relevância.

Isso não quer dizer que a radicalização das observações de Marx apresentada por Lênin em *O Estado e a revolução* seja isenta de problemas. Há um passo entre indicar que igualdade política formal mascara relações de dominação (sem dissolvê-las) e afirmar que ela é completamente carente de efetividade e relevância. É o passo que Lênin dá ao estabelecer uma equivalência entre democracia e ditadura – o que é democracia para uma classe é ditadura para a outra e vice-versa. A vitória política da classe operária seria acompanhada pela edificação da ditadura do proletariado, isto é, uma ditadura contra os inimigos da classe operária, assim como a democracia burguesa só é democracia para a burguesia, funcionando para os trabalhadores como uma ditadura *de facto*. A ditadura proletária, acredita Lênin, seria muito mais democrática do que qualquer ordem social prévia, pois seria a primeira democracia para a maioria da população, os trabalhadores, reservando seus traços ditatoriais apenas para os burgueses apeados do poder. Também seria uma forma estatal aligeirada, exatamente porque "o esmagamento de uma minoria de exploradores pela

---

[13] Ver André Gorz, *Métamorphoses du travail: quète du sens. Critique de la raison économique* (Paris, Galilée, 1988), e também o próximo capítulo.

120 Marxismo e política

maioria dos escravos assalariados de ontem" é uma tarefa simples, que não exige um grande aparato[14].

Uma frase atribuída a Lênin, mas que ele nunca escreveu, afirma que qualquer cozinheira poderia dirigir esse Estado simplificado. Na verdade, após a revolução, ele admitia que "um peão ou cozinheira são incapazes de assumir agora mesmo o governo do Estado"; a questão era iniciar imediatamente uma aprendizagem política que incluísse "todos os trabalhadores, toda a população pobre", de maneira a romper o monopólio da elite sobre a administração pública[15]. Trata-se, portanto, de uma sensibilidade democrática, mas que aposta todas as suas fichas na ampliação da participação e não concede maior atenção às formas institucionais.

O esforço do proletariado no poder será abolir a divisão de classes herdada do capitalismo. Quando a tarefa estiver cumprida, "só então se tornará possível e será realizada uma democracia verdadeiramente completa e cuja regra não sofrerá exceção nenhuma"[16]. Mas nesse momento a democracia estaria desaparecendo, junto ao Estado, do qual era uma das formas. O requisito para a plenitude democrática, a ausência de classes em conflito, é também aquilo que a tornaria desnecessária. No comunismo, a convivência social dispensaria qualquer aparelho público de coerção.

Na medida em que o Estado de transição leva à sociedade sem classes, todo o aparato repressivo estatal torna-se inútil. Lênin julga, ecoando uma fórmula de Saint-Simon, que as funções políticas seriam transformadas "em simplesmente administrativas" e o "Estado em extinção" seria "o Estado não político"[17]. É a substituição da política pela "administração das coisas", sem a necessidade de qualquer coordenação formal ou aparelho de coerção. Eventuais problemas seriam resolvidos de forma espontânea pela cooperação horizontal da mesma maneira como um grupo de pessoas impede um assalto sexual sem precisar recorrer a uma força policial especializada (o exemplo é do próprio Lênin).

O modelo de *O Estado e a revolução* se apoia em duas premissas, ambas discutíveis. Primeiro, que a divisão de classes é a única fonte de todo conflito

---

[14]   Vladímir I. Lênin, *O Estado e a revolução* (trad. Edições Avante!, São Paulo, Boitempo, 2017), p. 115, ênfase suprimida. A edição original é de 1917.

[15]   Idem, "¿Se sostendrán los bolcheviques en el poder?", em *Obras*, v. 7 (Moscou, Progresso, 1973), p. 125. A edição original é de 1918.

[16]   Idem, *O Estado e a revolução*, cit., p. 115.

[17]   Ibidem, p. 87.

social. Depois, que o interesse da classe operária pode ser compreendido de forma unívoca e objetiva. Aceitas as duas premissas e também a noção de que haveria uma rápida transição para a sociedade sem classes, marcada, aliás, pela paulatina redução da importância dos aparelhos repressivos, é natural que as questões relativas às formas institucionais do período da transição e aos mecanismos de controle do exercício do poder recebam relativamente pouca atenção.

A realidade da revolução, no entanto, foi muito diferente. O acentuado maquiavelismo – no bom sentido – dos bolcheviques não permitiria que o êxito de Outubro fosse abandonado diante de condições adversas, em nome de princípios abstratos que não encontravam possibilidade de realização efetiva naquele momento. A dura realidade da guerra civil e do "comunismo de guerra" fez o aparato repressivo estatal se agigantar em vez de se reduzir. Ampliou-se também o cerceamento das liberdades, não apenas para os burgueses, mas para a classe operária e suas aliadas. A revolução parecia condenada a cumprir o vaticínio do girondino francês Pierre Vergniaud e, como Cronos, devorar seus filhos.

Os primeiros anos da Rússia revolucionária testemunharam, assim, a convivência contraditória entre (por um lado) um espírito decididamente libertário, com uma explosão criativa nas artes e na cultura e sua transformação num verdadeiro laboratório de novas práticas sociais, emancipadoras e voltadas à ampliação da autonomia de todos e de cada um e cada uma, e (por outro lado) as exigências autoritárias da guerra e da reconstrução econômica do país. A tragédia da Revolução Russa é que a gestão autoritária não é facilmente descartável – ela seduz quem exerce o poder, na medida em que é, sem sombra de dúvida, muito mais prática, econômica, expedita. No momento em que as condições mais adversas foram superadas, em vez da retomada das práticas inclusivas e democráticas imaginadas inicialmente, adotou-se o caminho oposto. A deriva stalinista sufocou a crítica e o debate, transformando o Estado operário num aparelho de dominação da camada burocrática. O descuido com os mecanismos de controle do exercício do poder, aqueles que o pensamento político liberal desenvolve, cobrou um alto preço.

Na ótica stalinista, o desprezo pelas liberdades e pelos direitos individuais aparece como prova de "firmeza revolucionária". Há um trânsito da compreensão marxiana de que o liberalismo é incapaz de cumprir suas promessas e precisa ser *superado* para a visão simplista e simplificadora de que ele é meramente um discurso hipócrita a ser *descartado* (as obras do italiano Domenico Losurdo são uma manifestação tardia dessa posição). Ignora-se, assim, que os valores liberais ajudam a sustentar as críticas aos limites do próprio liberalismo, exigindo que a universalidade proclamada seja alcançada, que as exclusões sejam suprimidas e que a igualdade abstrata ganhe concretude. De Mary Wollstonecraft a Karl Marx até Aimé Césaire e adiante, essa reapropriação crítica, que usa os valores liberais para tensionar os limites da própria ordem liberal, é parte importante do repertório dos movimentos emancipatórios.

As correntes marxistas que concedem maior positividade à democracia tenderam a discordar da percepção leninista de que ela é a contraface da ditadura, a depender somente do ângulo de classe pelo qual é apreciada. Rosa Luxemburgo foi uma precursora particularmente importante. Em sua polêmica sobre a organização dos revolucionários, contra o centralismo leninista, ela já apontava que há um processo contínuo de aprendizagem coletiva que necessita do livre debate para vigorar, pois,

> só na luta, as tarefas da luta se tornam claras. Organização, esclarecimento e luta não são aqui momentos separados, mecanicamente e temporalmente distintos, [...] mas são apenas diferentes aspectos do mesmo processo. [...] Não existe um conjunto detalhado de táticas, já pronto, preestabelecido, que um comitê central possa ensinar aos membros da socialdemocracia, como se estes fossem recrutas.[18]

Assim, a *qualidade* da estratégia operária depende da liberdade de seus integrantes, um argumento que, curiosamente, guarda pontos de contato com a defesa liberal-utilitarista da liberdade de expressão como meio de garantir o triunfo da verdade formulada por Stuart Mill[19]. Mas foi no famoso escrito sobre a Revolução Russa que Luxemburgo delineou com clareza sua compreensão da relação entre democracia e socialismo.

Ela partiu de importantes convergências de base com o entendimento de Lênin e foi sempre cuidadosa ao evitar que suas posições críticas se confundissem com uma retirada de apoio ao novo regime. Luxemburgo repudiava os "pupilos incorrigíveis do cretinismo parlamentar", que julgavam que a tomada do poder depende do apoio da maioria: ao contrário, o partido revolucionário deveria conquistar a maioria no curso da revolução[20]. Mas esse apoio *tem* que

---

[18] Rosa Luxemburgo, "Questões de organização da socialdemocracia russa", em *A Revolução Russa* (trad. Isabel Loureiro, Petrópolis, Vozes, 1990), p. 43. A edição original é de 1904.

[19] John Stuart Mill, *Sobre a liberdade* (Petrópolis, Vozes, 1991). A edição original é de 1859.

[20] Rosa Luxemburgo, "A Revolução Russa", em *A Revolução Russa*, cit., p. 71. A edição original é de 1918.

ser conquistado – e aí ela denunciou o que chama de "desprezo glacial" dos revolucionários russos pelo "arsenal das liberdades democráticas fundamentais das massas populares", categoria em que incluía o sufrágio universal e as liberdades de imprensa e de reunião[21].

O importante, na reflexão de Luxemburgo, é o esforço para valorizar as instituições democráticas sem com isso negar o enquadramento de classe de sua vigência nos regimes liberais. Ela não se prende ao formalismo da regra da maioria, muito menos recusa realidade às formas de dominação que, na sociedade burguesa, impedem que as liberdades democráticas sejam efetivamente instrumentos da afirmação de uma vontade coletiva. Mas o socialismo deveria realizar as promessas incumpridas da democracia, uma vez que seu objetivo seria produzir, pela primeira vez na história, um regime em que o poder estivesse com a ampla maioria da população. A democracia seria imprescindível para que "a vida política enérgica, sem entraves, ativa das mais largas massas populares" cumprisse seu papel de corrigir "as insuficiências congênitas das instituições sociais"[22].

Rosa Luxemburgo não chegou a elaborar uma teoria democrática, mas foi a única na primeira geração de pensadores marxistas a esboçar uma alternativa à compreensão hegemônica da democracia. Tanto Lênin, por um lado, criticando, quanto revisionistas como Bernstein[23], aderindo, aceitavam que a democracia correspondia, em linhas gerais, às instituições representativas liberais. A partir da metade do século XX, uma determinada reapropriação do pensamento de Antonio Gramsci vai reacender a discussão, sobretudo com o surgimento da corrente chamada "eurocomunista" – mas, uma vez mais, mostrou-se difícil escapar da concepção reinante sobre o significado da democracia e das formas institucionais que ela pode assumir.

Gramsci, como visto no capítulo anterior, elaborou uma teoria em que a dominação social depende da obtenção do consentimento daqueles que estão submetidos a ela. É fácil ver o processo eleitoral como a maneira mais simples de obter a expressão desse consentimento. Na medida em que a classe operária deve ser – em termos gramscianos – mais *dirigente* do que dominante, isto é, basear-se mais no consenso do que na coerção, a obtenção da maioria eleitoral

---

[21] Ibidem, p. 77; ver também p. 90.

[22] Ibidem, p. 88.

[23] Eduard Bernstein, *Las premisas del socialismo y las tareas de la socialdemocracia* (trad. José Aricó, México, Siglo XXI, 1982). A edição original é de 1899.

seria condição necessária para o acesso ao poder[24]. Com isso, o regime representativo liberal passa a ser exaltado como forma insuperável da organização política, algo que, além de tudo, ia ao encontro das ambições eleitorais dos partidos comunistas da Europa Ocidental, desejosos de se livrarem da pecha de "antidemocráticos". O famoso discurso do então secretário-geral do Partido Comunista Italiano, Enrico Berlinguer, em Moscou, decretando que a democracia é um "valor historicamente universal", aceitava implicitamente o valor universal da forma histórica da democracia nas sociedades burguesas, cujas expressões maiores são a competição partidária e a delegação do poder por meio do voto.

De maneira geral, o eurocomunismo significou uma adesão pouco crítica ao modelo representativo liberal. Entre os teóricos simpáticos à corrente, o esforço maior para construção de uma concepção de democracia que se descolasse da institucionalidade vigente foi provavelmente o de outro dirigente comunista italiano, Pietro Ingrao[25]. Sua visão de uma "democracia de massas", em que as pessoas estariam envolvidas cotidianamente no fazer político, em paralelo e para além da representação parlamentar, guarda pontos de contato com a literatura democrática participacionista da mesma época, que não deriva do marxismo mas que se aproxima do ideal de Marx, de um ordenamento capaz de promover uma emancipação humana, mais do que apenas política[26]. E, tal como essa literatura, a elaboração de Ingrao toma mais a forma de um *programa* que de um desenho institucional – o que é de se esperar, já que se trata de arranjos ainda não testados. No fim das contas, para avançar além dos limites da democracia representativa liberal, uma sociedade socialista deve, como escreveu a filósofa Agnes Heller, "resolver na prática" as suas contradições[27].

---

[24] A crítica mais elaborada ao tipo de consentimento presente na tradição liberal e cristalizada no processo eleitoral, que toma a forma da obrigação de obedecer, vem de uma autora que guarda pouca relação com a tradição marxista (ver Carole Pateman, *The Problem of Political Obligation: A Critique of Liberal Theory*, Berkeley, University of California Press, 1985 [1979]).

[25] Pietro Ingrao, *Massa e potere* (Roma, Riuniti, 1977) [ed. bras.: *As massas e o poder*, trad. L. M. Gazzaneo, Rio de Janeiro, Civilização Brasileira, 1980].

[26] Por exemplo, Carole Pateman, *Participation and Democratic Theory* (Stanford, Stanford University Press, 1970) [ed. bras.: *Participação e teoria democrática*, trad. Luiz Paulo Rouanet, Rio de Janeiro, Paz e Terra, 1992].

[27] Agnes Heller, "Democracia formal e democracia socialista", *Encontros com a Civilização Brasileira*, n. 27, 1980, p. 184. A publicação original é de 1979.

Mas a inflexão eurocomunista também influenciou a obra de Nicos Poulantzas, que, em seu último livro, *O Estado, o poder, o socialismo*, deu uma das mais importantes contribuições marxistas para o entendimento da democracia. Poulantzas recusa a visão, durante muito tempo predominante na esquerda revolucionária, que desdenhava a disputa eleitoral e os direitos liberais como formalidades sem conteúdo, cujo sentido real era promover a mistificação da dominação de classe. Mas também evita o equívoco oposto, de julgar que o modelo liberal, que equivale soberania popular a voto, condensa a participação cidadã na representação política e funda a vigência dos direitos na separação de poderes, é a própria democracia em sua única encarnação possível.

Ele é sensível à produção histórica das formas de organização do poder político – e, portanto, ao fato de que a ordem democrática liberal não é nem uma imposição da dominação burguesa, nem a realização de um ideal transcendente. A competição liberal pelo poder foi a via encontrada para a solução pacífica dos conflitos dentro das classes dirigentes, permitindo que todas tivessem espaço nas esferas de poder, de acordo com sua força. A democratização, com a extensão dos direitos políticos às massas populares, foi uma resposta às pressões vindas de baixo e representou o reconhecimento de que a estabilidade da dominação dependia de instrumentos que permitissem aquilatar as concessões necessárias aos dominados. Assim, a institucionalidade pode ser entendida como a forma material do estágio corrente da dominação de classe e da correlação de forças entre as classes sociais[28]. Por dentro e por fora das instituições vigentes, os dominados lutam por uma ordem que incorpore de maneira mais igualitária suas vozes; por isso, o processo de construção de uma sociedade socialista anda junto à democratização das estruturas estatais.

De um jeito ou de outro, cumpre reconhecer que o ordenamento institucional definido nas sociedades capitalistas de meados do século XX se associou intimamente à compreensão corrente de "democracia", e a imaginação política contra-hegemônica, nela incluído o marxismo, tem dificuldade de estabelecer um modelo diferente. Esse déficit se torna ainda mais agudo no momento da "crise da democracia" – quando líderes políticos de corte obviamente autoritário,

---

[28] Nicos Poulantzas, *L'État, le pouvoir, le socialisme* (Paris, Les Prairies Ordinaires, 2013), p. 192-3 [ed. bras.: *O Estado, o poder, o socialismo*, trad. Rita Lima, São Paulo, Paz e Terra, 2009]. A edição original é de 1978. Por isso, também, uma sociedade mais igualitária precisará de novas estruturas, as quais reflitam seu caráter e portanto se mostrem mais (e não menos) democráticas que aquelas que herdou do Estado capitalista.

vinculados a uma nova extrema direita que reedita aspectos importantes do fascismo, se mostram competitivos e mesmo capazes de chegar ao poder por meio de processos eleitorais considerados legítimos. Enquanto não houver uma proposta de democracia que vá além do modelo hoje em crise, o campo dos que se opõem ao avanço do extremismo autoritário se vê condenado a tentar reeditar o arranjo democrático liberal do pós-guerras, ainda que as condições sociais que o sustentaram estejam erodidas e ainda que, de uma perspectiva mais igualitária, ele sempre tenha se mostrado muito insuficiente. Embora o marxismo não tenha desenvolvido uma teoria própria da democracia, a não ser de forma muito embrionária, ele fornece ferramentas fundamentais para estabelecer uma crítica bem fundada das limitações do modelo liberal-representativo e, assim, evitar a tentação de mistificá-lo. Em especial, a crítica entende que é necessário explicar as instituições políticas a partir de fora, em vez de aceitar sua lógica sem questioná-la, e conectá-las com a dinâmica social mais ampla. Permite deslocar a discussão sobre a democracia para além dos procedimentos consagrados e interrogar, por um lado, como a presença de regras democráticas pode conviver com a reprodução da dominação social e, por outro, que arranjos promoveriam de maneira mais satisfatória seus valores centrais de igualdade política e soberania popular. E, quando o arranjo dominante no ocidente no pós-guerras parece ameaçado pelo fenômeno da "desdemocratização" e pela emergência das "pós-democracias", aprofundar a investigação sobre a relação entre poder político e dominação capitalista torna-se urgente.

7. ALIENAÇÃO E FETICHISMO

Outro ponto em que a contribuição do pensamento marxista pode ser útil para a ciência política se liga à produção da ação humana em sociedade. Uma percepção espontânea e superficial tende a julgar que as pessoas "sabem o que querem" e agem para obter aquilo que desejam da maneira mais razoável que suas capacidades intelectuais e físicas permitem, usando os recursos à sua disposição. Ao aceitar esse enquadramento, a crítica do mundo social seria voltada apenas à distribuição injusta dos recursos. Caminham nessa direção as exigências de redistribuição material, para equiparar os meios de que cada um dispõe para perseguir seus interesses; de medidas reparatórias para quem está em desvantagem, como as ações afirmativas; e de escolarização universal, para permitir que todos desenvolvam suas capacidades cognitivas. É possível acrescentar ao cenário a questão da manipulação da informação: eu vou agir de maneira contrária a meus interesses se, mesmo dispondo de recursos e sendo capaz, sou orientado por uma representação incorreta do mundo que me cerca. O pluralismo da informação e o combate à difusão deliberada de mentiras, assim, são acrescentados ao que se pode chamar de *enquadramento liberal da crítica social*.

São críticas importantes às injustiças e aos mecanismos de opressão presentes na sociedade, mas deixam de fora um elemento central: como se formam as preferências dos indivíduos? Se focamos apenas na capacidade de realizar os objetivos, estamos admitindo, de forma tácita, que esses objetivos são imunes à crítica. O fato de que todos parecem buscar mais ou menos as mesmas coisas – digamos: dinheiro, poder, fama, prestígio – faz as preferências serem aceitas como "naturais", derivadas de uma natureza comum a todos. Um descentramento de perspectiva, porém, põe em xeque tal entendimento. Uma disposição aquisitiva, em que a ampliação da riqueza material é aceita como um objetivo em si mesma, parece bem menos universal quando são levadas em conta as sociedades pré-capitalistas. Embora tal comportamento seja a base para o funcionamento dos mecanismos de mercado, cabe indagar se não são esses mecanismos que o universalizam ao serem impostos como padrão das trocas humanas.

Por outro lado, grupos sociais que são designados a ocupar posições diferentes tendem a ser sensíveis a incentivos diferentes – e incorporam predisposições e comportamentos que depois são lidos como inatos. Mulheres e homens servem de exemplo, sobretudo porque o movimento feminista e a evolução da condição feminina desafiam os papéis estereotipados de gênero. Quem, hoje, seria capaz de afirmar que as mulheres são "naturalmente" orientadas para o lar e para a submissão aos homens, como afirmou durante séculos o discurso sexista?

Portanto, a compreensão da ação humana em sociedade passa também pelo entendimento de como se produzem as vontades e disposições dos agentes. Elas compõem a explicação de seu comportamento, mas precisam também ser explicadas. A questão da *formação das preferências* é, assim, componente indispensável de qualquer análise sobre o mundo social e, em particular, sobre a ação política. No entanto, ela é ignorada por boa parcela da ciência política, que opera com um modelo no qual se considera que os agentes ingressam na esfera pública com suas preferências já formadas – isto é, já chegam prontas da esfera privada, que é considerada um terreno que está fora do alcance da investigação. A política seria formada por mecanismos que permitem, de forma melhor ou pior, expressar e agregar tais preferências prévias. Os estudos de comportamento eleitoral servem, com as exceções de praxe, de exemplo suficiente: eles analisam a decisão do voto sem questionar como se produzem os critérios que orientam a avaliação que eleitores fazem de candidatos.

Essa ignorância deliberada é efeito da influência do liberalismo, com sua separação pronunciada entre público e privado, e do utilitarismo, que afirma que o comportamento humano é determinado por uma regra única, de base natural, a "maximização da própria utilidade". Reduzido a seu sentido mais estrito, o utilitarismo é uma tautologia com valor descritivo nulo. Diz apenas que, a cada momento, diante das circunstâncias, cada pessoa agirá da forma que julgar que melhor promove sua própria satisfação ("utilidade"). Como a satisfação não é definida, ela pode ser sensual ou intelectual, material ou abstrata, egoísta ou altruísta; pode incluir o autossacrifício, a frugalidade, a privação voluntária, o masoquismo. Só sabemos o que a pessoa quer a partir da observação de suas escolhas, ou seja, a preferência não é capaz de predizer o comportamento. Para evitar tal problema e permitir a construção de modelos do comportamento humano, assume-se que, na prática, vigoram o egoísmo e o etos aquisitivo. Nas palavras do próprio Jeremy Bentham, principal filósofo do utilitarismo original, "cada porção de riqueza é conectada a uma porção correspondente de felicidade"[1].

---

[1] Jeremy Bentham, *Principles of the Civil Code* (WealthOfNation, 2015), e-book sem indicação de páginas. A edição original é de 1843.

A pressuposição da universalidade do comportamento aquisitivo e autointeressado está na base de modelos econômicos de funcionamento do mercado. Mesmo lá, gera problemas sérios, tanto por naturalizar as preferências, em vez de investigar o papel que os próprios mecanismos de mercado têm em sua produção, quanto por minimizar as diferenças estruturais e analisar patrões e empregados, por exemplo, como agentes orientados simetricamente em suas interações. Quando a ciência política e, de maneira mais geral, a ciência social importam tais modelos e os adaptam para seus próprios objetos, os inconvenientes se tornam ainda mais patentes.

Há ainda um segundo problema: tal como na economia, os modelos dominantes da ciência política desprezam as preferências e lidam com as escolhas. O subtexto é que a relação entre umas e outras é transparente e pouco problemática. Mas não é. Se escolho determinado candidato numa eleição, por exemplo, posso de fato preferi-lo, mas posso também querer manifestar minha ojeriza por algum de seus adversários, minha desesperança de eleger aquele de quem realmente gosto mais ou minha vulnerabilidade a determinadas pressões. Minha escolha também diz pouco ou nada sobre a possibilidade de que aquilo que eu realmente quero esteja fora do elenco de opções. Em suma, a escolha é o fruto do encontro entre o agente e as circunstâncias do momento, sendo sensível não só às suas preferências, mas também a um conjunto de outros constrangimentos.

O conceito de *ideologia* permite uma primeira aproximação com a questão da formação social das preferências. Trata-se, é verdade, de um conceito muito polêmico e usado com sentidos diferentes em contextos diferentes[2]. A palavra, como se sabe, foi forjada no início do século XVII, por Destutt de Tracy, para se referir à sua "ciência das ideias", e logo em seguida ganhou um cunho pejorativo. Marx e Engels, que desenvolveram o conceito e são a matriz das principais compreensões contemporâneas, partiram dessa perspectiva crítica à ideologia. No entanto, aquele que é talvez seu uso mais frequente, na linguagem comum, guarda um valor positivo. Falamos de ideologia para nos referir a uma interpretação do mundo que possui razoável coerência interna e guia a ação de um agente ou grupo de agentes; assim, o político "ideológico" se opõe ao oportunista. Mas essa compreensão não está presente nos escritos do próprio

---

[2] Terry Eagleton, *Ideologia: uma introdução* (trad. Luís Carlos Borges e Silvana Vieira, São Paulo, Editora Unesp/Boitempo, 1997). A edição original é de 1991.

Marx, ainda que apareça muito no discurso marxista posterior – mesmo Lênin não se furtava a descrever o marxismo como "a ideologia da classe operária", expressão que Marx, com certeza, repudiaria.

Entendida dessa maneira, quase como um sinônimo de "programa político", a ideologia é um conceito pouco interessante. Torna-se mais relevante quando remete a um segundo plano analítico, que enfatiza a vinculação entre a produção das ideias e a realidade vivida dos seres humanos. No combate ao idealismo hegeliano, o materialismo histórico estabelece a primazia do mundo material e afirma que "os homens [*sic*] são os produtores de suas representações, de suas ideias e assim por diante, mas os homens reais, ativos, tal como são condicionados por um determinado desenvolvimento de suas forças produtivas e pelo intercâmbio que a ele corresponde"[3].

Isso já contribui para entender que as estruturas sociais, uma vez que organizam a experiência vivida das pessoas, incidem sobre a construção de suas representações mentais do mundo. Ainda que recuse a palavra "ideologia" por considerá-la sobrecarregada por interpretações divergentes e pelo uso como instrumento de luta política, o sociólogo Pierre Bourdieu contribui para o entendimento da questão com sua noção de "efeito de *doxa*": as mesmas matrizes estruturam as instituições, os comportamentos em sociedade e os esquemas de pensamento, o que nos induz a tomar por "naturais" padrões que são, na verdade, construtos históricos, mas que encontram confirmação imediata em tudo o que está à nossa volta[4]. Se, por exemplo, o império das relações de mercado fomenta o comportamento aquisitivo e competitivo de todas as pessoas e, simultaneamente, alimenta minha própria leitura do mundo, que vai pressupor tal comportamento, a confirmação diária de que as pessoas agem assim me fará julgar que é um traço da natureza humana, não um produto da organização social. Foi mais ou menos por isso, por considerá-lo incapaz de distinguir o fruto das circunstâncias históricas de um atributo natural e imutável, que Marx em dada ocasião nomeou Jeremy Bentham o "gênio na arte da estupidez burguesa"[5].

---

[3] Karl Marx e Friedrich Engels, *A ideologia alemã* (trad. Rubens Enderle, Nélio Schneider, Luciano Cavini Martorano, São Paulo, Boitempo, 2007), p. 94. A edição original é de 1845.

[4] Pierre Bourdieu, "A doxa e a vida cotidiana: uma entrevista", em Slavoj Žižek (org.), *Um mapa da ideologia* (trad. Vera Ribeiro, Rio de Janeiro, Contraponto, 1996), a edição original é de 1991; idem, *Méditations pascaliennes* (Paris, Seuil, 1997) [ed. bras.: *Mediações pascalianas*, trad. Sérgio Miceli, Rio de Janeiro, Bertrand, 2001].

[5] Karl Marx, *O capital*, Livro I: *O processo de produção do capital* (trad. Rubens Enderle, São Paulo, Boitempo, 2013), p. 685. A edição original é de 1867.

132 Marxismo e política

Há outro passo na compreensão que Marx e Engels apresentam da ideologia. Nossa visão de mundo depende de nossa vivência, mas essa vivência, por sua vez, ocorre em uma sociedade desigual, e a desigualdade se manifesta também na disseminação das visões do mundo. "As ideias da classe dominante são, em cada época, as ideias dominantes, isto é, a classe que é a força material dominante é, ao mesmo tempo, sua força espiritual dominante."[6]

É possível interpretar de várias maneiras aquilo que Marx e Engels estão dizendo. Uma leitura mais contida entende que, carentes das condições que permitiriam disseminar suas próprias ideias, as classes dominadas são empurradas para a adoção de representações do mundo que nascem de experiências alheias às suas – um pouco como, décadas depois, o feminismo indicaria que, dada a dominação masculina, as mulheres significam sua vida "através de consciências alheias"[7]. A consequência disso é que a reprodução da dominação não é desafiada, ou é desafiada de maneira menos intensa. Ao aceitar a percepção burguesa sobre a natureza humana, tal como expressada por Bentham, o trabalhador está mal situado para alcançar uma crítica abrangente da sociedade capitalista ou uma percepção mais consciente de sua própria posição de classe.

Já uma leitura menos sutil vê a ideologia como uma forma de mistificação deliberada dos dominantes para impedir que os dominados percebam a iniquidade da situação a que estão submetidos. A ideologia é entendida então como um véu que encobre a realidade, impedindo-a de ser vista tal como é pelos dominados e projetando uma imagem incorreta: a falsa consciência. Curiosamente, no debate público dos últimos anos, o uso de "ideologia" para designar uma forma de enganação intencional tem partido dos grupos políticos à direita, que, por exemplo, se servem do rótulo "ideologia de gênero" para denunciar a pesquisa sobre a definição social dos papéis sexuais como um falseamento da realidade com motivação espúria. Mas a noção de ideologia como falsa consciência tem suas raízes à esquerda.

Ela carrega dois pressupostos implícitos, ambos problemáticos. O primeiro é que, na ausência da ideologia, o mundo seria integralmente transparente para quem o vive. O outro é que, submetida ao discurso ideológico, a verdade da

---

6   Karl Marx e Friedrich Engels, *A ideologia alemã*, cit., p. 47, ênfases suprimidas.

7   Simone de Beauvoir, *Le Deuxième sexe*, v. 2 (Paris, Gallimard, 1949), p. 516 [ed. bras.: *O segundo sexo*, v. 2, trad. Sérgio Milliet, 2. ed., São Paulo, Difusão Europeia do Livro, 1967].

experiência vivida é incapaz de se impor, romper o envoltório de manipulação que a cerca e alcançar a consciência dos agentes.

Há um problema adicional na noção de falsa consciência. Junto a ela, como contraponto necessário, está a ideia de que haveria uma consciência verdadeira. Isto é, se à vivência no mundo não corresponde uma dada compreensão do mundo, é porque há manipulação ou incompetência. Sendo assim, aquele que dispõe das coordenadas certas para a interpretação do mundo, o intelectual ou o líder partidário, está em condições de avaliar "objetivamente" qual é o grau de correção da consciência das "massas", desprezando a compreensão que elas mesmas produzem a partir de suas experiências. Há, portanto, um componente autoritário, cujo impacto nas experiências políticas da esquerda foi perceptível.

De certa maneira, essa percepção é simétrica à visão liberal, de raiz utilitarista, vista no começo do capítulo. Para ambas, os interesses são dados. Num caso, definidos pela própria natureza humana, transparente para seus portadores, comandando de forma permanente nossas ações. No outro, produzidos pela estrutura social e muitas vezes ocultos para os próprios agentes.

A questão é complexa porque, como observou Žižek, não há "nenhuma linha demarcatória clara que separe a ideologia e a realidade", mas isso não significa que a ideologia não opere[8]. A crítica da ideologia depende de se manter nessa "posição impossível", nos termos do próprio autor: denunciar a manipulação sem postular o autêntico, não manipulado, como referência e contraste. Não é possível julgar que há uma consciência verdadeira predeterminada, de maneira que os "reais interesses" dos indivíduos e dos grupos estariam definidos desde sempre, sem passar pela consciência dos agentes; mas tampouco que os interesses e as preferências não são influenciados por estruturas sociais assimétricas, em favor dos mais poderosos. A consciência do mundo é socialmente construída e a crítica da ideologia precisa ser, em primeiro lugar, uma crítica às estruturas sociais de dominação que incidem na capacidade de produzir e difundir ideias sobre o mundo.

A compreensão de que não há a possibilidade de uma visão sem interme-diações do mundo dialoga com a contribuição de Louis Althusser à teoria da ideologia. Para ele, o mundo social jamais será transparente para quem o habita, até por uma questão cognitiva. O mundo social é grande, complexo,

---

[8] Slavoj Žižek, "O espectro da ideologia", em *Um mapa da ideologia*, cit., p. 22. A publicação original é de 1994.

intrincado. Precisamos de ferramentas que o dotem de sentido e, para isso, que o simplifiquem, tal como um mapa define os traços gerais e permite que nos situemos num espaço que não somos capazes de alcançar com a vista. A questão que se coloca não é eliminar a ideologia, já que isso é impossível, mas substituir a atual por outra que contribua para a produção de um mundo em que as pessoas sejam mais solidárias entre si e também desfrutem de maior liberdade. Para ele, a ideologia "representa a relação imaginária dos indivíduos com suas condições reais de existência"[9]. No original francês, o trecho se beneficia da ambiguidade da palavra "*rapport*", que pode ser traduzida tanto por "relação" quanto por "relato". Assim, a "relação imaginária" com as condições de existência que a ideologia produz é igualmente um "relato imaginário", uma narrativa sobre essas condições que, como toda narrativa, constrói sentidos sobre aquilo que narra.

A operação da ideologia se dá, em primeiro lugar, no inconsciente, nas matrizes de percepção do mundo que colocamos em marcha de forma irrefletida e que limitam e direcionam nosso pensamento. Por isso, aliás, seria incorreto defini-la como "falsa consciência". E ela não permanece presa ao mundo das ideias. Ela tem existência material na medida em que produz práticas que agem no sentido da reprodução da ordem social vigente[10]. A ênfase nesse caráter *produtivo* da ideologia é talvez a principal contribuição de Althusser à discussão. Tal como o caráter também produtivo do poder, tão central na obra de outro influente autor francês da mesma época, Michel Foucault[11], a ideologia segundo Althusser indica que a dominação não se mantém apenas de forma negativa, por meio da repressão ou ameaça de repressão, mas também de forma positiva, pela produção de práticas sociais condizentes com sua reprodução. Mais do que controlar ou refrear os impulsos "naturais" dos seres humanos, como quer o pensamento conservador, o poder e a ideologia produzem comportamentos.

O funcionamento da ideologia se liga, assim, ao fato de que o mundo social não é transparente para quem o vive. Marx desenvolveu dois conceitos centrais para o entendimento desse processo, em momentos diversos de sua

---

[9] Louis Althusser, "Idéologie et appareils idéologiques d'État (notes pour une recherche)", em *Positions* (Paris, Éditions Sociales, 1976), p. 114 [ed. bras.: *Ideologia e aparelhos ideológicos do Estado*, trad. Joaquim José de Moura Ramos, São Paulo, Martins Fontes, 1980]. A publicação original é de 1970.

[10] Ibidem, p. 118.

[11] Ver Michel Foucault, *Surveiller et punir: naissance de la prison* (Paris, Gallimard, 1975) [ed. bras.: *Vigiar e punir: nascimento da prisão*, trad. Raquel Ramalhete, Petrópolis, Editora Vozes, 2013].

obra – os conceitos de *alienação* e de *fetichismo*. Sob o nome de "alienação", Marx observou o estranhamento entre os seres humanos e os produtos de sua atividade no mundo. No capitalismo, o trabalhador não se reconhece mais no fruto de seu trabalho: "o objeto que o trabalho produz, o seu produto, se lhe defronta como um ser estranho, como um poder independente do produtor"[12]. A produção industrial, de linha de montagem, em especial, acelera esse efeito: o operário da Ford não reconhece a si mesmo no carro que passa na rua, uma vez que, afinal, ele apenas apertou um parafuso entre tantos outros (ao contrário de um artesão, por exemplo, que podia ver um pedaço de si mesmo em cada peça que produzia).

Mas não é só, nem mesmo principalmente, o estranhamento em relação ao produto do trabalho. O trabalhador também é levado a negar a si mesmo no ato da produção. Ao vender sua força de trabalho, que é indissociável de sua própria pessoa, ele abre mão do controle sobre seu corpo e seu tempo, submetido a decisões alheias – passa da autonomia à heteronomia[13].

Quanto mais trabalha, mais pobre o trabalhador se torna de si mesmo[14], pois está mais à mercê das vontades alheias e se reduz a um mero instrumento de um projeto de outra pessoa. Aí reside a grande contradição. Embora o trabalho seja, na concepção de Marx, algo definidor do ser humano e a maneira pela qual podemos nos exteriorizar e nos relacionar uns com os outros, no capitalismo ele se torna a negação de nossa humanidade. Isso porque, como Marx mostrou, para o capitalista é imprescindível que o trabalho se torne calculável e previsível. Esse é o passo fundamental da racionalização capitalista. Para isso, o trabalhador deve ingressar no processo de trabalho como simples "força de trabalho", isto é, despido de qualquer traço de individualidade. O trabalhador ideal é substituível por qualquer outro; não deve deixar qualquer vestígio de si mesmo no processo ou no produto do trabalho.

Assim, o trabalho perde seu sentido intrínseco, já que, do ponto de vista do produtor, a questão é encontrar um emprego que lhe permita pagar as contas no final do mês. "As doze horas de trabalho não têm de modo algum o sentido de tecer, de fiar, de perfurar etc., mas representam unicamente o meio de ganhar

---

[12] Karl Marx, *Manuscritos econômico-filosóficos* (trad. Jesus Ranieri, São Paulo, Boitempo, 2010), p. 80, ênfase suprimida. A edição original é de 1844.

[13] André Gorz, *Adeus ao proletariado: para além do socialismo* (trad. Ângela Ramalho Vianna e Sérgio Góes de Paula, Rio de Janeiro, Forense-Universitária, 1987). A edição original é de 1980.

[14] Karl Marx, *Manuscritos econômico-filosóficos*, cit., p. 81.

o dinheiro que lhe permitirá sentar-se à mesa, ir à taberna, deitar-se à cama"[15]. Não importa o que é produzido, apenas o salário que receberá em retribuição; isto é, não há nenhum tipo de investimento pessoal naquela produção específica. A rigor, é assim também para o capitalista: o processo produtivo é apenas um momento do ciclo de valorização do capital e uma mercadoria é idêntica a qualquer outra, desde que resulte em lucro:

> A classe possuinte e a classe do proletariado representam a mesma autoalienação humana. Mas a primeira das classes se sente bem e aprovada nessa autoalienação, sabe que a alienação é *seu próprio poder* e nela possui a aparência de uma existência humana; a segunda, por sua vez, sente-se aniquilada nessa alienação, vislumbra nela sua impotência e a realidade de uma existência desumana.[16]

Em vez de afirmar o trabalhador, o trabalho o nega: o trabalhador só se sente em si mesmo quando não está no trabalho[17]. Uma ilustração involuntária dessa situação estava num jogo eletrônico, *The Sims*, em que o usuário simulava a vida de uma personagem virtual – família, amizades, compras. Quando a personagem ia para o trabalho, a tela ficava preta e o jogo se reiniciava no momento em que ela voltava para casa. O trabalho era simplesmente o emprego; o que importava nele era só o salário, que permitia o consumo. O tempo de trabalho era marcado objetivamente como tempo de *não vida*. De forma provavelmente involuntária, *The Sims* era um videogame marxista...

Para tornar a situação ainda mais complexa, o capitalismo contemporâneo evoluiu de maneira a se relacionar de forma diferente com uma franja de trabalhadores criativos, como programadores, desenvolvedores de produtos, designers. Se a alienação clássica parte do esforço para anular a subjetividade do trabalhador no processo de produção[18], um "novo espírito do capitalismo" visa integrá-la como fator de valorização do capital, exigindo um engajamento completo. Formas de dominação que "penetram mais profundamente no interior das pessoas, na qual se espera que elas se 'doem' [...] a seu trabalho

---

[15] Karl Marx, "Trabalho assalariado e capital" (trad. José Barata-Moura e Álvaro Pina), em Karl Marx e Friedrich Engels, *Obras escolhidas em três tomos*, t. I (Moscou, Progresso; Lisboa, Avante, 1982), p. 155 (ênfase suprimida). A edição original é de 1849.

[16] Karl Marx e Friedrich Engels, *A sagrada família* (trad. Marcelo Backes, São Paulo, Boitempo, 2003), p. 48. A edição original é de 1845.

[17] Karl Marx, *Manuscritos econômico-filosóficos*, cit., p. 83.

[18] Peter Hudis, "Racism and the Logic of Capital: A Fanonian Reconsideration", *Historical Materialism*, v. 26, n. 2, 2018, p. 199-220, p. 205-6.

e tornam possível uma instrumentalização dos homens [*sic*] naquilo que têm de propriamente humano"[19]. Uma alienação ao quadrado, por assim dizer, em que o trabalho esteriliza o potencial imaginativo que o trabalhador poderia usar em sua vida autônoma[20].

A primeira faceta da alienação, como visto, é em relação ao fruto do trabalho, que não é mais uma materialização de minha humanidade, uma forma pela qual eu me relaciono com os outros. A segunda faceta é a alienação do processo de trabalho, sobre o qual o trabalhador não tem controle e no qual não vê sentido, que é apenas um fardo e um momento de anulação de si. Há uma terceira faceta que é a alienação em relação aos outros trabalhadores[21]. A concorrência é estimulada e a percepção dos interesses comuns é bloqueada, seja pela premência do imperativo da própria subsistência, seja pelos mecanismos ideológicos que minam a solidariedade de classe.

A alienação no trabalho se transmuta, dessa forma, numa alienação do mundo social. Não somos capazes de perceber a sociedade como produto de nossas relações uns com os outros – ela também nos aparece como algo que nos é imposto, com suas injustiças e opressões, e sobre o qual não temos nenhuma capacidade de transformação. Assim, não reconhecemos mais nossas próprias possibilidades de realização como seres humanos e nos tornamos passivos diante da sociedade e da história. É com isso que dialoga o uso corrente de "alienado", como alguém que se omite do posicionamento político por julgar que não lhe diz respeito.

Não é, como querem visões conservadoras, um efeito de predisposições humanas inatas, mas o resultado das tensões próprias ao fazer político em condições que separam o indivíduo privado e o cidadão, que levam à convivência da igualdade formal e da desigualdade real e em que o chamamento ostensivo ao envolvimento e à participação mal mascara o fato de que somos empurrados

---

[19] Luc Boltanski e Ève Chiapello, *Le Nouvel esprit du capitalisme* (Paris, Gallimard, 1999), p. 152 [ed. bras.: *O novo espírito do capitalismo*, trad. Ivone C. Benedetti, São Paulo, WMF, 2020].

[20] Por isso, creio que Wendy Brown está errada quando diz que "a transformação do trabalho em capital humano e dos trabalhadores em empreendedores competindo com outros empreendedores [...] elimina a base da alienação e da exploração tal como Marx as concebe". Wendy Brown, *Undoing the Demos: Neoliberalism's Stealth Revolution* (Nova York, Zone Books, 2015), p. 65. Desafia, sim, mas não elimina.

[21] Ver David McLellan, "A concepção materialista da história", em Eric J. Hobsbawm (org.), *História do marxismo*, v. 1 (trad. Carlos Nelson Coutinho e Nemésio Salles, Rio de Janeiro, Paz e Terra, 1983). A edição original é de 1978.

para a passividade e para o alheamento[22]. Para Marx, como resumiu Atilio Borón, "nas sociedades classistas, a política é a esfera da alienação por excelência"[23].

De forma genérica e sucinta, portanto, a alienação pode ser entendida como a incapacidade de conectar, em termos cognitivos, a própria prática com a produção do mundo material e social. A questão da alienação está no fundo do apelo ético que o marxismo sempre possuiu[24].

Independentemente da validade de sua teoria econômica, não há dúvida de que Marx toca em pontos essenciais da sociedade capitalista ao criticar a alienação do ser humano. Embora tenha deixado de lado o conceito de alienação em suas obras de maturidade, nas quais só cuida do fetichismo da mercadoria, é razoável afirmar que o objetivo de sua empreitada revolucionária – o comunismo – era a superação da alienação (como veremos no próximo capítulo).

Com o conceito de "fetichismo", desenvolvido amplamente no primeiro livro de *O capital*, Marx vincula a alienação à sua teoria da mercadoria. Para ele, a produção de mercadorias é uma relação social entre produtores. Os produtores trocam entre si diferentes tipos e diferentes quantidades de seu próprio trabalho. Mas, na sociedade capitalista, essa relação social entre os produtores está escondida, uma vez que a troca não se dá entre os trabalhos concretos diferenciados (e portanto mutuamente necessários) dos produtores, mas entre o reverso da moeda, isto é, entre duas quantidades similares de trabalhos abstratos indiferenciados. O que aparece, assim, é a simples relação entre as mercadorias. Quando um carpinteiro, por exemplo, troca seu trabalho pelo trabalho de um alfaiate, ele não vê a relação entre ele, como produtor, e outro produtor, o alfaiate. Ele vê apenas uma relação entre uma mesa e um casaco,

---

[22] De maneira um pouco mais chã, Claus Offe e Ulrich Preuß observam que alienação política resulta da tensão entre eleição (popular) e decisão (por uma minoria), do hiato de origem social entre cidadãos e representantes e do hiato entre saberes e experiências dos cidadãos e dos representantes. Claus Offe e Ulrich Preuß, "Democratic Institutions and Moral Resources", em David Held (org.), *Political Theory Today* (Stanford, Stanford University Press, 1991), p. 164-5.

[23] Atilio A. Boron, "Filosofía política y crítica de la sociedad burguesa: el legado teórico de Karl Marx", em Atilio A. Boron (org.), *La filosofía política moderna: de Hobbes a Marx* (Buenos Aires, Eudeba, Clacso, 2000), p. 299.

[24] Rahel Jaeggi defende que a alienação seja entendida "não de uma forma ética substancial [...] mas como um obstáculo à liberdade e uma forma de dominação", Nancy Fraser e Rahel Jaeggi, *Capitalism: A Conversation in Critical Theory* (Cambridge, Polity, 2018), p. 134 [ed. bras.: *Capitalismo em debate: uma conversa na teoria crítica*, trad. Nathalie Bressiani, São Paulo, Boitempo, 2020]. Não creio que sejam caminhos excludentes. O projeto ético do marxismo – e é necessário reconhecer que o marxismo tem um – se liga exatamente à promoção da liberdade para todos os seres humanos e ao combate às dominações.

entre a mercadoria que ele fornece e o objeto que ele recebe. Está aí o "fetichismo da mercadoria": o produto da atividade humana se emancipa de seus criadores e passa a submetê-los. Uma relação social entre os seres humanos "assume, para eles, a forma fantasmagórica de uma relação entre coisas"[25].

Numa economia em que existe a intermediação da moeda como equivalente geral para todas as mercadorias, esse ocultamento da relação entre os produtores é ainda maior. Quem vai ao mercado comprar um pacote de macarrão nunca pensa que está trocando determinada quantidade de tempo de seu trabalho por outra quantidade de tempo de trabalho de quem fabricou o macarrão. Ele se vê trocando alguns reais por um pacote de massa que, para todos os efeitos, pode ter nascido na prateleira do supermercado. O valor do macarrão aparece como algo inerente a ele, não derivado de seu caráter de fruto do trabalho humano[26].

Por que é difícil fazer a relação entre meu trabalho, o consumo e o trabalho dos outros? Por uma série de motivos, a começar pelo fato de que o tempo do trabalho e o tempo do consumo estão afastados e separados – e também porque a relação raras vezes é direta, com um trabalho trocado por outro. O alfaiate recebeu do sapateiro pelo seu trabalho, vendendo uma roupa, mas não vai necessariamente comprar um sapato; há uma enorme "compensação" social e o dinheiro é uma mediação extra. Mas o aspecto principal é a dupla face do trabalho: meu trabalho concreto, o que eu efetivamente fiz e que materializou meu esforço e minhas competências, deve operar como trabalho abstrato, como mera quantidade de dispêndio de energia humana, quando vou ao mercado.

Esse ocultamento é uma característica do modo de produção capitalista. No modo de produção feudal, por exemplo, as relações pessoais são de dependência e estão claras. O servo não se relaciona com o senhor por meio de mercadorias: "cada servo sabe que o que ele despende a serviço de seu senhor é uma quantidade determinada de sua força pessoal de trabalho"[27]. É a forma-mercadoria,

---

[25] Karl Marx, *O capital*, Livro I, cit., p. 147.

[26] O poema "O açúcar", de Ferreira Gullar, expõe toda essa situação: "O branco açúcar que adoçará meu café/ nesta manhã de Ipanema/ não foi produzido por mim/ nem surgiu dentro do açucareiro por milagre". Depois de descrever, de trás para frente, o percurso da mercadoria, conclui: "Em usinas escuras,/ homens de vida amarga/ e dura/ produziram este açúcar/ branco e puro/ com que adoço meu café esta manhã em Ipanema". Ferreira Gullar, "O açúcar", em *Toda poesia* (Rio de Janeiro, José Olympio, 1991), p. 160-1. A edição original é de 1975.

[27] Karl Marx, *O capital*, Livro I, cit., p. 152.

como padrão das trocas entre produtores, que leva ao fetichismo. Mas, se ele "surge automaticamente no curso da troca no mercado", ele ainda encontra um grande reforço na propaganda, que destrói "todos os vestígios da produção em suas imagens"[28].

A publicidade comercial é, há muito tempo, um mecanismo central para a reprodução capitalista, servindo às funções paralelas de manter em alta o ciclo de valorização do capital, pela produção constante de novas necessidades e pela forma particular de destruição do patrimônio existente por meio da obsolescência simbólica dos produtos, e de acomodar os dominados no sistema, pelo consumismo e pelo reforço ao fetichismo da mercadoria. O capitalismo contemporâneo acelera o processo por meio de novos circuitos de valorização cada vez mais fundados em atributos ideológicos dos produtos. É o capitalismo do branding, em que a marca adiciona um "valor" que não reflete as propriedades efetivas do objeto ao qual ela se vincula[29]. Com isso, a riqueza corporificada em um smartphone da Apple ou em um tênis da Nike parece mesmo superar em muito o valor somado das matérias-primas e do trabalho superexplorado nas fábricas da Ásia, mas isso se deve menos à "economia do conhecimento" de designers e engenheiros e mais às novas formas de fetichismo que o capitalismo de marcas introduz. Numa sociedade em que as pessoas se veem cada vez mais impotentes para escolher a forma de sua organização coletiva, em que o consumo é a compensação para todas as frustrações, a falsa diversidade de modos de vida, que significa apenas diversidade de padrões de consumo, torna-se o triunfo final do fetichismo da mercadoria[30].

Não se trata apenas de uma compreensão distorcida por parte das pessoas; para Marx, sob o capitalismo as mercadorias *exercem*, de fato, um poder tirânico[31], forçam todos a colocá-las no centro de suas preocupações e de suas existências. Assim, o tema do fetichismo é especialmente importante porque faz a ponte entre a crítica da economia política e a crítica do conjunto das relações

---

[28] David Harvey, *Condição pós-moderna* (trad. Adail Ubirajara Sobral e Maria Stela Gonçalves, São Paulo, Loyola, 1992), p. 99. A edição original é de 1989.

[29] Naomi Klein, *No Logo: Taking Aim at the Brand Bullies* (Nova York, Picador, 1999) [ed. bras.: *Sem logo: a tirania das marcas em um planeta vendido*, trad. Ryta Vinagre, 4. ed., Rio de Janeiro, Record, 2004].

[30] Ellen Meiksins Wood, *Democracy Against Capitalism: Renewing Historical Materialism* (Cambridge, Cambridge University Press, 1995), p. 261 [ed. bras.: *Democracia contra o capitalismo: a renovação do materialismo histórico*, trad. Paulo Castanheira, São Paulo, Boitempo, 2003].

[31] Terry Eagleton, *Ideologia*, cit. p. 83.

sociais sob o capitalismo – porque, como escreveu Lukács, o fetichismo "envolve todos os fenômenos da sociedade capitalista"[32].

Resumidamente, para Marx, o fetichismo é o que nos faz ler o mundo desprezando as relações sociais subjacentes. O fetichismo monetário vê o dinheiro como riqueza – as pessoas correm atrás de dinheiro, como se ele tivesse valor em si mesmo, quando, como nós sabemos, não passa de um equivalente, um meio de troca, ou seja, é o mecanismo social de acesso à riqueza, não a riqueza propriamente. O fetichismo do capital vê seu poder de gerar riqueza como "uma faculdade inerente dele, não algo que ele deve ao processo de trabalho"[33]. O fetichismo da mercadoria vê as trocas mercantis como uma relação entre dinheiro e produtos, ignorando que elas são uma relação entre pessoas (produtores), mediada por dinheiro e produtos.

Por causa do fetichismo, no capitalismo as relações entre as pessoas assumem formas estranhas: viram relações entre mercadorias. A mercadoria, que é o fruto do trabalho humano, adquire império sobre as pessoas: organizamos nossas vidas movidos pela necessidade de obtê-las. Nesse processo, a lógica do mercado, que reduz todos os produtos a mercadorias, parece contaminar a sociedade por completo. Marx percebeu, com muita clareza, a mercantilização das relações humanas impulsionada pelo capitalismo. Por meio do preço (que é uma derivação do valor, portanto da forma-mercadoria), não mercadorias (como a dignidade, a consciência etc.) são postas à venda e, assim, ganham forma mercantil.

O entendimento desse processo é fundamental para abrir as portas para uma compreensão menos ingênua das formas de construção das preferências políticas – interesse ou passividade, revolta ou conformismo, adesão a determinado líder, partido ou movimento, decisão do voto. Os conceitos de ideologia, de alienação e de fetichismo contribuem, de diferentes maneiras, para abalar a ideia de que o mundo é transparente e que as pessoas geram seus interesses e valores de forma autônoma.

A produção das preferências é um campo de lutas de enorme importância – em que as desigualdades sociais, como sempre, se manifestam. Pierre Bourdieu

---

[32]   György Lukács, *Histoire et conscience de classe* (trad. Kosta Axelos e Jacqueline Bois, Paris, Minuit, 1960), p. 33 [ed. bras.: *História e consciência de classe: estudos sobre a dialética marxista*, trad. Rodnei Nascimento, São Paulo, WMF, 2018]. A edição original é de 1923.

[33]   G. A. Cohen, *Karl Marx's Theory of History: A Defence* (Oxford, Oxford University Press, 1978), p. 117 [ed. bras.: *A teoria da história de Karl Marx: uma defesa*, trad. Angela Lasagna, Campinas, Editora Unicamp, 2013].

faz uma distinção entre "gostos de liberdade" e "gostos de necessidade"[34]. Os primeiros são daqueles indivíduos que contam com suas necessidades já providas e podem, portanto, escolher livremente o que querem. Já os outros expressam o ajuste obrigatório às necessidades, reduzindo os horizontes de expectativas para diminuir a frustração, tentando acreditar que os limites impostos de fora são opções próprias, tal como a raposa que, na fábula de Esopo, decide que as uvas estão verdes quando percebe que não conseguirá alcançá-las. Mais ainda, a compreensão sobre o universo que nos cerca é moldada pelas estruturas em que estamos imersos e pelo controle que os dominantes têm sobre os aparelhos de difusão das representações do mundo social, como os meios de comunicação de massa (incluídas aí as *big techs*), as escolas, as igrejas e o próprio Estado[35]. Uma leitura da política que ignore esse espaço de assimetrias e de lutas está condenada a ser superficial, conformista e, sobretudo, incapaz de perceber os processos potenciais de transformação social.

---

[34] Pierre Bourdieu, *La Distinction: critique sociale du jugement* (Paris, Minuit, 1979), p. 198 [ed. bras.: *A distinção: crítica social do julgamento*, trad. Daniela Kern e Guilherme J. F. Teixeira, Porto Alegre/São Paulo, Zouk/Edusp, 2007].

[35] Para uma discussão aprofundada desse assunto, ver Luis Felipe Miguel, *Dominação e resistência: desafios para uma política emancipatória* (São Paulo, Boitempo, 2018), cap. 5.

8. A TRANSFORMAÇÃO SOCIAL

A obra de Marx nunca escondeu sua vinculação com um projeto de transformação da sociedade. A crítica que faz ao capitalismo tem olhos postos em sua superação, que seria, de acordo com o modelo de história que desenvolve, um processo inevitável, gestado pelas próprias contradições da ordem social vigente. Fiel à sua crítica ao pensamento utópico, ele sempre se recusou a oferecer uma planta baixa do que seria uma sociedade pós-capitalista. Há algumas indicações sobre isso em *A ideologia alemã*, obra de juventude que escreveu com Engels, que apontam para o objetivo do "pleno desenvolvimento do potencial humano". Mas é um horizonte de valores societários, não um modelo de organização institucional. Por outro lado, suas observações sobre a anarquia da produção capitalista, sempre às voltas com ciclos de desperdício e de escassez, levada inexoravelmente de crise em crise, sugerem a defesa do planejamento econômico centralizado, que se tornou traço determinante das sociedades do chamado "socialismo real"[1]. Mas trata-se somente de um instrumento a ser usado para disciplinar a produção, não de uma forma de sociedade. Depois de Marx, um fértil debate ocorreu sobre quais seriam as características de uma futura sociedade socialista.

Esta é uma questão central: *qual* sociedade futura deve ser construída, quais características a definem. A segunda questão é *como* se dá a transição que nos permitiria ultrapassar o capitalismo. Há uma tensão, nos escritos de Marx, entre uma perspectiva estrutural, por vezes com tom determinista, em que as contradições do capitalismo engendram necessariamente sua superação, já que ele se torna incapaz de garantir a própria reprodução, e outra que concede mais espaço à agência coletiva e à luta de classes, entendendo que "a emancipação dos trabalhadores deve ser obra da própria classe trabalhadora", como consta já na primeira frase dos estatutos da Primeira Internacional[2]. Em suma, a discussão sobre a transformação social engloba as discussões sobre o *socialismo* e sobre a *revolução* – e é delas que se ocupa este capítulo.

---

[1] Nas palavras de Engels, trata-se de substituir a "anarquia na produção social" pela "organização consciente e planejada". Friedrich Engels, *Anti-Dühring: a revolução da ciência segundo o senhor Eugen Dühring* (trad. Nélio Schneider, São Paulo, Boitempo, 2015), p. 318. A edição original é de 1878.

[2] Citado em Friedrich Engels, "Prefácio à edição inglesa de 1888", em Karl Marx e Friedrich Engels, *Manifesto Comunista* (1. ed. rev., trad. Álvaro Pina e Ivana Jinkings, São Paulo, Boitempo, 2010), p. 77. A edição original é de 1888.

A obra de Marx, portanto, se opõe às tendências dominantes da ciência política em duas dimensões importantes. Ao se preocupar com o tipo de sociedade que deve ser construída, rompe com a noção enganosa de "neutralidade axiológica", tão presente na disciplina, assumindo que a busca pelo conhecimento não é descolada dos interesses sociais. E, ao observar os mecanismos latentes que levam à transformação social, anda na direção contrária à inclinação a congelar a institucionalidade existente e a acreditar que a ordem liberal é o alfa e o ômega da organização política.

Por vezes, Marx e o marxismo aparecem como portadores de uma visão tanto progressiva quanto teleológica da história. A revolução socialista seria a culminação de um longo processo evolutivo, da pré-história ao capitalismo, no qual a humanidade ganha mais e mais domínio sobre a natureza, consegue produzir sua subsistência com cada vez menor esforço e, assim, liberta-se do jugo da necessidade. O socialismo representaria o momento em que a coletividade se apropria da liberdade que o progresso conquistou e passa a utilizá-la em proveito de todos, não apenas de uma classe dominante. Os elogios eloquentes que Marx faz à capacidade criadora do capitalismo se vinculam exatamente a isso: ele estaria criando as condições materiais para a emancipação humana.

Ao mesmo tempo, o capitalismo engendraria as contradições que levariam inexoravelmente a esse fim. Não há dúvida de que essa certeza da vitória ao final da luta contribuiu para o sucesso do marxismo – um marxista muito heterodoxo, como Georges Sorel, definia abertamente a revolução como um "mito" destinado a angariar a adesão das massas, sem qualquer base factual sólida[3]. Marx, no entanto, apresenta um relato das contradições que atravessam a sociedade capitalista e que a tornariam incapaz de se reproduzir. A revolução, assim, aparece como momento de resolução política de tensões que, presentes na estrutura social, se tornaram insustentáveis.

Mas uma contradição, para ser historicamente significativa, precisa "identificar causas de instabilidade e mudança, não apontar violações de simetria"[4]. A contradição entre o caráter social da produção e a apropriação privada da riqueza, tantas vezes evocada por Engels, não tem esse caráter: é "meramente verbal, como aquela entre uma mulher alta e um marido baixo.

---

[3] Georges Sorel, *Réflexions sur la violence* (Paris, Seuil, 1990) [ed. bras.: *Reflexões sobre a violência*, trad. Orlando dos Reis, Petrópolis, Editora Vozes, 1993]. A edição original é de 1908.

[4] Jon Elster, *Making Sense of Marx* (Cambridge/Paris, Cambridge University Press/Éditions de la Maison des Sciences de l'Homme, 1991), p. 48.

O contraste é marcante, mas irrelevante – pois não fornece nenhuma razão pela qual a contradição não pode prosseguir indefinidamente"[5]. Em suma, as contradições que explicam a mudança social não devem ter caráter simbólico ou moral, mas estrutural.

É esse o caso da tendência à queda da taxa de lucro, tal como Marx aponta no terceiro livro de *O capital*. Tanto a competição entre os capitalistas quanto o conflito entre a burguesia e a classe trabalhadora levam à constante ampliação da produtividade do trabalho, pelo incremento do maquinário e pela introdução de novas técnicas de organização do processo produtivo. Com isso, a relação entre trabalho vivo ("capital variável") e capital constante (a "composição orgânica do capital") se altera, sempre em detrimento da parcela do trabalho. Uma vez que somente o trabalho cria valor, conclui-se que "a parte desse trabalho vivo que não é paga e que se objetiva em mais-valor tem de encontrar-se numa proporção sempre decrescente em relação ao volume de valor do capital total empregado"[6]. Logo, a taxa de lucro – sendo o lucro o mais-valor que se realiza no momento em que a mercadoria é vendida – se reduz cada vez mais.

Não cabe aqui discutir até que ponto essa percepção é correta. O próprio Marx descreve-a como uma "lei tendencial", indicando que existe espaço para contratendências. Há autores que destacam o papel do Estado como organizador dessas contratendências, dando a ele centralidade absoluta na reprodução do capital[7], ou que apontam a financeirização como forma de promover uma valorização do capital que escape à queda da taxa de lucro[8]. Já Paul Mason argumenta que o sistema reage "espontaneamente" diante do risco de queda na taxa de lucro, mudando para novos mercados que permitam lucros mais altos, rebaixando o custo da mão de obra ou, então, barateando o maquinário[9]. De fato, o modelo de Marx deixa de fora o fato de que a inovação tecnológica também poupa capital constante – por exemplo, pequenos computadores,

---

[5]   Idem.

[6]   Karl Marx, *O capital: crítica da economia política*, Livro III: *O processo global da produção capitalista* (trad. Rubens Enderle, São Paulo, Boitempo, 2017), p. 251. A edição original é de 1894.

[7]   Joachim Hirsch, *Teoria materialista do Estado* (trad. Luciano Cavini Martorano, Rio de Janeiro, Revan, 2010).

[8]   François Chesnais, *Finance Capital Today: Corporations and Banks in the Lasting Global Slump* (Leiden, Brill, 2016).

[9]   Paul Mason, *Pós-capitalismo: um guia para o nosso futuro* (trad. José Geraldo Couto, São Paulo, Companhia das Letras, 2017). p. 97. A edição original é de 2015.

relativamente baratos, fazem hoje serviços que antes demandavam enormes e caríssimos *mainframes*.

É um debate complexo. Independentemente dele, a vinculação entre a tendência à queda da taxa de lucro, com a crise que gera na reprodução do capitalismo, e a ação política da classe trabalhadora permanece sem ser explicada. Há sempre um hiato entre a busca de um mecanismo estrutural que determine a necessidade histórica da superação da ordem social vigente e a exaltação da organização dos oprimidos, aqueles que nada têm a perder, a não ser seus grilhões – como diz a exortação famosa do *Manifesto* – e que vão, com sua luta, fazer surgir um mundo novo.

Por outro lado, com a experiência histórica que temos – e que Marx não tinha – é impossível deixar de perceber a enorme capacidade de adaptação do capitalismo. Ele absorveu e, até certo ponto, neutralizou as demandas igualitárias e democráticas que o desafiavam. Concorreu com a ameaça socialista representada pela União Soviética e a derrotou. Enfrentou e superou a grande crise de 1929, reinventando suas formas de gestão. Quanto à longa crise cuja fase aguda foi deflagrada em 2008, mas cujas raízes datam dos anos 1970, tem se mostrado capaz não de superá-la, mas de conviver com ela de forma definitiva.

Na euforia da vitória ocidental na Guerra Fria, neoliberais confessos, como Francis Fukuyama[10], ou envergonhados, afirmavam diretamente que "ninguém tem alternativas ao capitalismo" – a frase é de Anthony Giddens[11]. Até mesmo um cientista político marxista veio a público concordar com Giddens, explicando que não se tratava de entender o capitalismo como um produto necessário da natureza humana, mas que, dada a evolução histórica real, chegamos a um estágio em que é difícil imaginar algo diferente, da mesma maneira como ocorre com "a purificação da água, a medicina moderna, a comunicação eletrônica, a tecnologia industrial com todos os seus desperdícios e perigos e também as liberdades civis e algum tipo de governo representativo"[12].

Consoante com essa percepção, uma parte da intelectualidade de esquerda, inclusive com formação marxista, se dedicou a desenhar modelos

---

[10]   Francis Fukuyama, *The End of History and the Last Man* (Nova York, Free Press, 1992) [ed. bras.: *O fim da história e o último homem*, trad. Aulyde S. Rodrigues, Rio de Janeiro, Rocco, 2015].

[11]   Anthony Giddens, *The Third Way: The Renewal of Social Democracy* (Cambridge, Polity, 1998), p. 43 [ed. bras.: *A terceira via: reflexões sobre o impasse político atual e o futuro da social-democracia*, trad. Maria Luiza X. de A. Borges, Rio de Janeiro, Editora Record, 1999].

[12]   Jeffrey C. Isaac, "Intellectuals, Marxism and Politics", *New Left Review*, second series, n. 2, 2000, p. 114.

de "socialismo de mercado"[13]. Sem entrar em uma discussão aprofundada dessas propostas, cabe observar que elas têm em comum uma ultrapassagem muito limitada da ordem capitalista, com o rebaixamento do ideal socialista, reduzido basicamente à diminuição dos padrões de desigualdade[14]. À medida que as propostas desse socialismo aguado se foram mostrando politicamente inexequíveis, grande parte da esquerda deixou de lado as questões da economia política, limitando-se a advogar por medidas compensatórias para os mais pobres e canalizando suas energias utópicas para itens como democracia participativa ou multiculturalismo.

Em outro registro, há a China, que parte da esquerda órfã da União Soviética quer apresentar como um possível "socialismo do século XXI"[15]. De fato, esse país tem apresentado uma notável combinação de organização política autoritária e acelerado crescimento econômico. Mas as características capitalistas abundam: exploração do trabalho, alienação e fetichismo, desigualdade material, concorrência pelo enriquecimento individual. Se esta é a imagem do socialismo possível, trata-se de uma pobre alternativa ao capitalismo.

É difícil acreditar, hoje, na possibilidade do socialismo, quanto mais em sua inevitabilidade – o que é tanto um reflexo realista da derrota dos projetos da esquerda nas últimas décadas quanto o fruto de um intenso trabalho ideológico que afirma a inevitabilidade e a imutabilidade da ordem social vigente. Por outro lado, acumulam-se as evidências de que o capitalismo empurra a humanidade para o desastre, talvez para a aniquilação. Esse é talvez o drama central da condição humana contemporânea: sabemos que a mudança é imprescindível, mas descremos da possibilidade de mudar.

Ganha atualidade, assim, uma leitura mais desencantada da evolução histórica e, portanto, da transformação revolucionária – tal como apresenta Walter Benjamin em suas famosas teses sobre a história. Na mais impactante delas, em que evoca um desenho de Paul Klee, descreve uma tempestade que "impele irresistivelmente para o futuro [...] enquanto o amontoado de ruínas

---

[13] Ralph Miliband, *Socialism for a Sceptical Age* (Londres, Verso, 1994); John E. Roemer, *A Future for Socialism* (Cambridge, MA, Harvard University Press, 1994); Samuel Bowles e Herbert Gintis, "Efficient Redistribution: New Rules for Markets, States and Communities", em Erik Olin Wright (org.), *Recasting Egalitarianism: New Rules for Communities, States and Markets* (Londres, Verso, 1998).

[14] Andrew Levine, "Saving Socialism and/or Abandoning It", em Erik Olin Wright (org.), *Equal Shares: Making Market Socialism Work* (Londres, Verso, 1996).

[15] Elias Jabbour e Alberto Gabriele, *China: o socialismo do século XXI* (São Paulo, Boitempo, 2021).

cresce até o céu. Essa tempestade é o que chamamos de progresso"[16]. Assim, o movimento da história é "uma catástrofe única", não uma marcha rumo a um futuro luminoso. A revolução aparece, como bem indicou Michael Löwy, como o "freio de emergência" para evitar o desastre[17]. O fato de que um opúsculo escrito em condições dramáticas, por um pensador que fugia do nazismo e contemplava o suicídio, seja visto hoje como tão pertinente ajuda a entender os dilemas da mudança social no mundo contemporâneo.

Uma percepção diversa, mas que guarda pontos de contato com a anterior, aparece na célebre formulação de Rosa Luxemburgo, que costuma ser sintetizada na fórmula "socialismo ou barbárie". Escrevendo sob o impacto da Primeira Guerra Mundial, ela apresenta sua tese evocando Engels – mas de uma maneira que ultrapassa, e muito, o que dizia o companheiro de Marx, que apresentou o risco de "perecimento" da sociedade, caso o capitalismo não seja superado, apenas como fórmula retórica, conforme demonstrou Löwy[18]. Já Luxemburgo apresenta, de fato, a ideia de que temos um porvir histórico em aberto:

> A sociedade burguesa encontra-se perante um dilema – ou passagem ao socialismo ou regressão à barbárie. O que significa "regressão à barbárie" no nível atual da civilização europeia? Até hoje todos nós lemos e repetimos essas palavras sem pensar, sem ter ideia de sua terrível gravidade. Se olharmos à nossa volta neste momento, veremos o que significa a regressão da sociedade burguesa à barbárie. Esta guerra mundial é uma regressão à barbárie. O triunfo do imperialismo leva ao aniquilamento da civilização – ocasionalmente, enquanto durar uma guerra moderna, e definitivamente, se o período das guerras mundiais que está começando continuar sem obstáculos até suas últimas consequências.[19]

A possibilidade de destruição da civilização por meio da guerra, que já preocupava Luxemburgo, tornou-se ainda mais presente desde então, sobretudo com o advento das armas nucleares. O colapso ambiental parece uma

---

[16] Walter Benjamin, "Sobre o conceito de história", em *Obras escolhidas*, v. 1 (trad. Sergio Paulo Rouanet, São Paulo, Brasiliense, 1985), p. 226. O original é de 1940.

[17] Michael Löwy, *La Révolution est le frein d'urgence: essais sur Walter Benjamin* (Paris, Éditions de l'Éclat, 2019) [ed. bras.: *A revolução é um freio de emergência: ensaios sobre Walter Benjamin*, trad. Paolo Colosso, São Paulo, Autonomia Literária, 2019].

[18] Idem, "L'Étincelle s'allume dans l'action: la philosophie de la praxis dans la pensée de Rosa Luxemburg", *Contretemps*, n. 8, 2011, p. 37-46 [ed. bras.: "A centelha se acende na ação: a filosofia da práxis no pensamento de Rosa Luxemburgo", *Margem Esquerda*, Boitempo, n. 15, 2010].

[19] Rosa Luxemburgo, "A crise da social-democracia", em *Textos escolhidos*, v. 2 (trad. Isabel Loureiro, São Paulo, Editora Unesp, 2011), p. 29. A edição original é de 1916.

possibilidade ainda mais palpável – e o capitalismo se mostra, claramente, um obstáculo central para que a humanidade organize uma resposta possível a ele (ver o próximo capítulo). À lista, podem ser acrescentados os efeitos colaterais da agressão ao mundo natural, levando ao surgimento de novas doenças, ou mesmo, segundo alguns cientistas, à evolução de uma "inteligência artificial" descontrolada[20].

A divisa "socialismo ou barbárie" indica uma visão não determinista da história, em que o futuro está em aberto e depende da agência humana, isto é, da organização dos interesses sociais em conflito. Exatamente por isso, é tão central, nos embates políticos contemporâneos, a noção ideológica de que é impossível mudar, de que a ordem capitalista não tem como ser ultrapassada – o paradoxo, identificado por Bauman, de que julgamos que vivemos numa sociedade "livre" e, ao mesmo tempo, julgamos que não temos como interferir no curso do mundo[21].

Dito de outra forma: se a observação de Rosa Luxemburgo era "heterodoxa", em seu tempo, por recusar a ideia de que a revolução era inexorável, hoje sua atualidade é nos recordar de que ela ainda permanece no horizonte de possibilidades. Esse foi, para a classe trabalhadora do mundo todo, o primeiro significado da Revolução de Outubro. Ela mostrou que a vitória podia ser alcançada. A despeito dos problemas da União Soviética (e eram muitos), ela foi o retrato vivo de que havia como construir uma sociedade pós-capitalista. As duras condições que a Rússia revolucionária enfrentou no início marcaram todo seu desenvolvimento posterior, mas ainda assim os primeiros anos foram de intensa experimentação, nas artes, na vida social, na política – a encarnação da ideia de que "um outro mundo é possível". O stalinismo sufocou esse espírito, mas mostrou uma grande capacidade de desenvolvimento econômico e tecnológico, culminando nas vitórias nas primeiras rodadas da corrida espacial (lançamento do primeiro satélite artificial, o Sputnik, em 1957; e do primeiro ser humano no espaço, o cosmonauta Iuri Gagarin, em 1961), façanhas cujo valor simbólico foi enorme. O longo período de estagnação que se seguiu foi também de desencanto com a nova

---

[20] Raphael Hernandes, "Superinteligência artificial pode levar ao fim da humanidade? Entenda riscos", *Folha de S.Paulo*, on-line, 19 fev. 2020; Chris Vallance, "Por que especialistas dizem que inteligência artificial pode levar à extinção da humanidade", *BBC News*, on-line, 3 jun. 2023.

[21] Zygmunt Bauman, *Em busca da política* (trad. Marcus Penchel, Rio de Janeiro, Jorge Zahar, 2000), p. 9. A edição original é de 1999.

sociedade que surgira da revolução; ainda assim, a existência da União Soviética e sua política externa anti-imperialista representavam um alento para quem alimentava a esperança de um mundo não capitalista.

A Revolução Russa correspondia ao modelo de transformação abrupta e radical que o próprio Marx julgava que marcaria a ultrapassagem do capitalismo. Embora uma transformação possa ser classificada de "revolucionária" pela profundidade das mudanças que introduz nas estruturas sociais, a ideia de revolução costuma incluir também a tomada de poder por grupos até então dominados, por meios extrainstitucionais: "uma interrupção súbita – quase sempre violenta – do *continuum* histórico, [...] uma ruptura da ordem social e política"[22].

Entra aqui a questão da violência, que é outro ponto cego para boa parte da ciência política, que assume que a violência é algo excepcional numa ordem política marcada por sua erradicação. Com isso, invisibiliza as formas de violência estrutural ou sistêmica que afetam permanentemente os grupos dominados – mas cujos efeitos são tão materiais e devastadores quanto os da violência aberta, levando a privações que anulam a possibilidade de exercício da autonomia individual, condenando tantas pessoas à desnutrição, à ignorância, à doença e à morte. A frustração e o desespero de quem sofre a violência estrutural é o que motiva, muitas vezes, a eclosão da violência aberta, pelos próprios dominados e também, como reação, pelas forças repressivas que mantêm a ordem vigente.

Certa tradição da esquerda exalta a violência dos dominados, do enaltecimento acrítico do Terror Jacobino (e pretensas repetições nos processos revolucionários do século XX) à crença em seu caráter "desintoxicante", capaz de subverter o complexo de inferioridade que os subalternos são levados a desenvolver[23]. Cabe lembrar, no entanto, que a restrição ao uso da violência aberta nos embates políticos cotidianos – incluindo a restrição do recurso à violência "legítima" do Estado – é, em geral, uma conquista popular.

A famosa metáfora de Marx sobre a violência como parteira da história – ou, para citar de forma precisa, "parteira de toda a sociedade velha que está

---

[22] Enzo Traverso, *Révolution: une histoire culturelle* (trad. Damien Tissot, Paris, La Découverte, 2022), p. 13. A edição original é de 2021.

[23] Franz Fanon, "Les Damnés de la terre", em *Œuvres* (Paris, La Découverte, 2011), p. 496 [ed. bras.: *Os condenados da terra*, trad. Lígia Fonseca Ferreira e Regina Salgado Campos, Rio de Janeiro, Zahar, 2022]. A edição original é de 1961.

prenhe de uma sociedade nova"[24] – é clara. A violência não provoca a mudança histórica, assim como a parteira não gera a criança. Mas é de se esperar que o processo de transformação seja marcado pela violência porque os grupos sociais que perdem a posição de dominantes não vão abrir mão pacificamente de seus próprios privilégios.

No sentido inverso, os abusos da violência revolucionária, com sua tendência a se perpetuar além do estritamente necessário, levam outros a desconfiar de qualquer projeto de transformação radical ou mesmo, como quer John Holloway, a recusar a ideia de disputar o poder[25]. É uma posição que influencia alguns movimentos autonomistas, mas que também traz algo de escapismo, pela recusa a encarar a política enquanto tal, a política entendida em seu sentido dramático, maquiaveliano, como portadora de uma tensão inescapável entre a fidelidade a princípios de ação e a responsabilidade pelos resultados alcançados. No fim das contas, é isto: o tema da violência ilustra o drama que Maquiavel, há meio milênio, identificou como central na política. Banir o recurso à violência foi crucial na "civilização" da luta política; mas exaltar esse valor não pode levar a desprezar o fato de que a capacidade de mobilizar a violência ou de ameaçar com seu uso é um recurso político de enorme importância e de que o acesso ao exercício legítimo da violência é um bônus essencial da conquista do poder na sociedade.

Assim, a Revolução Russa correspondeu à ideia de mudança radical. Ao mesmo tempo, porém, contrariou a percepção de que o socialismo nasceria do amadurecimento das contradições do capitalismo, portanto nos países mais desenvolvidos. Em 1917, a Rússia era o país mais atrasado da Europa. A servidão só fora extinta em 1861 e a classe operária era incipiente. Num pequeno texto escrito no calor da hora, sob o título provocativo de "A revolução contra *O capital*", Gramsci retira desse fato uma interpretação não determinista, que coloca "como máximo fator da história não os fatos econômicos, brutos", mas "uma vontade social, coletiva" criada pelos indivíduos em sociedade, "até que essa vontade se torne o motor da economia, a plasmadora da realidade objetiva, a qual vive, e se move, e adquire o caráter de matéria telúrica em ebulição, que pode ser dirigida para onde a vontade quiser, do modo como

---

[24] Karl Marx, *O capital*, Livro I: *O processo de produção do capital* (trad. Rubens Enderle, São Paulo, Boitempo, 2013), p. 821. A edição original é de 1867.

[25] John Holloway, *Change the World without Taking Power* (Londres, Pluto, 2010). A edição original é de 2002.

a vontade quiser"[26]. É uma leitura marcada por um voluntarismo excessivo, que o pensador italiano temperará em suas obras de maturidade, definindo a vontade política como "consciência operosa da necessidade histórica"[27].

O triunfo da Revolução de 1917 foi a vitória da genialidade política de Lênin e do instrumento que ele forjou: o partido operário de novo tipo. De fato, Lênin partia de uma posição antideterminista, entendendo que a fé na marcha inexorável da história, tal como presente em poderosos setores da social-democracia alemã e na ala menchevique do partido operário russo, conduzia à *inação*. O partido bolchevique é um partido de ação, que assume o pressuposto de que a classe operária, por si só, não alcançará o socialismo, limitando-se à luta sindical por melhorias de sua situação econômica nos marcos do capitalismo. É necessária uma consciência vinda de fora (a ciência marxista, acessível aos intelectuais) e também uma organização de fora. Sob esse ponto de vista, o partido não é o *representante* da classe, mas sua vanguarda. A espinha dorsal do partido é formada por revolucionários profissionais, gente que trabalha noite e dia pela revolução. Isso valeu a Lênin a acusação de "blanquismo" (que remete a Louis Blanqui, incentivador de numerosas conspirações fracassadas durante a Monarquia de Julho e o Segundo Império franceses). Mas Lênin refuta a acusação: não era contra a ampliação dos quadros do partido ou sua transformação em partido de massa, muito menos contra o amplo proselitismo ideológico[28]. Tampouco era a favor de um *putsch* no lugar da revolução.

Quando possível, o partido deveria se ampliar, mas a espinha dorsal permaneceria de qualquer jeito, garantindo sua continuidade mesmo nas condições mais adversas. O conceito de "partido" não é inteiramente pacificado na ciência política, mas em geral remete a organizações que buscam obter votos para, assim, chegar ao poder[29]. Lênin opera com uma concepção diferente, em que o

---

[26] Antonio Gramsci, "A revolução contra *O capital*", em *Escritos políticos*, v. 1 (org. e trad. Carlos Nelson Coutinho, Rio de Janeiro, Civilização Brasileira, 2004), p. 127. A edição original é de 1917.

[27] Idem, *Cadernos do cárcere*, v. 3: *Maquiavel. Notas sobre o Estado e a política* (trad. Luiz Sérgio Henriques, Marco Aurélio Nogueira e Carlos Nelson Coutinho, Rio de Janeiro, Civilização Brasileira, 2000), p. 17.

[28] Vladimir I. Lênin, *O que fazer? Questões candentes de nosso movimento* (trad. Edições Avante!, São Paulo, Boitempo, 2020). A edição original é de 1902.

[29] É o que aparece nos tratados clássicos da ciência política: Maurice Duverger, *Les Partis politiques* (Paris, Armand Colin, 1951); Giovanni Sartori, *Parties and Party Systems: A Framework for Analysis* (Cambridge, Cambridge University Press, 1976) [ed. bras.: *Partidos e sistemas partidários*,

central é ser um instrumento de uma classe na disputa pelo poder na sociedade. Justamente por isso o partido é muito mais importante para os dominados, já que a tarefa de manutenção da ordem de dominação vigente é mais simples e conta com a inércia das instituições.

A força do partido leninista – e do movimento comunista que ele forjou, em âmbito internacional – estava ligada ao profundo sentido de identidade política que ele alimentava. Em certo sentido, não há luta política que não seja identitária. Não desejo retomar a distinção um tanto mecânica entre *classe em si* e *classe para si*, que o próprio Marx faz em *A miséria da filosofia*[30] e em outros escritos, mas o fato é que a constituição da classe operária como sujeito político depende da construção de uma identidade política comum. Se esse passo é indispensável para a ação política de qualquer grupo, é mais ainda para os dominados, cujas vivências são desvalorizadas e que encontram objetivamente, na estrutura social, estímulos para uma identificação com os dominadores.

O movimento socialista, em suas diferentes vertentes, sempre privilegiou a ideia de uma identidade *política*, construída por meio da adesão a valores comuns e a uma visão compartilhada de futuro[31] – com exceção de raros e efêmeros momentos, ainda na primeira metade do século XX, em que triunfou o "obreirismo", que privilegiava a origem operária. A crise do partido operário tem a ver com a crise dessa identidade – com a dificuldade de que um programa partidário único conquiste a adesão e a lealdade de tantas pessoas, em cenário de multiplicação dos eixos de produção das subjetividades, e a perda de centralidade da classe (tal como discutido nos capítulos 2 a 4). Tem a ver também, em muitos países, com a acomodação à política eleitoral, cuja lógica de obtenção da maioria a todo custo tende a levar à moderação e à diluição das identidades[32]. Esse é um dos motivos pelos quais se pode considerar que a competição nas eleições costuma não levar a transformações sociais radicais.

---

trad. Waltensir Dutra, Rio de Janeiro, Zahar, 1982]; Angelo Panebianco, *Modelos de partido: organização e poder nos partidos políticos* (trad. Denise Agostinetti, São Paulo, Martins Fontes, 2005), a edição original é de 1982.

[30] Karl Marx, *A miséria da filosofia* (trad. José Paulo Netto, São Paulo, Global, 1985). A edição original é de 1847.

[31] Jodi Dean, *Camarada: um ensaio sobre pertencimento político* (trad. Artur Renzo, São Paulo, Boitempo, 2021). A edição original é de 2019.

[32] Adam Przeworski, *Capitalismo e social-democracia* (trad. Laura Teixeira Motta, São Paulo, Companhia das Letras, 1989). A edição original é de 1985.

Uma percepção diversa surge na obra de Eduard Bernstein, que foi amigo de Engels, dirigente do Partido Social-Democrata da Alemanha (SPD, na sigla em alemão) e um importante intelectual socialista. Ele escreveu numa época de grande crescimento da social-democracia. Apesar das leis antissocialistas de Bismarck, que proibiam a atividade política entre os trabalhadores, de 1878 a 1890 (quando a lei foi ab-rogada) a votação do SPD quase quadruplicou. Isso ajudava a alimentar a esperança de que a tomada do poder pela classe operária poderia ocorrer pela via eleitoral.

O SPD mantinha uma estrita ortodoxia marxista, cujo guardião era Karl Kautsky. A leitura determinista privilegiada por ele afirmava que o capitalismo promoveria a pauperização cada vez maior dos trabalhadores e a concentração do capital, destruindo todas as classes intermediárias; ao mesmo tempo, expandiria suas possibilidades até o limite, eclodindo, então, a tal grande contradição entre o desenvolvimento das forças produtivas e as relações de produção. Viria uma crise catastrófica, ao cabo da qual a classe operária tomaria o poder. É uma doutrina que deixava o SPD numa posição muito confortável: não precisava fazer nada para promover o socialismo, já que o determinismo histórico agiria por si só. Kautsky era criticado, à esquerda, por gente como Rosa Luxemburgo, pela falta de trabalho revolucionário. Bernstein parte da mesma constatação (a teoria e a prática do partido estão dissociadas), mas chega a uma conclusão diversa. Para ele, é necessário *revisar* a teoria marxista e adaptá-la à prática real.

Bernstein afirma, apoiado em dados estatísticos, que Marx errou ao prever o futuro do capitalismo em questões como o desaparecimento da classe média e dos camponeses, a pauperização crescente dos trabalhadores ou o fim dos pequenos capitalistas. Nesse último ponto, como observou Rosa Luxemburgo ao rebater Bernstein, Marx acreditava que, nos ramos da economia já consolidados, a tendência era de grande concentração[33]. Os pequenos e médios capitalistas serviriam de "vanguarda", entrando em áreas novas que, mais tarde, sofreriam o mesmo processo de concentração, como ocorreu com a indústria aeronáutica no começo do século XX ou a internet na virada do século XX para o XXI. Por fim, esses pequenos e médios são cada vez mais acessórios dos grandes capitais, na forma de operadores de franquias, de fornecedores de peças para montadoras

---

[33] Rosa Luxemburgo, "Reforma social ou revolução? (Com um anexo: milícia e militarismo)", em *Textos escolhidos*, v. 1 (org. Isabel Loureiro, trad. Grazyna Maria Asenko da Costa et al., São Paulo, Editora Unesp, 2011). A edição original é de 1899.

ou mesmo do pequeno comércio, que opera como uma espécie de "rede de distribuição com ágio" dos grandes varejistas.

Mais importante, na construção da perspectiva revisionista, é o entendimento de que não haveria mais crise ou, então, elas seriam muito atenuadas, contrariando a observação de Marx sobre a tendência do capitalismo a crises periódicas. Bernstein julga que o capitalismo avançado, com uma maior compreensão de seus próprios mecanismos (que Marx ajudou a fornecer), seria capaz de evitá-las. Ele foi desmentido logo em 1929, mas tinha razão ao observar que os *agentes* (gestores estatais e capitalistas) podem tomar medidas preventivas ou reparadoras e que a teoria das crises não encontra aplicação automática.

De sua jornada teórica, Bernstein chega a duas conclusões. A primeira é que o socialismo *não* é inevitável, é apenas *possível* e *desejável* – uma posição que ele próprio chama de "kantiana", em que o socialismo é um imperativo categórico da consciência, não uma necessidade objetiva da história. A segunda, mais relevante ainda, é que é necessário deixar de lado a utopia de uma sociedade socialista: "O objetivo final do socialismo não significa nada, o movimento é tudo"[34], isto é, em vez de sonhar com uma sociedade futura, os socialistas devem promover, aqui e agora, reformas que melhorem as condições de vida da classe trabalhadora. Por meio de reformas paulatinas, os problemas do capitalismo seriam sanados e se alcançaria, num futuro indefinido, se não o socialismo, ao menos algo próximo dele. Uma crença subjacente é que, nessa marcha gradual, uma parcela da burguesia estará disposta a aceitar a mudança do regime econômico.

O modelo de Bernstein é quase completamente parlamentar – quase porque, ao contrário de outros reformistas/revisionistas, aceitava como legítimas as pressões extraparlamentares, como greves operárias. Ele concede grande importância à ação no poder Legislativo: mais do que mera tribuna de propaganda, o parlamento é o órgão no qual, por meio da legislação, os socialistas podem produzir as reformas. Na verdade, os socialistas devem participar ativamente do governo. Embora isso não esteja explícito, fica aberto o caminho para o partido operário se converter em partido da ordem.

Há, na teoria de Bernstein, um desligamento em relação ao caráter *conflituoso* da luta de classes em prol de uma aposta na resolução pacífica dos conflitos políticos. Há também um perceptível deslizamento para a simples melhoria das

---

[34] Eduard Bernstein, *Las premisas del socialismo y las tareas de la socialdemocracia* (trad. José Aricó, México, Siglo XXI, 1982), p. 259. A edição original é de 1899.

condições dos trabalhadores sob o capitalismo, patente já no desdém pelo "objetivo final". As reformas, de fato, não põem em xeque a estrutura de propriedade e um capitalismo reformado mantém, ainda assim, a exploração e a injustiça na sociedade. Embora deseje refundar o marxismo em bases morais, ele ignora quase que por inteiro o fundamento ético que permeia a própria crítica da economia política de Marx, nas categorias da alienação e do fetichismo da mercadoria. Suas reformas contemplam apenas a diminuição da exploração material e ignoram o fato de que a sociedade capitalista também aliena as consciências.

O reformismo, porém, se impõe como estratégia, na ausência de um horizonte revolucionário. Alguns indicam o caminho de "reformas não reformistas", uma expressão de André Gorz que foi recuperada por Nancy Fraser: reformas que abririam a possibilidade de avanços posteriores, ainda que nos marcos da ordem vigente[35]. É difícil não ver aí uma adesão às teses de Bernstein, significativa na medida em que ela é hoje uma pensadora reconhecida como "radical", ao passo que ele, pouco mais de um século antes, representava a ala direita do SPD e uma acomodação dentro dos marcos do capitalismo.

A visão original, de Gorz, é diversa. Para ele, "não reformista" é a reforma "reivindicada não com base no que é possível no âmbito de um sistema e de uma gestão determinados, mas no que deve ser tornado possível com base nas necessidades e requisitos humanos"[36]. Mesmo aí, porém, permanece o problema do caráter incremental das reformas, obstaculizando mudanças que passem necessariamente por alguma desorganização da ordem social, com efeitos negativos no curto prazo, como se espera de transformações revolucionárias – que, justamente por isso, exigem intensa mobilização, para compensar, com o engajamento pessoal num projeto coletivo, os problemas da travessia. Mais grave, talvez, é a menção às "necessidades e requisitos humanos", que orientariam as reformas não reformistas. Ela dá a entender que são constantes universais, deixando de lado a necessidade de um programa que oriente a intervenção voltada à transformação do mundo social: basta identificar os "requisitos humanos" universais e se guiar por eles. Sem tal programa, porém, é difícil ir além de ajustes laterais e de políticas de redução de danos, dentro do quadro da ordem vigente.

---

[35] Nancy Fraser, "Social Justice in the Age of Identity Politics: Redistribution, Recognition, and Participation", em Nancy Fraser e Axel Honneth, *Redistribution or Recognition? A Political-Philosophical Exchange* (Londres, Verso, 2003), p. 80.

[36] André Gorz, *Stratégie ouvrière et néocapitalisme* (Paris, Seuil, 1964), p. 12 [ed. bras.: *Estratégia operária e neocapitalismo*, Rio de Janeiro, Zahar, 1968].

O projeto que Marx apresenta, afinal, aponta para a transformação radical do mundo. A sociedade comunista é sua utopia – no sentido que Gorz dá ao termo, "a visão de futuro sobre a qual uma civilização funda seus projetos, seus objetivos ideais e suas esperanças"[37]. O próprio Marx recusava a ideia de utopia, que via como uma construção intelectual fundada no desejo, que separa "as formas políticas de seu fundamento social e as apresenta como dogmas abstratos e gerais"[38]. Em carta a Arnold Ruge, escreveu que "não queremos antecipar dogmaticamente o mundo, mas encontrar o novo mundo a partir da crítica ao antigo"[39]. A sociedade do futuro nasceria do processo histórico real, não da "atividade cerebral do pedante individual"[40].

Mas também no sentido negativo, de irrealizável, é possível classificar como "utópicos" os poucos elementos que ele forneceu sobre a sociedade comunista que imaginava. Ele pressupõe a superação da escassez, de maneira tão radical – *tudo* está disponível em *qualquer quantidade* e a *qualquer momento*[41] –, que não há mais razão para o surgimento de qualquer conflito. Marx fala em superação das distinções entre trabalho intelectual e trabalho manual e entre campo e cidade. Mais ainda, aponta para a superação da divisão do trabalho e do conflito entre indivíduo e coletividade, permitindo que cada um de nós realize da forma mais completa as próprias potencialidades e, ao realizá-las, entre em comunhão com os outros. Mas não oferece muitas pistas de como isso seria possível. De acordo com a visão expressa em *A ideologia alemã*, a especialização é sempre uma forma de mutilação: deixo de ser o poeta ou pescador que poderia ser para me tornar apenas um caçador[42]. Mas é difícil ver como uma sociedade moderna complexa poderia ser administrada sem algum grau de especialização funcional.

---

[37] Idem, *Métamorphoses du travail: quète du sens. Critique de la raison économique* (Paris, Galilée, 1988), p. 22.

[38] Karl Marx, "Le Débat social sur l'Association Démocratique", em Karl Marx e Friedrich Engels, *Utopisme & communauté de l'avenir* (trad. Roger Dangeville, Paris, Maspero, 1976), p. 79. A edição original é de 1848.

[39] Idem, "Cartas a Ruge", em *Sobre a questão judaica* (trad. Nélio Schneider, São Paulo, Boitempo, 2010), p. 70. A carta é de 1843.

[40] Idem, *As lutas de classes na França de 1848 a 1850* (trad. Nélio Schneider, São Paulo, Boitempo, 2012), p. 138. A edição original é de 1850.

[41] Alec Nove, *A economia do socialismo possível* (trad. Sérgio Goes de Paula, São Paulo, Ática, 1989), p. 26. A edição original é de 1983.

[42] Karl Marx e Friedrich Engels, *A ideologia alemã* (trad. Rubens Enderle, Nélio Schneider e Luciano Cavini Martorano, São Paulo, Boitempo, 2007). A edição original é de 1845-1846.

Uma leitura alternativa afirma que Marx não sonha eliminar toda e qualquer especialização, apenas a "subordinação escravizadora do indivíduo à divisão do trabalho". A sociedade comunista ofereceria a todos "acesso ao treinamento requerido para executar as atividades que acreditam poder realizar" e "oportunidades autênticas [...] para mudar de uma atividade para outra"[43]. Mas essa ampla política de requalificação profissional parece uma efetivação pálida do ideal marxiano de desenvolvimento individual absoluto. Afinal, "Marx nunca chega a abandonar esta ideia mítica do comunismo como modo de produção *sem relações de produção*, no qual o livre desenvolvimento dos indivíduos ocupa o lugar das relações sociais"[44].

Além disso, ao listar as atividades do indivíduo polivalente na famosa passagem de *A ideologia alemã*, Marx opta por trabalhos exercidos de forma isolada: caçador, pescador, pastor, crítico. Ele, tão crítico das "robinsonadas", isto é, de modelos teóricos que extrapolam o comportamento humano abstraindo a interação social, não enfrenta as dificuldades que seu projeto de indivíduo não especializado e autônomo encontra quando aplicado a atividades que exigem coordenação coletiva[45]. Resta apenas confiar numa coordenação espontânea, graças à superação do divórcio entre o interesse individual e o interesse coletivo[46], num mundo em que "o livre desenvolvimento de cada um é a condição para o livre desenvolvimento de todos"[47].

São questões em aberto, mas que mostram o sentido da sociedade sonhada por Marx. Embora, nos embates políticos, a esquerda se veja obrigada a alçar a bandeira da "igualdade" e, com isso, permita que a direita tente se apropriar da "liberdade", o que Marx projeta é um mundo em que todos sejam livres, o mais livres possível. De fato, a oposição feroz que Marx faz ao utilitarismo repousa, em grande medida, em seu entendimento de que a vida humana se orienta pela ampliação da liberdade – e não da felicidade. Os críticos de sua utopia comunista

---

[43] Alex Callinicos, *A vingança da história: o marxismo e as revoluções do Leste europeu* (trad. Ruy Jungmann, Rio de Janeiro, Jorge Zahar, 1992), p. 141. A edição original é de 1991.

[44] Louis Althusser, "Marx dans ses limites", em *Écrits philosophiques et politiques*, t. 1 (Paris, Stock/IMEC, 1994), p. 391.

[45] Alec Nove, *A economia do socialismo possível*, cit., p. 81.

[46] Friedrich Engels, "Discours d'Elberfeld", em Karl Marx e Friedrich Engels, *Utopisme & communauté de l'avenir*, cit. [ed. bras.: "[Dois discursos em Elberfeld]", em *Esboço para uma crítica da economia política e outros textos de juventude*, trad. Nélio Schneider, São Paulo, Boitempo, 2021]. O discurso é de 1845.

[47] Karl Marx e Friedrich Engels, *Manifesto Comunista*, cit., p. 59.

que apontam que pessoas desafiadas a desenvolver todas as suas potencialidades acabariam frustradas e infelizes[48] mostram incompreensão desse ponto.

A forma superior de sociedade é aquela "cujo princípio fundamental seja o pleno e livre desenvolvimento de cada indivíduo"[49]. Ambos os adjetivos são relevantes: se a plenitude do desenvolvimento é bloqueada por fatores como a privação material, a liberdade está comprometida. Isso porque Marx opera com uma compreensão da liberdade que não a limita à ausência de um poder arbitrário, mas a entende também como superação da necessidade. Assim, a liberdade é anulada se estamos submetidos à vontade de outra pessoa, mas também se estamos submetidos à privação – que também bloqueia a livre definição de nossas ações. O socialismo, escreve Engels, representa o salto "do reino da necessidade para o reino da liberdade"[50].

Fica claro que, sem que a libertação em relação à necessidade seja colocada em pauta, "liberdade" torna-se um slogan vazio ou mesmo encobrir múltiplas formas de opressão – como em seu uso pelos apologetas do "livre mercado".

A caracterização do projeto marxista como radicalmente coletivista, de um igualitarismo insensível às diferenças, é, mais do que caricatural, errônea. Marx é herdeiro – um herdeiro rebelde, é verdade – da valorização liberal do indivíduo. Nada mais distante dele, portanto, do que a visão de uma ordem em que o indivíduo fosse sacrificado em prol do coletivo. O que ele aponta é que essa sociedade deve ser organizada de maneira a servir *igualmente* a todos, em vez de penalizar muitos para benefício de poucos. Filia-se, portanto, à corrente de um dissidente da tradição liberal, Jean-Jacques Rousseau, que apontava que o que ameaça o gozo da liberdade não é a igualdade, mas a desigualdade.

O marxismo é associado à defesa da igualdade, em primeiro lugar, pela denúncia da iniquidade da sociedade capitalista. Ela se impõe como prioritária na atual etapa histórica, que é marcada pelo "igual direito". Já na sociedade projetada para o futuro, a superação da necessidade franquearia a mais ampla liberdade a todos e permitiria também uma ultrapassagem das noções de igualdade e desigualdade. O lema que então vigoraria, "de cada um segundo suas capacidades, a cada um segundo suas necessidades", conforme consta na

---

[48] Jon Elster, *Making Sense of Marx*, cit.; idem, "Auto-realização no trabalho e na política: a concepção marxista da boa vida", *Lua Nova*, n. 25, 1992, p. 61-101. A edição original é de 1986.

[49] Karl Marx, *O capital*, Livro I, cit., p. 667.

[50] Friedrich Engels, *Anti-Dühring*, cit., p. 319.

Crítica do programa de Gotha[51], indica que, tornada desnecessária a disputa pelo controle de recursos escassos, as diferenças se estabeleceriam livremente, sem constituir ameaça aos outros seres humanos, e a sociedade garantiria o florescimento dessas diferenças. Isto é, reinaria a plena liberdade.

O ser humano que essa sociedade produziria seria capaz de transcender o egoísmo estreito e a competitividade nociva que são produtos da sociedade de classes. A fantasia que Trótski certa vez expressou – de um "super-homem" comunista, com a inteligência de um Aristóteles, Goethe ou Marx, "incomparavelmente mais forte", com movimentos mais harmoniosos, com "voz mais melodiosa"[52] – soa risível. Mas a impugnação de qualquer possibilidade de um ordenamento social diverso sob o argumento da "natureza humana" má nega um ensinamento básico do materialismo histórico, amplamente confirmado pela experiência: não existe natureza humana fora da sociedade humana. Como escreveu Marx na sexta das "Teses sobre Feuerbach", "a essência humana não é uma abstração intrínseca ao indivíduo isolado. Em sua realidade, ela é o conjunto das relações sociais"[53]. O socialismo não é compatível com o *homo œconomicus* desenhado pelos economistas neoclássicos, mas esse *homo œconomicus* não exprime nenhuma característica invariável da humanidade: é o produto da economia de mercado capitalista (ver capítulo 1).

É possível discutir o quanto da utopia comunista de Marx é realizável – se é de fato possível almejar uma situação de absoluta superação do conflito distributivo e de harmonia plena entre indivíduo e coletividade. Mas é inegável que seu horizonte ético é o da ampliação da liberdade humana. Ela é, ouso dizer, o valor central do projeto de transformação social não só de Marx, mas de todas as correntes da esquerda.

---

[51] Karl Marx, *Crítica do programa de Gotha* (trad. Rubens Enderle, São Paulo, Boitempo, 2012), p. 32. A edição original é de 1875.

[52] Leon Trótski, *Littérature et révolution* (trad. Pierre Frank, Claude Ligny e Jean-Jacques Marie, Paris, Éditions de la Passion, 2000), p. 146 [ed. bras.: *Literatura e revolução*, trad. Luiz Alberto Moniz Bandeira, Rio de Janeiro, Zahar, 2007]. Enzo Traverso observa, com razão, que o "super-homem" de Trótski se distancia do nietzschiano, ainda mais do nazista, uma vez que se funda na igualdade, não nos privilégios de um grupo e na escravização dos restantes. Enzo Traverso, *Révolution*, cit., p. 136.

[53] Karl Marx, "Teses sobre Feuerbach", em Karl Marx e Friedrich Engels, *A ideologia alemã* (trad. Rubens Enderle, Nélio Schneider, Luciano Cavini Martorano, São Paulo, Boitempo, 2007), p. 534. A edição original é de 1845.

9. A QUESTÃO ECOLÓGICA

Nas últimas décadas, a pauta ambiental ganhou uma centralidade que não tinha no tempo de Marx. Passamos do tema da poluição, com suas consequências nefastas para as pessoas submetidas a ela, ao colapso climático, que coloca em risco o futuro do planeta e a sobrevivência da humanidade. Há uma consciência crescente de que o relógio corre acelerado e que, caso não sejam tomadas medidas drásticas em curto espaço de tempo, a catástrofe será inevitável. Até lá, a deterioração do meio ambiente reduz a qualidade de vida e as perspectivas de futuro de todos, mas de forma muito desigual – os efeitos são muito mais danosos para os mais pobres, sejam pessoas ou países, e também para as mulheres.

Há a consciência, ainda, de que o capitalismo é uma parte importante do problema. Uma parcela da classe dominante dá gás às narrativas negacionistas, que fingem que a mudança climática não existe ou que não tem relação com a ação humana, a fim de manter *business as usual*. É a parte que alimenta o crescimento da nova extrema direita, da qual Donald Trump e Jair Bolsonaro são exemplos; o desprezo pela agenda ecológica é uma das características distintivas desses líderes políticos. Outra parte da classe dominante aposta na ideia escorregadia do "desenvolvimento sustentável", que permitiria a continuidade do capitalismo, tornado compatível com a proteção ambiental graças a iniciativas voluntárias das próprias empresas, como a "governança ambiental, social e corporativa" (ESG, na sigla em inglês), e ao império de experts sobre o mundo social, disciplinando comportamentos e gerenciando cientificamente os riscos[1]. O bilionário sul-africano Elon Musk é um exemplo extremo de como a opção entre uma ou outra alternativa é questão mais de conveniência que de princípios. Ícone do capitalismo "verde" por produzir automóveis elétricos, ele é um reconhecido defensor da taxação das emissões de carbono, medida central do repertório do desenvolvimento sustentável – e que favorece seu negócio. Mas não se furta a acertar, como fez com o governo Bolsonaro, a instalação de satélite destinado a auxiliar o desflorestamento e o extermínio dos povos indígenas[2].

---

[1] Para uma crítica, ver Romain Felli, *Les Deux âmes de l'écologie: une critique du développement durable* (Paris, L'Harmattan, 2008).

[2] Murilo Pajolla, "Internet de Elon Musk é vendida a garimpeiros na terra Yanomami por compradores de ouro ilegal", *Brasil de Fato*, 20 fev. 2023.

Uma versão um pouco mais sofisticada é associada à noção de "sociedade de risco", colocada em circulação por sociólogos como Ulrich Beck e, em seguida, Anthony Giddens, segundo a qual a característica central das sociedades contemporâneas é a gestão permanente do risco, em particular do risco ambiental. A leitura de Beck, produzida sob o impacto do desastre de Chernobyl, enfatiza o caráter universal dos riscos, dos quais ninguém escapa, e entende que de alguma maneira eles terão que ser controlados por meio da combinação entre mecanismos estatais e de mercado[3]. No entanto, como já indicado, a universalidade dos riscos está longe de valer para todos os casos – talvez, num primeiro momento, para um acidente nuclear de grandes proporções, mas não em muitos outros casos, quando os mais ricos têm mais capacidade de proteger suas áreas de moradia, exportar dejetos, transferir a outros ocupações perigosas, selecionar o que vão consumir ou adquirir produtos que se tornam escassos. Assim, a emergência de uma sociedade de risco aprofunda ou acrescenta uma desigualdade a mais ao capitalismo; e o fato de que as consequências da crise ambiental são distribuídas desigualmente, em desfavor dos dominados, significa que a urgência para resolvê-la é sentida de forma menos premente pelos dominantes.

Para muitos capitalistas, o colapso climático pode ser uma oportunidade de negócio. Algumas vezes, a oportunidade está no ramo da contravenção pura e simples, como é o caso da indústria da negação do aquecimento global, com seus seminários, pesquisas enviesadas e publicações pseudocientíficas, tudo fartamente financiado por dinheiro das corporações ligadas ao combustível fóssil[4]. Outras assumem formas um pouco mais "respeitáveis", como a valorização de terrenos em lugares mais altos, a fim de escapar da elevação do nível dos oceanos. Mas a grande aposta é nas tecnologias salvadoras, capazes de frear ou mesmo reverter o colapso ambiental. Devemos continuar com nossa vida de sempre, consumindo para manter as engrenagens da economia funcionando – apenas torcendo muito, muito mesmo, para que as placas bloqueadoras de raios solares ou as técnicas de sequestro de carbono no oceano entrem em funcionamento antes do desastre total[5].

---

[3] Ulrich Beck, *Risk Society: Towards a New Modernity* (trad. Mark Ritter, Londres, Sage, 1992) [ed. bras.: *Sociedade de risco: rumo a uma outra modernidade*, trad. Sebastião Nascimento, 2. ed., São Paulo, Editora 34, 2011]. A edição original é de 1986.

[4] Naomi Oreskes e Erik M. Conway, *Merchants of Doubt: How a Handful of Scientists Obscured the Truth on Issues from Tobacco Smoke to Global Warming* (Nova York, Bloomsbury, 2010).

[5] Naomi Klein, *This Changes Everything: Capitalism vs. the Climate* (Nova York, Simon & Schuster, 2014).

Nenhuma dessas apostas na "geoengenharia" é garantida e tampouco se sabe averiguar quais seriam seus efeitos colaterais. Algumas técnicas sugeridas, como o SRM (sigla em inglês para "gestão da radiação solar"), afetariam gravemente os regimes de chuva nos trópicos, destruindo a agricultura de vários países. Ou seja, mesmo se as soluções imaginadas funcionassem, seus custos também seriam distribuídos de forma muito desigual.

O que o caminho "sustentável" busca é enfrentar o aquecimento global sem mexer naquilo que está na sua raiz: o modelo econômico predatório, baseado no desperdício sistemático, que é próprio do capitalismo. Para evitar as mudanças necessárias, dobram as apostas enquanto o relógio corre contra elas, já que o tempo disponível para reverter as emissões não se conta em séculos, mas em décadas. Enquanto isso, empresas e governos evitam adotar – ou adotam de maneira muito tímida – as medidas para preservar o planeta. As mudanças necessárias não são apenas, nem principalmente, de postura individual, que certa consciência ecológica difusa ensina para as crianças na escola (reciclar a latinha, proteger a árvore, fechar a torneira). São transformações estruturais, que atingem elementos centrais do modo de produção vigente: a primazia do lucro, a soberania do proprietário individual, o etos aquisitivo. A ameaça representada pela mudança climática deixa clara a irracionalidade de um sistema em que as vidas de todos são determinadas pelas decisões de uns poucos[6].

O capitalismo é um problema e a resolução da crise ambiental exige superá-lo. Mas onde entra Marx nesta história? Um socialismo ecológico pode se apoiar na obra de Marx e, de maneira mais ampla, no marxismo – ou deve ser construído em paralelo a eles, apesar deles, quem sabe contra eles?

A resposta mais óbvia é que Marx e o marxismo têm pouco a contribuir. Pesa, aí, o registro negativo dos países do socialismo real no quesito ecológico. O acidente na usina nuclear de Chernobyl, na Ucrânia, quando a União Soviética já chegava a seu fim, é apenas o caso mais emblemático de uma despreocupação permanente com os riscos ambientais associados ao desenvolvimento tecnológico[7]. O crescimento acelerado da China, nos últimos anos, também tem cobrado

---

[6] Outro caminho, proposto pela extrema direita "libertária" (isto é, que adere ao ou flerta com o anarcocapitalismo), é a total privatização dos recursos naturais, incluindo as espécies vivas. Isso garantiria a preservação, pois os proprietários, motivados por seu próprio interesse, iriam defendê-la. Trata-se, é óbvio, de mais uma profissão de fé irresponsável nas virtudes milagrosas da mão invisível do mercado, sem nenhum embasamento na realidade.

[7] Ver Arran Gare, "The Environmental Record of the Soviet Union", *Capitalism, Nature, Socialism*, v. 13, n. 3, 2002, p. 52-72.

alto custo ecológico. Mais próximos de nós, os governos moderadamente de esquerda no Brasil, de 2003 a 2016, colocaram claramente a proteção ambiental em segundo plano, diante da necessidade de promover um desenvolvimento econômico capaz de garantir um patamar mínimo de prosperidade para a maioria da população. Trata-se, de fato, de questão complexa, uma vez que a impossibilidade de acesso ao consumo é uma das marcas principais da exclusão social nas sociedades contemporâneas – mas os padrões de consumo vigentes são danosos ao meio ambiente. E é exatamente na hora em que o pobre pode comprar picanha que se impõe a consciência de que é preciso reduzir o consumo de carne vermelha por causa do efeito estufa gerado pela pecuária?

Pesa também a percepção de que Marx era um homem de seu tempo. Um tempo em que se podia lamentar a fuligem das fábricas tomando conta das cidades, a feiura de campos degradados e mesmo a deterioração da saúde dos trabalhadores, submetidos a condições insalubres, como fizeram Engels, em sua obra pioneira sobre a classe operária inglesa, e o próprio Marx, em capítulos pungentes do primeiro livro de *O capital*[8], mas ninguém imaginaria que a continuidade da vida no planeta estava ameaçada. Marx nunca escondeu seu fascínio pelas façanhas da tecnologia de sua época e pelo aumento da produtividade que elas permitiam; de forma geral, aplaudia a ampliação do domínio da humanidade sobre a natureza, que era condição necessária para a edificação da sociedade pós-capitalista, marcada pela liberdade, entendida como superação da necessidade. Em grande medida, o ecologismo *avant la lettre* de sua época era romântico e reacionário[9], isto é, respondia a uma sensibilidade estranha à sua.

Algumas leituras vão mais além e apresentam um Marx "prometeico", aferrado à crença de que o progresso é sempre capaz de solucionar os problemas que ele mesmo gera. Uma famosa frase de efeito, no "Prefácio" a *Para a crítica da economia política*, ajuda a afirmar essa ideia: "A humanidade só se propõe a cumprir tarefas que é capaz de resolver"[10]. Desse ponto de vista, sua posição não seria muito diferente daquela que aposta no milagre tecnológico que salvaria o planeta.

---

[8] Friedrich Engels, *A situação da classe trabalhadora na Inglaterra* (trad. B. A. Schumann, São Paulo, Boitempo, 2010), a edição original é de 1845; Karl Marx, *O capital*, Livro I: *O processo de produção do capital* (trad. Rubens Enderle, São Paulo, Boitempo, 2013), a edição original é de 1867.

[9] Ver Serge Audier, *La Société écologique et ses ennemis: pour une histoire alternative de l'émancipation* (Paris, La Découverte, 2017).

[10] Karl Marx, *Para a crítica da economia política* (trad. Nélio Schneider, São Paulo, Boitempo, 2024), p. 25. A edição original é de 1859.

Mas, na direção oposta, há quem tente encontrar, nos escritos de Marx, a semente de uma compreensão ecológica avançada ou mesmo presciente. A empreitada se reveste de certa artificialidade, consistindo muitas vezes em juntar trechos dispersos, grande parte deles encontrados nos cadernos de estudos que não eram destinados à publicação, e a partir daí derivar uma teoria abrangente, ainda que embrionária, do "sociometabolismo", isto é, das relações entre mundo social e mundo natural. Kohei Saito fala no "caráter sistemático imanente da ecologia de Marx"[11], uma combinação de adjetivos que é, no mínimo, improvável. Mas quando o mesmo autor cita o trecho em que Marx traça uma comparação retórica entre a superexploração que encurta a vida do trabalhador e o "agricultor ganancioso" que destrói a fertilidade da terra, para extrair daí a confirmação de que seu projeto no terceiro livro de *O capital* seria discutir a "interação metabólica entre humanos e natureza com foco na tendência negativa e destrutiva da produção capitalista"[12] – bom, é difícil não ver aí uma tentativa de forçar a barra.

O principal autor associado ao conceito de "sociometabolismo" e à ideia de que o capitalismo promove uma "ruptura metabólica" que compromete a reação entre humanidade e natureza é John Bellamy Foster[13]. Um trecho dos *Grundrisse*, que serve de epígrafe à introdução de seu *A ecologia de Marx*, sintetiza o ponto:

> Não é a *unidade* do ser humano vivo e ativo com as condições naturais, inorgânicas, do seu metabolismo com a natureza, e, em consequência, a sua apropriação da natureza que precisa de explicação ou é resultado de um processo histórico, mas a *separação* entre essas condições inorgânicas da existência humana e essa existência ativa, uma separação que só está posta por completo, pela primeira vez, na relação entre trabalho assalariado e capital.[14]

---

[11] Kohei Saito, *O ecossocialismo de Karl Marx: capitalismo, natureza e a crítica inacabada à economia política* (trad. Pedro Davoglio, São Paulo, Boitempo, 2021), p. 22. A edição original é de 2017.

[12] Ibidem, p. 167.

[13] Para um resumo da doutrina de Foster, ver Laura Luedy e Murillo van der Laan, "Dualismo cartesiano apocalíptico ou monismo social antiecológico? As disputas entre a escola da ruptura metabólica e a ecologia-mundo", *Crítica Marxista*, n. 50, 2020, p. 151-70.

[14] John Bellamy Foster, *Marx's Ecology: Materialism and Nature* (Nova York, Monthly Review Press, 2000), p. 1 [ed. bras.: *A ecologia de Marx: materialismo e natureza*, trad. Maria Teresa Machado, Rio de Janeiro, 2005]. Uso a tradução da edição brasileira: Karl Marx, *Grundrisse: manuscritos econômicos de 1857-1858. Esboço da crítica da economia política* (trad. Mario Duayer e Nélio Schneider, São Paulo, Boitempo, 2011), p. 401, ênfases no original.

O trecho indica, em primeiro lugar, que Marx estava consciente de que a natureza é necessária para qualquer produção – que, embora apenas o trabalho humano gere *valor*, no sentido de valor de troca, a riqueza depende também do mundo natural. Afinal, "o trabalhador nada pode criar sem a natureza, sem o mundo exterior sensível"[15]. Trata-se de um fato óbvio, a dependência de nossa existência em relação ao ambiente que nos cerca, que vale para qualquer ser vivo (a planta retira seus nutrientes do solo, o animal se alimenta da planta ou de outro animal etc.) e adquire ainda maior relevância no caso da humanidade, que transforma esse ambiente de maneira mais ampla e profunda do que qualquer outra espécie. A crítica vulgar de parte do ecologismo antimarxista, de que a teoria do valor despreza a natureza, revela ignorância quanto à elaboração marxiana.

O trecho usado como epígrafe por Foster sugere também que o modo de produção capitalista, por seu impulso na direção de um crescimento incessante, tende a romper qualquer equilíbrio entre a humanidade e seu meio ambiente. De fato, o metabolismo entre ser humano e natureza, que nasce do trabalho, é afetado pelo advento do capitalismo, que coloca obstáculos à aproximação do trabalhador com a natureza, mais do que em qualquer outro modo de produção anterior[16], destruindo a ligação afetiva que, ainda que sob condições de exploração, vinculava o produtor com a terra[17].

Não se trata apenas dessa separação. O capitalismo tem um ímpeto expansionista, dada sua incessante necessidade de gerar sempre mais valor; com isso, torna toda a natureza "um objeto da humanidade"[18], pela primeira vez na história. Assim, "o capital ameaça a continuidade do metabolismo da humanidade com a natureza porque o reorganiza radicalmente a partir da perspectiva da máxima extração possível de trabalho abstrato"[19]. Afinal, trata-se de gerar valor, não de suprir necessidades.

Esse é talvez o ponto mais importante de uma leitura marxista da crise ambiental. Ele permite entender que é a própria dinâmica do capitalismo, voltado à produção de valores de troca mais do que valores de uso, que nos empurra

---

[15] Idem, *Manuscritos econômico-filosóficos* (trad. Jesus Ranieri, São Paulo, Boitempo, 2010), p. 81, ênfase suprimida. A edição original é de 1844.

[16] Kohei Saito, *O ecossocialismo de Karl Marx*, cit., p. 90.

[17] Ibidem, p. 158.

[18] Karl Marx, *Grundrisse*, cit., p. 333.

[19] Kohei Saito, *O ecossocialismo de Karl Marx*, cit., p. 155.

inexoravelmente para o esgotamento dos recursos naturais e a deterioração do meio ambiente. A causa "não é o nível insuficiente de desenvolvimento tecnológico", e sim as determinações da forma econômica[20].

Mas a questão é saber se, dessas constatações, Marx extrai uma teoria ambientalista. Foster julga que essa teoria está presente, só que não é evidenciada porque a maior parte dos sucessores de Marx focou em seu materialismo prático, vinculado à percepção de que o mundo social é fruto da agência humana, deixando obscurecido o materialismo ontológico que afirma a dependência "unilateral" do social em relação ao biológico[21]. A rejeição do positivismo próprio do século XIX teria levado a uma repulsa completa da ideia de mecanismos de causa e efeito nas ciências sociais e à visão de que "o mundo social foi integralmente constituído pelas relações da prática humana"[22], o que levaria a uma "alienação sistemática da natureza"[23]. No marxismo, o grande responsável por isso teria sido Lukács, que, em *História e consciência de classe*, desacreditou as formulações de Engels sobre a "dialética da natureza" – apresentadas no livro de mesmo nome e também no *Anti-Dühring*[24] – afirmando que o método dialético requer "ação recíproca do sujeito e do objeto"[25], logo, não tem como ser aplicado ao mundo não humano, apenas à história e à sociedade. Contra o Lukács de *História e consciência de classe*, alinhado a Engels (e também, segundo sua própria leitura, a um Lukács posterior), Foster identifica uma "dialética objetiva" que prescinde da consciência humana[26].

É difícil, no entanto, sustentar plenamente a posição de Engels. É possível justificar, pela necessidade de simplificação, a formulação um tanto mecânica das "três leis da dialética" (transformação da quantidade em qualidade,

---

[20] Ibidem, p. 171.

[21] As categorias são de Roy Bhaskar (ver John Bellamy Foster, *Marx's Ecology*, cit., 2000, p. 2).

[22] John Bellamy Foster, *Marx's Ecology*, cit., p. 7.

[23] Idem, *The Return of Nature: Socialism and Ecology* (Nova York, Monthly Review Press, 2020), p. 7.

[24] Friedrich Engels, *Dialética da natureza* (trad. Nélio Schneider, São Paulo, Boitempo, 2020), os manuscritos de 1883 foram publicados em 1925; idem, *Anti-Dühring: a revolução da ciência segundo o senhor Eugen Dühring* (trad. Nélio Schneider, São Paulo, Boitempo, 2015), p. 318. A edição original é de 1878.

[25] György Lukács, *Histoire et conscience de classe* (Paris, Minuit, 1960), p. 31 [ed. bras.: *História e consciência de classe: estudos sobre a dialética marxista*, trad. Rodnei Nascimento, São Paulo, WMF, 2018]. A edição original é de 1923.

[26] John Bellamy Foster, *The Return of Nature*, cit., p. 19.

interpenetração dos opostos e negação da negação), tal como aparece em *Dialética da natureza*. Mas quando ele se dedica a demonstrar como elas ocorrem em diferentes campos, é difícil evitar a impressão de que se trata apenas de um rótulo comum que é aplicado a processos muito diversos. A "negação da negação" do grão de cevada, que se torna planta, que por sua vez gera novos grãos, realmente corresponde à "negação da negação" de uma grandeza algébrica, o número negativo que, multiplicado por si mesmo, torna-se positivo elevado ao quadrado? E ambos à evolução dialética da propriedade privada da terra, que é primeiro necessidade, mas depois entrave para a produção agrícola, ou ao materialismo filosófico, que é negado pelo idealismo, mas depois o transcende na forma de um materialismo não mecânico[27]? A afirmação de uma dialética universal parece exigir grande maleabilidade no entendimento de como o processo dialético se dá.

Há, no caso dos autores vinculados à ideia de "ruptura metabólica", uma sobreposição não muito bem explicada entre a postulação de uma forma de materialismo fundada na existência biológica da espécie humana e a afirmação de uma dialética natural. Sem aprofundar a discussão, que ultrapassa os horizontes deste livro, cabe observar que, ao buscar uma reabilitação que chega até mesmo a formas do darwinismo social, Foster se coloca de fato na oposição a toda a tradição da esquerda, que inclui o marxismo e desconfia – por bons motivos – desse tipo de leitura. A sociobiologia ou o darwinismo social são mobilizados, em geral, para justificar e legitimar os padrões de opressão vigentes na sociedade atual, da submissão feminina à exploração do trabalho e a penúria dos mais pobres. A primeira justificativa corresponderia a supostas características animais inatas e imutáveis; as outras, ao destino inevitável dos "pior adaptados". A compreensão de que a cultura ressignifica de forma profunda os determinantes biológicos da espécie não apenas se tornou parte importante de uma visão de mundo voltada à emancipação dos grupos oprimidos como parece bem sustentada pela evidência histórica.

Afirmar a centralidade da troca "metabólica" da humanidade com a natureza é diferente de postular um tipo de materialismo que retrocede na definição da primazia da cultura na organização das sociedades humanas. A posição externada por Foster, Saito e outros é mais interessante, embora não necessariamente convincente, quando foca no primeiro aspecto, buscando evidências

---

[27] Todos os exemplos são de Friedrich Engels, *Anti-Dühring*, cit., p. 165-9.

172 Marxismo e política

de que Marx, partindo daí, entendia que manter o equilíbrio com o mundo natural era crucial.

O problema é que, para ir além de citações selecionadas que demonstrem uma sensibilidade ambiental (e que sempre podem ser contraditas por outra seleção de citações, que exaltem o crescente domínio sobre a natureza como condição necessária para nossa libertação da necessidade), é preciso conferir um caráter *sistêmico* ao ecologismo de Marx. Saito argumenta que "não é possível compreender todo o escopo de sua [de Marx] crítica da economia se ignorarmos sua dimensão ecológica"[28], mas daí precisamos perguntar por que essa dimensão crucial nunca é realmente explicitada em seus escritos. De fato, as anotações sobre a química do solo nos cadernos de estudos agronômicos, o reconhecimento de que somos parte da natureza e dela dependentes, a preocupação com a insalubridade das fábricas ou mesmo a hoje célebre observação sobre a necessidade de superar a oposição entre campo e cidade[29] não formam, nem de longe, uma teoria abrangente da relação entre humanidade e meio ambiente nem têm destaque entre as questões de que Marx se ocupa em sua vasta obra.

Parece mais razoável ficar com a avaliação mais prudente de Michael Löwy. Interessado em construir uma perspectiva ecossocialista, ele observa que a temática ambiental não é central para Marx e Engels e mesmo que os escritos sobre o tema não são unívocos, respondendo a sensibilidades diversas. Ainda assim a crítica marxista ao capitalismo é "fundamento indispensável de uma crítica ecológica radical"[30]. Com isso se quer dizer que não será encontrada uma teoria ambientalista em Marx, mas que sua obra, ao identificar os mecanismos do funcionamento do capitalismo, fornece as ferramentas necessárias para estabelecer a incompatibilidade desse modo de produção com a preservação do mundo natural – logo, para a elaboração de uma agenda ambiental consequente.

Löwy identifica duas vertentes no socialismo ecológico, uma otimista, que julga que uma sociedade pós-capitalista será capaz de expandir continuamente as forças produtivas sem comprometer o equilíbrio ambiental, e outra pessimista, para a qual seria necessário adotar medidas duras, que reduziriam o padrão de

---

[28] Kohei Saito, *O ecossocialismo de Karl Marx*, cit., p. 24.

[29] Karl Marx e Friedrich Engels, *A ideologia alemã* (trad. Rubens Enderle, Nélio Schneider e Luciano Cavini Martorano, São Paulo, Boitempo, 2007). A edição original é de 1845-1846; Friedrich Engels, *Anti-Dühring*, cit., p. 330.

[30] Michael Löwy, "Progresso destrutivo: Marx, Engels e a ecologia", em *O que é o ecossocialismo?* (trad. Marina Soler Jorge, 2. ed., São Paulo, Cortez, 2014), p. 22. A edição original é de 2004.

vida da população, chegando à forma de uma "ditadura ecológica esclarecida"[31]. Ele busca uma terceira posição, focada na "mudança qualitativa do desenvolvimento", que ponha fim ao desperdício e oriente a produção "para a satisfação das necessidades autênticas, a começar por aquelas que podem ser designadas como 'bíblicas': água, alimento, roupa, moradia"[32]. Mas esse caminho do meio não é tão fácil de ser encontrado. Qualquer tentativa de limitar as necessidades humanas às "autênticas" tende a reduzi-las à animalidade, recusando todos os ganhos da civilização, o que está longe do projeto de Marx. De alguma maneira, o que é distintivo da humanidade é a capacidade de moldar o mundo à sua volta e, dessa forma, se afastar de um "natural" fixo. Todas as outras necessidades humanas para além da reprodução animal são parte de uma evolução histórica e o critério para avaliá-las não pode ter a autenticidade como base. Ou Löwy quer dispensar a escrita, o vinho, a eletricidade, a medicina moderna, o cinema, a internet? Nesse caso, qual a diferença em relação às propostas de decrescimento?

De fato, um dos principais problemas da proposta de decrescimento tem a ver com a limitação das "necessidades". Vale a pena analisar o pensamento de um dos inspiradores da corrente, o filósofo franco-austríaco André Gorz, que fundiu um *background* marxista com a influência da teoria convivialista de Ivan Illich. Sacerdote católico, nascido na Áustria, mas ativo sobretudo na América do Norte, Illich defendia uma organização social marcada pelo respeito às "escalas e limites naturais" que balizam a existência humana[33]. Isso significaria reduzir o consumo de energia, abrir mão dos meios de transportes velozes, abolir a escola ou mesmo a alfabetização universal, dispensar a medicina moderna. Gorz não adere a todas essas injunções, que por vezes resvalam para o tradicionalismo e o elitismo e demonstram simpatia por um comunitarismo hierárquico e autoritário[34], mas extrai daí a conclusão essencial de que é necessário manter o desenvolvimento das forças produtivas numa escala que as mantenha sob o domínio da humanidade – diferentemente do que ocorre hoje, quando é a tecnologia que nos escraviza.

---

[31] Idem, "Développement des forces productives ou subversion de l'appareil de production? Une perspective écosocialiste", *Écologie & Politique*, n. 32, 2006, p. 58.

[32] Ibidem, p. 59.

[33] Ivan Illich, "La Convivialité", em *Œuvres complètes*, v. 1 (trad. Gérard Durand, Paris, Fayard, 2016), p. 456. A edição original é de 1973.

[34] Há uma defesa de que a cultura letrada é naturalmente privilégio de poucos e também dos papéis convencionais de gênero. Idem, *Le Travail fantôme* (Paris, Seuil, 1981).

O ecossocialismo de Gorz não se limita à proteção ambiental, mas a integra com a desalienação e a autonomia individual. Sua origem seria "o protesto espontâneo contra a destruição da cultura do cotidiano pelos aparelhos do poder econômico e administrativo"[35]. Por isso, é necessário reduzir o impacto das decisões coletivas, a fim de que elas se mantenham numa escala humana. Sob essa perspectiva, a "natureza" não é tanto o meio ambiente,

> é fundamentalmente o meio que parece "natural" porque suas estruturas e seu funcionamento são acessíveis a uma compreensão intuitiva; porque dele corresponde à necessidade de satisfação das necessidades sensoriais e motoras; porque sua conformação familiar permite aos indivíduos orientarem-se por ele, interagirem, comunicarem-se "espontaneamente" em virtude de aptidões que nunca precisaram ser ensinadas formalmente.[36]

Trata-se, portanto, de uma perspectiva ecológica que se liga mais às condições para a realização da democracia que ao apego pela natureza[37]. Por exemplo: ele defende o banimento da energia nuclear, uma vez que seu manejo é complexo, exigindo um grau de especialização que exclui os cidadãos comuns do debate, e os riscos associados a seu mau uso são muito elevados; ela levaria fatalmente a um "eletrofascismo"[38]. Mas outras fontes de energia também são complexas, com efeitos cumulativos graves sobre o futuro do planeta, dos combustíveis fósseis à energia hídrica, solar ou eólica, seja pela geração da energia em si mesma, seja pela produção dos equipamentos necessários a ela. Qualquer uma delas leva a questões intricadas, que as pessoas desprovidas de conhecimento especializado terão dificuldade para decifrar. A rigor, o "natural" seria que mulheres e homens se limitassem a usar a energia de seus próprios corpos, mas essa restrição atentaria contra algo que é definidor de nossa própria humanidade, uma vez que somos, desde a pré-história, criadores de ferramentas.

---

[35] André Gorz, "L'Écologie politique entre expertocratie et autolimitation", *Actuel Marx*, n. 12, 1992, p. 15-29, p. 18.

[36] Idem, *Ecológica* (trad. Celso Azzan Jr., São Paulo, Annablume, 2010), p. 31. A edição original é de 2008.

[37] Ver Adeline Barbin, *André Gorz: travail, économie et liberté* (Paris, CNDP, 2013), p. 33.

[38] André Gorz e Michel Bosquet, *Écologie et politique* (Paris, Seuil, 1978), p. 119. Os dois autores são, na verdade, pseudônimos de uma mesma pessoa. Gérard Horst assinava seus escritos filosóficos como "André Gorz" e seus trabalhos jornalísticos como "Michel Bosquet". São uma espécie de heterônimos, uma vez que seus posicionamentos, ainda que convergentes, não eram idênticos.

A sociedade que Gorz desenha não abole os avanços da tecnologia, mas busca submetê-los à realização da liberdade humana. Ele propôs um sistema dual, em que as necessidades básicas seriam supridas pelo trabalho realizado da maneira mais produtiva e eficiente, que garantiria a todos o máximo de tempo livre para ser ocupado com atividades criativas ou mesmo com ócio[39]. A produção como forma de materialização da própria individualidade e de conexão com o outro e a convivência como expressão da humanidade comum definiriam uma sociedade em que o maior bem é o tempo livre, não a riqueza; em que a busca do autodesenvolvimento, não do consumo, guia seus integrantes; e em que o valor de uso ganha primazia sobre o valor de troca. Embora não pretenda encontrar nos escritos de Marx o fundamento de uma crítica ecológica, Gorz produz uma vinculação estreita entre a defesa da proteção ambiental, uma leitura materialista do mundo social e os valores ético-políticos que orientavam o projeto marxiano.

Há um último ponto, ligado à relação entre a tradição marxista e as questões ambientais, que merece ser observado: a questão dos direitos dos animais. Trata-se de um horizonte ético desafiador, que, a rigor, não se confunde com o ecologismo, embora dialogue com ele. Uma noção forte de direitos dos animais, similares aos direitos humanos, como a que o filósofo utilitarista Peter Singer defende para todos os seres sencientes (isto é, capazes da consciência da dor e do prazer), entra em confronto com parte importante da pauta ambientalista, dado seu individualismo extremado. Se, como tantas vezes se vê, uma espécie animal senciente estranha a um determinado habitat é introduzida nele e destrói o equilíbrio ecológico, o interesse dos indivíduos da espécie sempre teria primazia sobre os interesses do ecossistema, que é uma abstração, logo, é carente de direitos[40]. De fato, é conveniente distinguir três abordagens diversas entre si: a ética ambiental, preocupada com a manutenção do equilíbrio natural; os direitos dos animais propriamente ditos; e o bem-estar animal, que simplesmente busca evitar sofrimento desnecessário sem questionar a primazia dos seres humanos[41].

---

[39] André Gorz, *Adeus ao proletariado: para além do socialismo* (trad. Ângela Ramalho Vianna e Sérgio Góes de Paula, Rio de Janeiro, Forense-Universitária, 1987), a edição original é de 1980; idem, *Le Chemin du Paradis: l'agonie du Capital* (Paris, Galilée, 1983); idem, *Misères du présent, richesse du possible* (Paris, Galilée, 1997).

[40] Ver Mary Anne Warren, *Moral Status: Obligations to Persons and Other Living Things* (Oxford, Oxford University Press, 1997).

[41] Elizabeth Anderson, "Animals Rights and the Values of Nonhuman life", em Cass R. Sunstein e Martha C. Nussbaum (orgs.), *Animal Rights: Current Debates and New Directions* (Oxford, Oxford University Press, 2004), p. 277.

São preocupações que não encontram eco nos escritos de Marx, o que, uma vez mais, corresponde ao espírito de seu tempo. A primeira sociedade de proteção dos animais foi fundada na Inglaterra, em 1824, mas a denúncia de crueldade e maus tratos, movida por um sentimento ainda chamado de "humanitário", não alcança uma fração da complexidade dos debates atuais. E embora Darwin, de quem Marx era grande admirador, tenha sido o responsável por abalar a crença numa distinção radical entre os seres humanos e as outras espécies, ainda seria necessário transcorrer bem um século para que surgisse a ideia do "especismo". Até lá, era consenso que, criada por Deus ou fruto da seleção natural, a humanidade se distinguia por características únicas, que a colocavam numa categoria separada mesmo dos outros mamíferos.

A principal dessas características é a *razão*. No caso dos fundadores do marxismo, há a preocupação de fundir o uso da razão com a prática do trabalho. O manuscrito inconcluso de Engels a respeito do "papel do trabalho na transformação do macaco em homem" é exemplar[42], mas a formulação mais completa sobre esse tema está no primeiro livro de *O capital*, quando o trabalho humano é diferenciado de todas as formas de produção do reino animal (como a teia da aranha ou a colmeia da abelha) por causa da ideação prévia: "No final do processo de trabalho, chega-se a um resultado que já estava presente na representação do trabalhador no início do processo, portanto, um resultado que já existia idealmente"[43]. Essa capacidade exclusiva de ideação prévia, de organizar o trabalho como processo consciente, faria o "pior arquiteto" ser, ainda assim, superior à "melhor abelha".

Há, portanto, uma cesura radical entre ser humano e outros animais. A velha crença de que as outras criaturas foram feitas para nos servir repercute na concordância, expressa por Marx e Engels, com a afirmação de Fourier de que caçar e pescar "são direitos humanos inatos"[44]. Essa cesura fica evidente também no tratamento que Marx dá à produção do valor. Ocorre extração de mais-valor porque o trabalhador gera mais valor do que aquele necessário para a sua reprodução. Mas algo similar poderia ser dito, por exemplo, do boi que puxa o arado. Se trabalho é dispêndio de energia, o boi trabalha e, ao

---

[42] Friedrich Engels, "O papel do trabalho na hominização do macaco", em *Dialética da natureza*, cit.

[43] Karl Marx, *O capital*, Livro I, cit., p. 256.

[44] Marx e Engels, *A sagrada família* (trad. Marcelo Backes, São Paulo, Boitempo, 2003), p. 105. A edição original é de 1845.

trabalhar, promove uma transformação no mundo natural que supera aquilo que consome para repor a energia gasta. Portanto, ele geraria valor. Mas, para Marx, só conta como trabalho aquele que é realizado pelo camponês que guia o arado. O boi entra como equipamento, como capital fixo. A ausência da ideação prévia, que seria atributo apenas dos humanos, desqualifica seu trabalho; dito de outra maneira, a ideação prévia passa a ser um requisito para que se reconheça o trabalho como tal. Mas o trabalhador alienado (ver capítulo 7) carece de tal ideação, na medida em que se converte em simples ferramenta de uma vontade e de um projeto alheios: onde fica, então, sua diferença em relação ao animal? É irrealizável, portanto, ver em Marx um precursor dos direitos dos animais[45]. O que não quer dizer que sua obra seja irrelevante para compreender ou mesmo defender a causa. Como observou Davis Sztybel, a máxima que deve presidir a sociedade comunista, conforme consta na *Crítica do programa de Gotha* ("de cada um de acordo com suas capacidades, a cada um de acordo com sua necessidade"), pode perfeitamente ser estendida ao mundo não humano e servir de diretriz para uma organização social menos especista[46]. Em suma, fazer de Marx um ambientalista *avant la lettre* ou buscar nele uma presciência milagrosa sobre os desafios ecológicos que enfrentamos hoje tem um quê de ridículo. Mas a crítica ao capitalismo, a seu caráter predatório, à violência que ele engendra, cujos mecanismos foram em grande medida desvendados por Marx e pelos pensadores que seguiram seus passos, tudo isso é essencial a qualquer enfrentamento consequente da crise ambiental.

---

[45] Marx podia se penalizar com o sofrimento gratuito imposto a um animal de corte, como indica Saito, mas isso apenas depõe em favor de seu bom coração, não faz dele alguém que previu discussões que nem existiam em seu tempo. Ver Kohei Saito, *O ecossocialismo de Karl Marx*, cit., p. 261. Já a tentativa de Foster e Clark de apresentar Marx como pioneiro dos direitos dos animais é pouco convincente, por se apoiar em elementos pontuais e secundários (como seus estudos sobre Epicuro) ou na visão abstrata do "sociometabolismo", ignorando questões como o caráter distinto do trabalho humano ou a teoria do valor. John Bellamy Foster e Brett Clark, "Marx and Alienated Speciesism", *Monthly Review*, v. 70. n. 7, 2018, p. 1-20).

[46] David Sztybel, "Marxism and Animal Rights", *Ethics and the Environment*, v. 2, n. 2, 1997, p. 169-85.

CONCLUSÃO

Este livro discutiu as contribuições do pensamento de Marx e da corrente teórica inspirada por ele – o marxismo – para o estudo da política.

Karl Marx nasceu em 1818 e morreu em 1883. Tinha uma sensibilidade aguda para as injustiças e as opressões, mas foi, como todos nós, um ser humano de seu tempo. Desfrutou de uma inteligência prodigiosa, que se espraiava por múltiplas áreas do conhecimento, mas não possuía nenhuma bola de cristal. Quem pensa encontrar em sua obra as respostas para todos os problemas que nos afligem devia procurar uma seita religiosa, não um cientista social e um revolucionário. Há muitas questões hoje candentes às quais Marx não dedicou atenção suficiente. Ele antecipou alguns, mas não todos os desdobramentos do capitalismo, e seus vaticínios, quando os fez, muitas vezes se revelaram incorretos. Nada disso deveria surpreender. Ao contrário: o surpreendente é que, quase 150 anos depois de sua morte, o conjunto de conceitos e de teorias que ele estabeleceu continue sendo essencial para entender o mundo em que vivemos e que muito do que se produz de mais relevante na ciência social hoje remeta diretamente a ideias presentes em sua obra.

A obra de Karl Marx é essencial também para entender a política. Das disciplinas das ciências sociais, a ciência política é aquela que sempre foi mais avessa à influência do marxismo, por fatores ligados à sua gênese (e que foram brevemente abordados na introdução). Com isso, ela pôde alimentar uma espécie de cegueira voluntária em relação a muitos de seus limites e à incapacidade explicativa de vários de seus principais modelos. O marxismo, afinal, contesta o ponto de partida mais discutível da ciência política, a ideia de que é possível isolar a política como instância separada, distanciada das outras práticas sociais, e estudá-la a partir de parâmetros próprios.

Daí deriva um segundo ponto, talvez ainda mais importante. A ciência política é particularmente vulnerável a uma epistemologia positivista. Mais do que qualquer outra ciência social, ela alimenta o fetiche da matematização. A situação é tão grave que, no começo do século, surgiu um movimento contestador no interior da própria disciplina, o "movimento perestroika" (em referência à política de abertura que ocorrera na União Soviética, sob a liderança de Mikhail Gorbatchov), que reivindicava, por exemplo, que artigos sem inclusão de equações tivessem espaço nas páginas da *American Political Science Review*, a revista mais influente da área[1]. A perestroika de Gorbatchov culminou no fim da União Soviética. A perestroika na ciência política se esgotou ao cabo de alguns anos de burburinho, praticamente sem deixar marcas.

O fetiche da matematização se combina à tendência de aderir a modelos formais que operam num vácuo histórico, como as teorias da escolha racional – da qual derivam, pelo caminho mesmo da lógica formal, as teorias dos jogos, que Pierre Bourdieu chamava, de maneira derrisória, mas nem por isso menos acurada, de "recreações matemáticas"[2]. Trata-se de postular um mundo de agentes simétricos, esquecendo que, no mundo real, defrontam-se trabalhadores e patrões, mulheres e homens, negros e brancos, pobres e ricos. Com isso, são descartadas as estruturas sociais e as desigualdades a elas associadas. Esses agentes seriam dotados da mesma racionalidade, vista como emanação de uma característica humana inata (a razão), não como prática social, e buscariam, cada um deles, promover seus próprios interesses, que são entendidos, em chave tributária do utilitarismo, como inatos. Isso permite deixar de lado a questão crucial da formação das preferências.

Quando precisa se defrontar com a ação política real, das pessoas concretas, a ciência política é tentada a usar outro atalho simplificador e que supre sua ânsia de quantificação, as pesquisas de opinião pública, também criticadas por Bourdieu[3]. O que uma pesquisa de opinião recolhe não são opiniões, mas respostas a algumas perguntas. A relação entre tais respostas e as crenças ou os comportamentos dos respondentes não é automática, mas precisa ser entendida em cada caso. Portanto, longe de ser uma via de acesso fácil à realidade, a pesquisa, mesmo quando tecnicamente impecável, pode no máximo fornecer indícios que, por mais preciosos que sejam, precisam ser combinados com informações provenientes de outras fontes para dizerem algo de substantivo sobre o mundo social.

A predileção por modelos estilizados de comportamento ou a adesão irrefletida aos resultados de *surveys* são indícios de um problema de fundo, nas

---

[1] Um mostruário de posições presentes no debate se encontra em Sanford F. Schram e Brian Caterino (orgs.), *Making Political Science Matter: Debating Knowledge, Research, and Method* (Nova York, New York University Press, 2006).

[2] Pierre Bourdieu, *Le Sens pratique* (Paris, Minuit, 1980a), p. 80 [ed. bras.: *O senso prático*, trad. Maria Ferreira, Petrópolis, Editora Vozes, 2012].

[3] Idem, "L'Opinion publique n'existe pas", em *Questions de sociologie* (Paris, Minuit, 1980) [ed. bras.: *Questões de sociologia*, trad. Fábio Creder, Petrópolis, Editora Vozes, 2019]. A edição original é de 1973.

182 Marxismo e política

ciências sociais, que Bourdieu discute. Ele opõe a "razão razoável", que é a compreensão prática das coisas do mundo, à "razão raciocinante" e escolástica, própria dos cientistas, daqueles que têm o lazer necessário para pensar sobre o mundo e sobre sua atividade[4]. Enquanto a primeira tem por características a fluidez, a imprecisão e a adaptabilidade, a segunda é rígida, formal e autoexigente. Ocorre que o cientista social tende a tomar uma pela outra, colocando, na origem das práticas dos agentes sociais, sua própria forma de razão ou, então, os modelos que constrói a partir dela[5]. Ele impõe a *sua* lógica aos agentes que pretende estudar, da mesma forma que o elaborador do *survey* impõe as *suas* preocupações, a sua agenda, a respondentes que talvez não se importem com elas nem se reconheçam na formulação e nas opções apresentadas.

O resultado é uma percepção engessada das práticas sociais, incapaz de apreender a sua dinâmica própria. O maior exemplo está exatamente na teoria da escolha racional e seus corolários, as teorias dos jogos e da escolha social. O problema não é que elas levem a conclusões falsas, mas que as conclusões a que chegam sejam totalmente irrelevantes para a compreensão do mundo social. Primeiro, por deixarem de lado *todas* as questões mais interessantes, aquelas que dizem respeito à formação das preferências individuais. E segundo porque a modelagem que põem em prática exige a adesão a pressupostos sobre o comportamento humano – a "transitividade das preferências", o autointeresse, o cálculo de utilidade etc. – que estão adequados a uma lógica escolástica, mas não correspondem à experiência vivida.

Dentro do universo fechado de seus próprios pressupostos, as teorias da escolha racional funcionam à perfeição. Portanto, elas se mostram ferramentas úteis apenas para a compreensão de seus próprios modelos. Boa parte da ciência política parece se contentar com isso[6]. No entanto, a prática científica só ganha sentido se contribuir para avançar na compreensão não de suas abstrações, mas do mundo social. Para tanto, é necessário abrir mão de esquemas simplificadores

---

[4] Idem, *Médiations pascaliennes* (Paris, Seuil, 1997), p. 64 [ed. bras.: *Mediações pascalianas*, trad. Sérgio Miceli, Rio de Janeiro, Bertrand, 2001].

[5] Ibidem, p. 65.

[6] É exemplar a maneira como Anthony Downs, autor de um influente modelo de democracia, define seu projeto como não sendo normativo nem descritivo, mas "positivo" – isto é, sua ambição é funcionar em seus próprios termos, com pouca relação com o mundo real. Anthony Downs, *An Economic Theory of Democracy* (Nova York, Harper & Brothers, 1957) [ed. bras.: *Uma teoria econômica da democracia*, trad. Sandra Guardini Teixeira Vasconcelos, São Paulo, Edusp, 1999].

e entrar num terreno de construções teóricas bem mais sofisticadas, capazes de apreender, ao menos em parte, a complexidade desse mesmo mundo social.

O marxismo contribui para isso – e, assim, também ajuda a colocar em xeque a ideia de "neutralidade axiológica" que penetra por demais na ciência política e que serve, no frigir dos ovos, para justificar o caráter conservador de muito do que ela faz. Toda ciência é um empreendimento socialmente situado; a busca da objetividade científica exige, então, o desvelamento da posição de onde se fala, não um mascaramento que serve, no final das contas, para fazer passar, como universal, o que é uma perspectiva particular.

De maneira mais concreta, a questão que se coloca é que ciência política se quer produzir. Uma ciência política voltada à estabilidade da dominação, como em seu projeto originário de "disciplina auxiliar do Estado"? Ou uma ciência política orientada para a superação das diversas formas de dominação?

A primeira é a ciência política que hipostasia as "regras do jogo", que vê os abalos a elas como patologias, que congela a realidade existente e se exime de colocar os valores que a justificam sob escrutínio crítico, com o pretexto de adotar uma abordagem "descritiva". A segunda é aquela para a qual o marxismo contribui – ao lado das teorias democráticas radicais, teorias feministas e outras.

Tendo sido marxista toda minha vida, quase sempre me inclinei para a ideia de que "marxismo" era um rótulo desnecessário. Afinal, o principal não seria ostentar um nome (que, aliás, o próprio Marx repudiava), mas avançar nos caminhos que essa tradição de pensamento abriu. O que faz Marx permanecer vivo não é um retrato na parede, mas a atualidade de suas contribuições para a compreensão do mundo. E essa atualidade é tamanha que toda ciência social digna desse nome é tributária do marxismo: o materialismo histórico é a base necessária de qualquer investigação consequente da ação humana em sociedade. O marxismo talvez não seja "a filosofia insuperável de nosso tempo", como falou Sartre[7], mas certamente é parte essencial de toda tentativa de compreender o tempo em que vivemos.

O que me fez mudar de posição foi a emergência de uma nova extrema direita, com discurso tresloucado, que faz do marxismo um espantalho a ser derrotado. Diante das tentativas de estigmatizar o marxismo, quando não de criminalizá-lo, e de contrafações sórdidas como o "marxismo cultural", é um

---

[7]   Jean-Paul Sartre, *Critique de la raison dialectique*, v. 1: *Théorie des ensembles pratiques* (Paris, Gallimard, 1960), p. 9.

imperativo afirmar a vinculação com a perspectiva teórica e com o projeto ético-político inaugurados por Marx e Engels.

O que proponho não é uma "ciência política marxista", que afirme uma filiação doutrinária a priori. Burawoy e Wright fazem uma discussão interessante, em sua defesa do que chamam de "marxismo sociológico". Tendo a concordar quando observam a necessidade de unir o instrumental científico com o horizonte político; afinal, "o marxismo sociológico sem marxismo emancipatório degenera em críticas cínicas e pessimistas do capitalismo", e o inverso num utopismo sem os pés no chão, logo, impotente politicamente[8]. Mas, ao contrário deles, não creio que o caminho passe necessariamente por "construir o marxismo", isto é, por fazer uma ciência que estabeleça como cláusula pétrea sua fidelidade às ideias de Marx e de seus seguidores. Ou isso significa apenas a vinculação com um projeto ético-político de emancipação social, e não há por que tratar o marxismo como sinônimo dele, ou significa a manutenção de um núcleo intocável de crenças, o que é contraditório com o trabalho científico.

O que proponho é uma ciência política aberta às contribuições do marxismo, seja em suas ferramentas analíticas, seja nos problemas que discute, seja ainda em seu entendimento de qual é a missão da ciência social. São contribuições plurais, como espero ter demonstrado ao longo deste livro, já que os continuadores de Marx desenvolveram suas ideias por rumos muito diversos, por vezes até contraditórios. E que, além de afirmar com clareza a centralidade de alguns pontos – as classes sociais, os fenômenos da exploração, da dominação e da alienação – que a ciência política tradicionalmente tem dificuldade de enxergar, ajuda a sustentar de maneira mais sólida a relevância de outros, ainda que tenham sido tratados de forma apenas lateral nos escritos fundadores de Marx e de Engels, como aqueles relacionados a gênero e raça ou ao colapso ambiental.

---

[8] Michael Burawoy e Erik Olin Wright, "Pour un Marxisme sociologique", em *Pour un Marxisme sociologique* (trad. Juan Sebastian Carbonell, Vincent Heimendinger e Ulysse Lojkine, Paris, Éditions Sociales, 2021), p. 84. A edição original é de 2002.

REFERÊNCIAS BIBLIOGRÁFICAS

ALTHUSSER, Louis. Idéologie et appareils idéologiques d'État (notes pour une recherche). In: *Positions*. Paris, Éditions Sociales, 1976 [1970]. [Ed. bras.: *Ideologia e aparelhos ideológicos do Estado*. Trad. Joaquim José de Moura Ramos, São Paulo, Martins Fontes, 1980.]

_____. Marx dans ses limites. In: *Écrits philosophiques et politiques*, t. 1. Paris, Stock/IMEC, 1994.

_____. *Pour Marx*. Paris, La Découverte, 1996 [1965]. [Ed. bras.: *Por Marx*. Trad. Maria Leonor F. R. Loureiro, Campinas, Editora Unicamp, 2015.]

ANDERSON, Elizabeth. Animals Rights and the Values of Nonhuman Life. In: SUSTEIN, Cass R.; NUSSBAUM, Martha C. (orgs.). *Animal Rights*: Current Debates and New Directions. Oxford, Oxford University Press, 2004.

ANDERSON, Perry. As antinomias de Gramsci. In: *Afinidade seletivas*. Trad. Paulo Cesar Castanheira, São Paulo, Boitempo, 2002 [1976].

ARENDT, Hannah. *The Human Condition*. Chicago, The University of Chicago Press, 1998 [1958]. [Ed. bras.: *A condição humana*. Trad. Roberto Raposo, 12. ed., São Paulo, Forense Universitária, 2014.]

AUDIER, Serge. *Machiavel, conflit et liberté*. Paris, Vrin/Éditions de l'EHESS, 2005.

_____. *La Société écologique et ses ennemis*: pour une histoire alternative de l'émancipation. Paris, La Découverte, 2017.

BALIBAR, Étienne. Le "racisme de classe". In: BALIBAR, Étienne; WALLERSTEIN, Immanuel. *Race, Nation, Classe*: les identités ambiguës. Paris, La Découverte, 2007. [Ed. bras.: *Raça, nação, classe*: as identidades ambíguas. Trad. Wanda Nogueira Caldeira Brant, São Paulo, Boitempo, 2021.]

_____. Y a-t-il un "néoracisme"?. In: BALIBAR, Étienne; WALLERSTEIN, Immanuel. *Race, Nation, Classe*: les identités ambiguës. Paris, La Découverte, 2007. [Ed. bras.: *Raça, nação, classe*: as identidades ambíguas. Trad. Wanda Nogueira Caldeira Brant, São Paulo, Boitempo, 2021.]

BARBIN, Adeline. *André Gorz*: travail, économie et liberté. Paris, CNDP, 2013.

BARRETT, Michèle. *Women's Oppression Today*: The Marxist/Feminist Encounter. Londres, Verso, 1988 [1980].

_____; MCINTOSH, Mary. Christine Delphy: Towards a Materialist Feminism?. *Feminist Review*, n. 1, 1979, p. 95-106.

BAUMAN, Zygmunt. *Em busca da política*. Trad. Marcus Penchel, Rio de Janeiro, Zahar, 2000 [1999].

BEAUVOIR, Simone de. *Le Deuxième sexe*. Paris, Gallimard, 1949. [Ed. bras.: *O segundo sexo*. Trad. Sérgio Milliet, 2. ed., São Paulo, Difusão Europeia do Livro, 1967.]

Referências bibliográficas **187**

BEBEL, August. *La mujer y el socialismo*. Trad. Vicente Romano García, Madri, Akal, 1976 [1879].

BECK, Ulrich. *Risk Society*: Towards a New Modernity. Trad. Mark Ritter, Londres, Sage, 1992 [1986]. [Ed. bras.: *Sociedade de risco*: rumo a uma outra modernidade. Trad. Sebastião Nascimento, 2. ed., São Paulo, Editora 34, 2011.]

_____; BECK-GERNSHEIM, Elisabeth. *Individualization*: Institutionalized Individualism and Its Social and Political Consequences. Trad. Patrick Camiller, Londres, Sage, 2002.

BELL, Daniel. *The End of Ideology*: On the Exhaustion of Political Ideas in the Fifties. Cambridge (MA), Harvard University Press, 2000 [1960]. [Ed. bras.: *O fim da ideologia*. Trad. Sérgio Bath, Brasília, Editora UnB, 1980.]

BENJAMIN, Walter. Sobre o conceito de história. In: *Obras escolhidas*, v. 1. Trad. Sergio Paulo Rouanet, São Paulo, Brasiliense, 1985 [1940].

BENSAÏD, Daniel. "Na e pela história": reflexões acerca de *Sobre a questão judaica*. In: MARX, Karl. *Sobre a questão judaica*. Trad. Nélio Schneider e Wanda Caldeira Brant, São Paulo, Boitempo, 2010 [2006].

BENTHAM, Jeremy. *Principles of the Civil Code*. WealthOfNation, 2015 [1843]. E-book.

BERNSTEIN, Eduard. *Las premisas del socialismo y las tareas de la socialdemocracia*. Trad. José Aricó, México, Siglo XXI, 1982 [1899].

BIANCHI, Alvaro. Uma teoria marxista do político? O debate Bobbio *trent'anni doppo*. *Lua Nova*, n. 70, 2007, p. 39-82.

BOBBIO, Norberto. Existe uma doutrina marxista do Estado? In: BOBBIO, Norberto et al., *O marxismo e o Estado*. Trad. Federica L. Boccardo e Renée Levie, Rio de Janeiro, Graal, 1979 [1975].

_____ et al. *O marxismo e o Estado*. Trad. Federica L. Boccardo e Renée Levie, Rio de Janeiro, Graal, 1979 [1976].

BOLTANSKI, Luc; CHIAPELLO, Ève. *Le Nouvel esprit du capitalisme*. Paris, Gallimard, 1999. [Ed. bras.: *O novo espírito do capitalismo*. Trad. Ivone C. Benedetti, São Paulo, WMF, 2020.]

BORÓN, Atilio A. Filosofía política y crítica de la sociedad burguesa: el legado teórico de Karl Marx. In: *La filosofía política moderna*: de Hobbes a Marx. Buenos Aires, Eudeba, Clacso, 2000.

BOTTOMORE, T. B. *As elites e a sociedade*. Trad. Otávio Guilherme C. A. Velho, Rio de Janeiro, Zahar, 1974 [1964].

BOURDIEU, Pierre. *La Distinction*: critique sociale du jugement. Paris, Minuit, 1979. [Ed. bras.: *A distinção*: crítica social do julgamento. Trad. Daniela Kern e Guilherme J. F. Teixeira, Porto Alegre/São Paulo, Zouk/Edusp, 2007.]

_____. L'Opinion publique n'existe pas. In: *Questions de sociologie*. Paris, Minuit, 1980 [1973]. [Ed. bras.: *Questões de sociologia*. Trad. Fábio Creder, Petrópolis, Editora Vozes, 2019.]

188   Marxismo e política

_____. *Le Sens pratique*. Paris, Minuit, 1980. [Ed. bras.: *O senso prático*. Trad. Maria Ferreira, Petrópolis, Vozes, 2012.]

_____. A *doxa* e a vida cotidiana: uma entrevista. In: ŽIŽEK, Slavoj (org.). *Um mapa da ideologia*. Trad. Vera Ribeiro, Rio de Janeiro, Contraponto, 1996 [1991].

_____. *Médiations pascaliennes*. Paris, Seuil, 1997. [Ed. bras.: *Mediações pascalianas*. Trad. Sérgio Miceli, Rio de Janeiro, Bertrand, 2001.]

_____; PASSERON, Jean-Claude. *La Reproduction*: élements pour une théorie du système d'enseignement. Paris, Minuit, 1970. [Ed. bras.: *A reprodução*: elementos para uma teoria do sistema de Ensino. Trad. Reinado Bayrão, 7. ed., Petrópolis, Vozes, 2014.]

BOWLES, Samuel; GINTIS, Herbert. Efficient Redistribution: New Rules for Markets, States and Communities. In: WRIGHT, Erik Olin (org.). *Recasting Egalitarianism*: New Rules for Communities, States and Markets. Londres, Verso, 1998.

BROWN, Wendy. *Undoing the Demos*: Neoliberalism's Stealth Revolution. Nova York, Zone Books, 2015.

BURAWOY, Michael; WRIGHT, Erik Olin. Pour un Marxisme sociologique. In: *Pour un Marxisme sociologique*. Trad. Juan Sebastian Carbonell, Vincent Heimendinger e Ulysse Lojkine, Paris, Éditions Sociales, 2021 [2002].

BURNHAM, James. *The Machiavellians*: Defenders of Freedom. Chicago, Gateway, 1970 [1943].

CALLINICOS, Alex. *A vingança da história*: o marxismo e as revoluções do Leste europeu. Trad. Ruy Jungmann, Rio de Janeiro, Zahar, 1992 [1991].

CARDOSO, Fernando Henrique. *Capitalismo e escravidão no Brasil meridional*: o negro na sociedade escravocrata do Rio Grande do Sul. Rio de Janeiro, Civilização Brasileira, 2003 [1962].

CHADAREVIAN, Pedro Caldas. Os precursores da interpretação marxista do problema racial. *Crítica Marxista*, n. 24, 2008, p. 73-93.

CHESNAIS, François. *Finance Capital Today*: Corporations and Banks in the Lasting Global Slump. Leiden, Brill, 2006.

CLIFF, Tony. Clara Zetkin and the German Socialist Feminist Movement. *International Socialism*, segunda série, n. 13, 1981, p. 29-72.

CODATO, Adriano; PERISSINOTTO, Renato. *Marxismo como ciência social*. Curitiba, Editora UFPR, 2012.

COHEN, G. A. *Karl Marx's Theory of History*: A Defence. Oxford, Oxford University Press, 1978. [Ed. bras.: *A teoria da história de Karl Marx*: uma defesa. Trad. Angela Lasagna, Campinas, Editora Unicamp, 2013.]

COLE, Mike. Critical Race Theory in Education, Marxism and Abstract Racial Domination. *British Journal of Sociology of Education*, v. 33, n. 2, 2012, p. 168-83.

COLLINS, Patricia Hill. On West and Fenstermaker's "Doing Difference". *Gender & Society*, v. 9, n. 4, 1995, p. 491-4.

_____. *Intersectionality as Critical Social Theory*. Durham, Duke University Press, 2019. [Ed. bras.: *Bem mais que ideias*: a interseccionalidade como teoria social crítica. Trad. Bruna Barros e Jess Oliveira, São Paulo, Boitempo, 2022.]

COSTA, Mariarosa Dalla. Women and the Subversion of the Community. In: *Women and the Subversion of the Community*: a Mariarosa Dalla Costa Reader. Trad. Richard Braude, Oakland, PM Press, 2019 [1972].

CRENSHAW, Kimberle W. Demarginalizing the Intersection of Race and Sex: A Black Feminist Critique of Discrimination Doctrine, Feminist Theory and Antiracist Politics. *University of Chicago Legal Forum*, n. 1, 1989, p. 139-67.

_____. Mapping the Margins: Intersectionality, Identity Politics and Violence against Women of Color. *Stanford Law Review*, v. 43, n. 6, 1991, p. 1241-99.

DARDOT, Pierre; LAVAL, Christian. *La Nouvelle raison du monde*: essai sur la société néolibérale. Paris, La Découverte, 2009. [Ed. bras.: *A nova razão do mundo*: ensaio sobre a sociedade neoliberal. Trad. Mariana Echalar, São Paulo, Boitempo, 2016.]

DAVIS, Angela Y. *Women, Race, & Class*. Nova York, Vintage, 1983 [1981]. [Ed. bras.: *Mulheres, raça e classe*. Trad. Heci Regina Candiani, São Paulo, Boitempo, 2016.]

DEAN, Jodi. *Camarada*: um ensaio sobre pertencimento político. Trad. Artur Renzo, São Paulo, Boitempo, 2021 [2019].

DELPHY, Christine. L'Ennemi principal. In: *L'Ennemi principal*, v. 1: *Économie politique du patriarcat*. Paris, Syllepse, 2013 [1970].

DEMIER, Felipe. *A teoria marxista do bonapartismo*. São Paulo, Usina, 2021.

DOMHOFF, G. William. *The Power Elite and the State*: How Policy is Made in America. Nova York, Aldine de Gruyrer, 1990.

DORLIN, Elsa. De l'Usage épistémologique et politique des catégories de "sexe" et de "race" dans les études sur le genre. *Cahiers du Genre*, n. 39, 2005, p. 83-105.

DOWNS, Anthony. *An Economic Theory of Democracy*. Nova York, Harper & Brothers, 1957. [Ed. bras.: *Uma teoria econômica da democracia*. Trad. Sandra Guardini Teixeira Vasconcelos, São Paulo, Edusp, 1999.]

DU BOIS, W. E. B. *Black Reconstruction in America*: An Essay toward a History of the Part which Black Folk Played in the Attempt to Reconstruct Democracy in America, 1860-1880. Cleveland, Meridian, 1968 [1935].

DUVERGER, Maurice. *Les Partis politiques*. Paris, Armand Colin, 1951.

DYE, Thomas R. *Who's Running America?* Engleewood Cliffs, Prentice-Hall, 1976.

EAGLETON, Terry. *Ideologia*: uma introdução. Trad. Luís Carlos Borges e Silvana Vieira, São Paulo, Editora Unesp/Boitempo, 1997 [1991].

EASTON, David. *The Political System*: An Inquiry into the State of Political Science. Nova York, Alfred A. Knopf, 1953.

EDELMAN, Bernard. *A legalização da classe operária*. Trad. Marcus Orione et al., São Paulo, Boitempo, 2016 [1978].

ELSTER, Jon. *Making Sense of Marx*. Cambridge/Paris, Cambridge University Press/ Éditions de la Maison des Sciences de l'Homme, 1991.

_____. Auto-realização no trabalho e na política: a concepção marxista da boa vida. Trad. Regis Castro Andrade, *Lua Nova*, n. 25, 1992 [1986], p. 61-101.

ENGELS, Friedrich. Discours d'Elberfeld. In: MARX, Karl; ENGELS, Friedrich. *Utopisme & communauté de l'avenir*. Trad. Roger Dangeville, Paris, Maspero, 1976 [1845].

_____. *A situação da classe trabalhadora na Inglaterra*. Trad. B. A. Schumann, São Paulo, Boitempo, 2010 [1845].

_____. *Anti-Dühring*: a revolução da ciência segundo o senhor Eugen Dühring. Trad. Nélio Schneider, São Paulo, Boitempo, 2015 [1878].

_____. *Dialética da natureza*. Trad. Nélio Schneider, São Paulo, Boitempo, 2020 [1883].

_____. *A origem da família, da propriedade privada e do Estado*. Trad. Nélio Schneider, São Paulo, Boitempo, 2019 [1884].

_____. Prefácio à edição inglesa de 1888. In: MARX, Karl; ENGELS, Friedrich. *Manifesto Comunista*. Trad. Álvaro Pina e Ivana Jinkings. São Paulo, Boitempo, 2010 [1888].

FANON, Frantz. Peau Noire, masques blancs. In: *Œuvres*. Paris, La Découverte, 2011 [1952]. [Ed. bras.: *Pele negra, máscaras brancas*. Trad. Sebastião Nascimento, São Paulo, Ubu, 2020.]

_____. Les Damnés de la terre. In: *Œuvres*. Paris, La Découverte, 2011 [1961]. [Ed. bras.: *Os condenados da terra*. Trad. Lígia Fonseca Ferreira e Regina Salgado Campos, Rio de Janeiro, Zahar, 2022.]

FEDERICI, Silvia. *Caliban and the Witch*: Women, the Body and Primitive Accumulation. Nova York, Autonomedia, 2004. [Ed. bras.: *Calibã e a bruxa*: mulheres, corpo e acumulação primitiva. Trad. Coletivo Sycorax, São Paulo, Elefante, 2017.]

_____. *O ponto zero da revolução*: trabalho doméstico, produção e luta feminista. Trad. Coletivo Sycorax, São Paulo, Elefante, 2019 [2012].

FELLI, Romain. *Les Deux âmes de l'écologie*: une critique du développement durable. Paris, L'Harmattan, 2008.

FERGUSON, Ann. Women as a New Revolutionary Class. In: WALKER, Pat (org.). *Between Labor and Capital*. Boston, South End Press, 1979.

FERNANDES, Florestan. *A integração do negro na sociedade de classes*, v. 1. 5. ed., São Paulo, Globo, 2008 [1964].

FIELDS, Karen E.; FIELDS, Barbara J. *Racecraft*: The Soul of Inequality in American Life. Londres, Verso, 2012.

FOSTER, Richard Bellamy. *Marx's Ecology*: Materialism and Nature. Nova York, Monthly Review Press, 2000. [Ed. bras.: *A ecologia de Marx*: materialismo e natureza. Trad. Maria Teresa Machado, Rio de Janeiro, 2005.]

_____. *The Return of Nature*: Socialism and Ecology. Nova York, Monthly Review Press, 2020.

_____; CLARK, Brett. Marx and Alienated Speciesism. *Monthly Review*, v. 70. n. 7, 2018, p. 1-20.

FOUCAULT, Michel. *Surveiller et Punir*: naissance de la prison. Paris, Gallimard, 1975. [Ed. bras.: *Vigiar e punir*: nascimento da prisão. Trad. Raquel Ramalhete, Petrópolis, Editora Vozes, 2013.]

FRASER, Nancy. From Redistribution to Recognition: Dilemmas of Justice in a "Postsocialist" Age. *New Left Review*, n. 212, 1995, p. 68-93.

_____. Rethinking Recognition. *New Left Review*, segunda série, n. 3, 2000, p. 107-20.

_____. Social Justice in the Age of Identity Politics: Redistribution, Recognition, and Participation. In: FRASER, Nancy; HONNETH, Axel. *Redistribution or Recognition?* A Political-Philosophical Exchange. Londres, Verso, 2003.

_____. *The Old is Dying and the New Cannot be Born*: From Progressive Neoliberalism to Trump and Beyond. Londres, Verso, 2019. [Ed. bras.: *O velho está morrendo e o novo não pode nascer*. Trad. Gabriel Landi Fazzio, São Paulo, Autonomia Literária, 2020.]

_____; JAEGGI, Rahel. *Capitalism*: A Conversation in Critical Theory. Cambridge, Polity, 2018. [Ed. bras.: *Capitalismo em debate*: uma conversa na teoria crítica. Trad. Nathalie Bressiani, São Paulo, Boitempo, 2020.]

FREUND, Julien. *L'Essence du politique*. Paris, Sirey, 1965.

FRIEDAN, Betty. *The Feminine Mystique*. Nova York, Norton, 2001 [1963].

FUKUYAMA, Francis. *The End of History and the Last Man*. Nova York, Free Press, 1992. [Ed. bras.: *O fim da história e o último homem*. Trad. Aulyde S. Rodrigues, Rio de Janeiro, Rocco, 2015.]

GARE, Arran. The Environmental Record of the Soviet Union. *Capitalism, Nature, Socialism*, v. 13, n. 3, 2002, p. 52-72.

GIDDENS, Anthony. *The Third Way*: The Renewal of Social Democracy. Cambridge, Polity, 1998. [Ed. bras.: *A terceira via*: reflexões sobre o impasse político atual e o futuro da social-democracia. Trad. Maria Luiza X. de A. Borges, Rio de Janeiro, Record, 1999.]

GOLDMAN, Wendy. *Mulher, Estado e Revolução*: política da família soviética e da vida social entre 1917 e 1936. Trad. Nadya Angyalossy Alfonso, São Paulo, Boitempo, 2014 [1993].

GORZ, André. *Stratégie ouvrière et néocapitalisme*. Paris, Seuil, 1964. [Ed. bras.: *Estratégia operária e neocapitalismo*. Rio de Janeiro, Zahar, 1968.]

_____. *O socialismo difícil*. Trad. Maria Helena Kühner, Rio de Janeiro, Zahar, 1968 [1967].

_____. *Adeus ao proletariado*: para além do socialismo. Trad. Ângela Ramalho Vianna e Sérgio Góes de Paula, Rio de Janeiro, Forense-Universitária, 1987 [1980].

_____. *Le Chemin du Paradis*: l'agonie du Capital. Paris, Galilée, 1983.

_____. *Métamorphoses du travail*: quète du sens. Critique de la raison économique. Paris, Galilée, 1988.

_____. L'Écologie politique entre expertocratie et autolimitation. *Actuel Marx*, v. 2, n. 12, 1992, p. 15-29.

_____. *Misères du présent, richesse du possible*. Paris, Galilée, 1997.

_____. *Ecológica*. Trad. Celso Azzan Jr., São Paulo, Annablume, 2010 [2008].

_____; BOSQUET, Michel. *Écologie et politique*. Paris, Seuil, 1978.

GRAMSCI, Antonio. *Cadernos do cárcere*, v. 3: *Maquiavel. Notas sobre o Estado e a política*. Trad. Luiz Sérgio Henriques, Marco Aurélio Nogueira e Carlos Nelson Coutinho, Rio de Janeiro, Civilização Brasileira, 2000 [1932-1934].

_____. A revolução contra *O capital*. In: *Escritos políticos*, v. 1. Org. e trad. Carlos Nelson Coutinho, Rio de Janeiro, Civilização Brasileira, 2004 [1917].

GUIMARÃES, Antonio Sérgio Alfredo. Formações nacionais de classe e raça. *Tempo Social*, v. 28, n. 2, 2016, p. 161-82.

_____. Preconceito de cor e racismo no Brasil. *Revista de Antropologia*, v. 47, n. 1, 2004, p. 9-43.

GULLAR, Ferreira. O açúcar. In: *Toda poesia*. Rio de Janeiro, José Olympio, 1991 [1975].

HAIDER, Asad. *Mistaken Identity*: Race and Class in the Age of Trump. Londres, Verso, 2018. [Ed. bras.: *Armadilha da identidade*: raça e classe nos dias de hoje. Trad. Leo Vinícius Liberato, São Paulo, Veneta, 2019.]

HARTMANN, Heidi. Capitalism, Patriarchy, and Job Segregation by Sex. In: EISEN-STEIN, Zillah R. (org.), *Capitalist Patriarchy and the Case for Socialist Feminism*. Nova York, Monthly Review Press, 1979.

_____. The Unhappy Marriage of Marxism and Feminism: Towards a More Progressive Union. In: NICOLSON, Linda (org.), *The Second Wave*: A Reader in Feminist Theory. Nova York, Routledge, 1997 [1979].

HARTSOCK, Nancy C. M. The Feminist Standpoint: Developing the Ground for a Specifically Feminist Historical Materialism. In: *The Feminist Standpoint Revisited and Other Essays*. Boulder, Westview, 1998 [1983].

HARVEY, David. *Condição pós-moderna*. Trad. Adail Ubirajara Sobral e Maria Stela Gonçalves, São Paulo, Loyola, 1992 [1989].

_____. *A loucura da razão econômica*: Marx e o capital no século XXI. Trad. Artur Renzo, São Paulo, Boitempo, 2018 [2017].

HASENBALG, Carlos. *Discriminação e desigualdades raciais no Brasil*. Rio de Janeiro, Graal, 1979.

_____; SILVA, Nelson do Valle. *Estrutura social, mobilidade e raça*. São Paulo, Vértice, 1998.

HELLER, Agnes. Democracia formal e democracia socialista. Trad. Marly de A. G. Vianna, *Encontros com a Civilização Brasileira*, n. 27, 1980 [1979], p. 171-87.

HERNANDES, Raphael. Superinteligência artificial pode levar ao fim da humanidade? Entenda riscos. *Folha de S. Paulo*, on-line, 19 fev. 2020. Disponível em: <https://temas.folha.uol.com.br/inteligencia-artificial/os-limites-da-ia/superinteligencia-artificial-pode-levar-ao-fim-da-humanidade-entenda-riscos.shtml>. Acesso em: 3 jun. 2023.

HIRSCH, Joachim. *Teoria materialista do Estado*. Trad. Luciano Cavini Martorano, Rio de Janeiro, Revan, 2010 [2010].

HIRSCHMAN, Albert O. *A retórica da intransigência*: perversidade, futilidade, ameaça. Trad. Tomás Rosa Bueno, São Paulo, Companhia das Letras, 1992 [1991].

HOLLOWAY, John. *Change the World without Taking Power*. Londres, Pluto, 2010 [2002].

HONNETH, Axel. *Luta por reconhecimento*: a gramática moral dos conflitos sociais. Trad. Luiz Repa, São Paulo, Editora 34, 2009 [1992].

HUDIS, Peter. Racism and the Logic of Capital: a Fanonian Reconsideration. *Historical Materialism*, v. 6, n. 2, 2018, p. 199-220.

HUWS, Ursula. Vida, trabalho e valor no século XXI: desfazendo o nó. In: *A formação do cibertariado*: trabalho virtual em um mundo real. Trad. Murillo van der Laan, Campinas, Editora Unicamp, 2017 [2014].

ILLICH, Ivan. *Le Travail fantôme*. Paris, Seuil, 1981.

_____. La Conviavilité. In: *Œuvres complètes*, v. 1. Trad. Gérard Durand, Paris, Fayard, 2016 [1973].

INGLEHART, Ronald. *The Silent Revolution*: Changing Values and Political Styles among Western Publics. Princeton, Princeton University Press, 1977.

INGRAO, Pietro. *Massa e potere*. Roma, Riuniti, 1977. [Ed. bras.: *As massas e o poder*. Trad. L. M. Gazzaneo, Rio de Janeiro, Ed. Civilização Brasileira, 1980.]

ISAAC, Jeffrey C. Intellectuals, Marxism and Politics. *New Left Review*, n. 2, 2000, p. 111-5.

JABBOUR, Elias; GABRIELE, Alberto. *China*: o socialismo do século XXI. São Paulo, Boitempo, 2021.

JEFFREYS, Sheila. *Gender Hurts*: A Feminist Analysis of the Politics of Transgenderism. Londres, Routledge, 2014.

JESSOP, Bob. *The State*: Past, Present, Future. Cambridge, Polity, 2016.

JURIST, Elliot L. *Beyond Hegel and Nietzsche*: Philosophy, Culture, and Agency. Cambridge (MA), The MIT Press, 2000.

KERGOAT, Danièle. Dinâmica e consubstancialidade das relações sociais. Trad. Antonia Malta Campos, *Novos Estudos*, n. 86, 2010 [2008], p. 93-103.

KLEIN, Naomi. *No Logo*: Taking Aim at the Brand Bullies. Nova York, Picador, 1999. [Ed. bras.: *Sem logo*: a tirania das marcas em um planeta vendido. Trad. Ryta Vinagre, 4. ed., Rio de Janeiro, Record, 2004.]

_____. *This Changes Everything*: Capitalism vs. The Climate. Nova York, Simon & Schuster, 2014.

KOLLONTAI, Aleksandra. The Social Basis of the Women Question. In: *Selected Writings*. Trad. Alix Holt, Nova York, Norton, 1977 [1909].

_____. Working Woman and Mother. In: *Selected Writings*. Trad. Alix Holt, Nova York, Norton, 1977 [1914].

_____. The Labour of Women in the Revolution of the Economy. In: *Selected Writings*. Trad. Alix Holt, Nova York, Norton, 1977 [1923].

KUHN, Thomas. Logic of Discovery or Psychology of Research? In: *The Essential Tension*: Selected Studies in Scientific Tradition and Change. Chicago, Chicago University Press, 1977 [1970]. [Ed. bras.: *A tensão essencial*: estudos selecionados sobre tradição e mudança científica. Trad. Marcelo Amaral Penna-Forte, São Paulo, Editora Unesp, 2011.]

LACLAU, Ernesto; MOUFFE, Chantal. *Hegemonía y estrategia socialista*: hacia una radicalización de la democracia. Madri, Siglo Veintiuno, 1987 [1985]. [Ed. bras.: *Hegemonia e estratégia socialista*: por uma política democrática radical. Trad. Joanildo A. Burity, Josias de Paula Jr e Aécio Amaral, São Paulo, Intermeios, 2015.]

LÊNIN, Vladmir I. *O que fazer? Questões candentes de nosso movimento*. Trad. Edições Avante!, São Paulo, Boitempo, 2020 [1902].

_____. *O Estado e a revolução*. Trad. Edições Avante!, São Paulo, Boitempo, 2017 [1917].

_____. ¿Se sostendrán los bolcheviques en el poder? In: *Obras*, v. 7. Moscou, Progresso, 1973 [1918].

LEONARDO, Zeus. *Race Frameworks*: A Multidimensional Theory of Racism and Education. Nova York, Teachers College Press, 2013.

LEVINE, Andrew. Saving Socialism and/or Abandoning It. In: ROEMER, John et al., *Equal Shares*: Making Market Socialism Work. Org. Erik Olin Wright, Londres, Verso, 1996.

LOSURDO, Domenico. *A luta de classes*: uma história política e filosófica. Trad. Silvia de Bernardinis, São Paulo, Boitempo, 2015 [2013].

LÖWY, Michael. Développement des forces productives ou subversion de l'appareil de production? Une perspective écosocialiste. *Écologie & Politique*, n. 32, 2006, p. 53-9.

_____. L'Étincelle s'allume dans l'action: la philosophie de la praxis dans la pensée de Rosa Luxemburg. *Contretemps*, n. 8, 2011, p. 37-46. [Ed. bras.: A centelha se acende na ação: a filosofia da práxis no pensamento de Rosa Luxemburgo. *Margem Esquerda*, Boitempo, n. 15, 2010.]

_____. Progresso destrutivo: Marx, Engels e a ecologia. In: *O que é o ecossocialismo?* Trad. Marina Soler Jorge, 2. ed., São Paulo, Cortez, 2014 [2004].

_____. *La Révolution est le frein d'urgence*: essais sur Walter Benjamin. Paris, Éditions de l'Éclat, 2019. [Ed. bras.: *A revolução é um freio de emergência*: ensaios sobre Walter Benjamin. Trad. Paolo Colosso, São Paulo, Autonomia Literária, 2019.]

LUEDY, Laura; VAN DER LAAN, Murillo. Dualismo cartesiano apocalíptico ou monismo social antiecológico? As disputas entre a escola da ruptura metabólica e a ecologia-mundo. *Crítica Marxista*, n. 5, 2020, p. 151-70.

LUKÁCS, György. *Histoire et conscience de classe*. Trad. Kosta Axelos e Jacqueline Bois, Paris, Minuit, 1960 [1923]. [Ed. bras.: *História e consciência de classe*: estudos sobre a dialética marxista. Trad. Rodnei Nascimento, São Paulo, WMF, 2018.]

LUXEMBURGO, Rosa. Reforma social ou revolução? (Com um anexo: milícia e militarismo). In: *Textos escolhidos*, v. 1. Org. Isabel Loureiro, trad. Grazyna Maria Asenko da Costa et al., São Paulo, Editora Unesp, 2011 [1899].

_____. Questões de organização da socialdemocracia russa. In: *A Revolução Russa*. Trad. Isabel Loureiro, Petrópolis, Vozes, 1990 [1904].

_____. A crise da social-democracia. In: *Textos escolhidos*, v. 2. Trad. Stefan Fornos Klein, São Paulo, Editora Unesp, 2011 [1916].

_____. A Revolução Russa. In: *A Revolução Russa*. Trad. Isabel Loureiro, Petrópolis, Vozes, 1990 [1918].

MACKINNON, Catharine A. *Toward a Feminist Theory of the State*. Cambridge (MA), Harvard University Press, 1989.

MANIN, Bernard. *The Principles of Representative Government*. Cambridge, Cambridge University Press, 1997.

MARIÁTEGUI, José Carlos. El problema das las razas en América Latina. In: *Ideología y política*. Caracas, Ministério de Comunicación y Información, 2016 [1929].

MARX, Karl. *Crítica da filosofia do direito de Hegel*. Trad. Rubens Enderle e Leonardo de Deus, São Paulo, Boitempo, 2005 [1843].

_____. Cartas a Ruge. In: *Sobre a questão judaica*. Trad. Nélio Schneider, São Paulo, Boitempo, 2010 [1843].

_____. Glosas críticas ao artigo "O rei da Prússia e a reforma social. De um prussiano". In: MARX, Karl; ENGELS, Friedrich. *Lutas de classes na Alemanha*. Trad. Nélio Schneider, São Paulo, Boitempo, 2010 [1844].

_____. *Manuscritos econômico-filosóficos*. Trad. Jesus Ranieri, São Paulo, Boitempo, 2010 [1844].

_____. *Sobre a questão judaica*. Trad. Nélio Schneider, São Paulo, Boitempo, 2010 [1844].

_____. "Teses sobre Feuerbach", em MARX, Karl; ENGELS, Friedrich. *A ideologia alemã*. Trad. Nélio Schneider, Rubens Enderle e Luciano Cavini Martorano, São Paulo, Boitempo, 2007 [1845-1846].

_____. *Miséria da filosofia*. Trad. José Paulo Netto, São Paulo, Boitempo, 2017 [1847].

_____. "Trabalho assalariado e capital", Trad. José Barata-Moura e Álvaro Pina. In: MARX, Karl; ENGELS, Friedrich. *Obras escolhidas em três tomos*, t. I. Moscou, Progresso; Lisboa, Avante, 1982 [1849].

_____. *As lutas de classes na França de 1848 a 1850*. Trad. Nélio Schneider, São Paulo, Boitempo, 2012 [1850].

_____. *O 18 de brumário de Luís Bonaparte*. Trad. Nélio Schneider, São Paulo, Boitempo, 2011 [1852].

_____. Marx a Joseph Weydemeyer (em Nova Iorque). In: MARX, Karl; ENGELS, Friedrich. *Obras escolhidas em três tomos*, v. 1. Trad. Eduardo Chitas, Moscou/Lisboa, Progresso/Avante!, 1982 [1852].

_____. *Grundrisse*: manuscritos econômicos de 1857-1858: Esboço da crítica da economia política. Trad. Mario Duayer e Nélio Schneider, São Paulo/Rio de Janeiro, Boitempo/Editora UFRJ, 2011 [1857-1858].

_____. *Para a crítica da economia política*. Trad. Nélio Schneider, São Paulo, Boitempo, 2024 [1859].

_____. *Capítulo VI (inédito)*: Manuscritos de 1863-1867, *O capital*, Livro I. Trad. Ronaldo Vielmi Fortes, São Paulo, Boitempo, 2023 [c. 1865].

_____. *O capital*: crítica da economia política, Livro I: *O processo de produção do capital*. Trad. Rubens Enderle, São Paulo, Boitempo, 2013 [1867].

_____. *A guerra civil na França*. Trad. Rubens Enderle, São Paulo, Boitempo, 2011 [1871].

_____. Posfácio da segunda edição. In: *O capital*: crítica da economia política, Livro I: *O processo de produção do capital*. Trad. Rubens Enderle, São Paulo, Boitempo, 2013 [1873].

_____. *Crítica do programa de Gotha*. Trad. Rubens Enderle, São Paulo, Boitempo, 2012 [1875].

_____. *O capital*: crítica da economia política, Livro III: *O processo global da produção capitalista*. Trad. Rubens Enderle, São Paulo, Boitempo, 2017 [1894].

MARX, Karl. Le Débat social sur l'Association Démocratique. In: MARX, Karl; ENGELS, Friedrich. *Utopisme & communauté de l'avenir*. Trad. Roger Dangeville, Paris, Maspero, 1976 [1848].

_____; ENGELS, Friedrich. *A ideologia alemã*. Trad. Rubens Enderle, Nélio Schneider e Luciano Cavini Martorano, São Paulo, Boitempo, 2007 [1845-1846].

_____. *A sagrada família*. Trad. Marcelo Backes, São Paulo, Boitempo, 2011 [1845].

_____. *Manifesto Comunista*. Trad. Álvaro Pina e Ivana Jinkings, São Paulo, Boitempo, 2010 [1848].

MASON, Paul. *Pós-capitalismo*: um guia para o nosso futuro. Trad. José Geraldo Couto, São Paulo, Companhia das Letras, 2017 [2015].

McDUFFIE, Erik S. *Sojourning for Freedom*: Black Women, American Communism, and the Making of Black Left Feminism. Durham, Duke University Press, 2011.

McLELLAN, David. A concepção materialista da história. In: HOBSBAWN, Eric J. (org.), *História do marxismo*, v. 1. Trad. Carlos Nelson Coutinho e Nemésio Salles, Rio de Janeiro, Paz e Terra, 1983 [1978].

MIGUEL, Luis Felipe. *Democracia e representação*: territórios em disputa. São Paulo, Editora Unesp, 2014.

_____. Desigualdades inevitáveis e restrição da democracia no pensamento elitista. In: MIGUEL, Luis Felipe (org.), *Desigualdades e democracia*: o debate da teoria política. São Paulo, Editora Unesp, 2016.

_____. Da desigualdade de classe à dominação política na tradição marxista. In: MIGUEL, Luis Felipe (org.), *Desigualdades e democracia*: o debate da teoria política. São Paulo, Editora Unesp, 2016.

_____. *Consenso e conflito na democracia contemporânea*. São Paulo, Editora Unesp, 2017.

_____. *Trabalho e utopia*: Karl Marx, André Gorz, Jon Elster. Porto Alegre, Zouk, 2018.

_____. *Dominação e resistência*: desafios para uma política emancipatória. São Paulo, Boitempo, 2018.

_____. *Democracia na periferia capitalista*: impasses do Brasil. Belo Horizonte, Autêntica, 2022.

_____; BIROLI, Flávia. Gênero, classe, raça: opressões cruzadas e convergências na reprodução das desigualdades. *Mediações*, v. 20, n. 2, 2015, p. 27-55.

MILES, Robert. Marxism versus the Sociology of "Race Relations"? *Ethnic and Racial Studies*, v. 7, n. 2, 1984, p. 217-37.

MILIBAND, Ralph. *O Estado na sociedade capitalista*. Trad. Fanny Tabak, Rio de Janeiro, Zahar, 1972 [1969].

_____. *Socialism for a Sceptical Age*. Londres, Verso, 1994.

MILL, John Stuart. *Sobre a liberdade*. Trad. Alberto da Rocha Barros, Petrópolis, Vozes, 1991 [1859].

MILLS, C. Wright. *A elite do poder*. Trad. Waltensir Dutra, Rio de Janeiro, Zahar, 1981 [1956].

MILLS, Charles W. *From Class to Race*: Essays in White Marxism and Black Radicalism. Lanham, Bowman, 2003.

MITCHELL, Juliet. *Woman's Estate*. Baltimore, Penguin, 1971.

_____. *Psychoanalysis and Feminism*: Freud, Reich, Laing, and Women. Nova York, Pantheon Books, 1974. [Ed. bras.: *Psicanálise e feminismo*: Freud, Reich, Laing e mulheres. Trad. Ricardo Britto Rocha, Belo Horizonte, Interlivros, 1979.]

MOLYNEUX, Maxine. Beyond the Domestic Labour Debate. *New Left Review*, n. 116, 1979, p. 3-27.

MOUNK, Yascha. *The People vs. Democracy*: Why our Freedom is in Danger and How to Save It. Cambridge (MA), Harvard University Press, 2018.

NISBET, Robert. The Decline and Fall of Social Class. *The Pacific Sociological Review*, v. 2, n. 1, 1959, p. 11-7.

NOVE, Alec. *A economia do socialismo possível*. Trad. Sérgio Goes de Paula, São Paulo, Ática, 1989 [1983].

OFFE, Claus. Dominação de classe e sistema político: sobre a seletividade das instituições políticas. In: *Problemas estruturais do Estado capitalista*. Trad. Barbara Freitag, Rio de Janeiro, Tempo Brasileiro, 1984 [1972].

_____; PREUß, Ulrich. Democratic Institutions and Moral Resources. In: HELD, David (org.), *Political Theory Today*. Stanford, Stanford University Press, 1991.

OHMAE, Kenichi. *The End of the Nation State*: The Rise of Regional Economies. Nova York, The Free Press, 1995.

OLLMAN, Bertell. Marxism and Political Science: Prolegomenon to a Debate on Marx's Method. *Politics and Society*, v. 3, n. 4, 1973, p. 491-510.

ORESKES, Naomi; CONWAY, Erik M. *Merchants of Doubt*: How a Handful of Scientists Obscured the Truth on Issues from Tobacco Smoke to Global Warming. Nova York, Bloomsbury, 2010.

PAJOLLA, Murilo. Internet de Elon Musk é vendida a garimpeiros na terra Yanomami por compradores de ouro ilegal. *Brasil de Fato*, 20 fev. 2023. Disponível em: <https://www.brasildefato.com.br/2023/02/20/internet-de-elon-musk-e-vendida-a-garimpeiros-da-terra-yanomami-por-compradores-de-ouro-ilegal>. Acesso em: 26 jul. 2023.

PANEBIANCO, Angelo. *Modelos de partido*: organização e poder nos partidos políticos. Trad. Denise Agostinetti, São Paulo, Martins Fontes, 2005 [1982].

PATEMAN, Carole. *Participation and Democratic Theory*. Stanford, Stanford University Press, 1970. [Ed. bras.: *Participação e teoria democrática*. Trad. Luiz Paulo Rouanet, São Paulo, Paz e Terra, 1992.]

_____. *The Problem of Political Obligation*: A Critique of Liberal Theory. Reedição com novo posfácio. Berkeley, University of California Press, 1985 [1979].

_____; MILLS, Charles Wright. *The Contract and Domination*. Cambridge, Polity, 2007.

PERISSINOTTO, Renato; CODATO, Adriano. Classe social, elite política e elite de classe: por uma análise socialista da política. *Revista Brasileira de Ciência Política*, v. 1, n. 2, 2009, p. 243-70.

PHILLIPS, Anne. *Which Equalities Matter?* Londres, Polity, 1999.

POLANYI Karl. *A grande transformação*: as origens da nossa época. Trad. Fanny Wrobel, 2. ed., Rio de Janeiro, Campus, 2000 [1944].

PORTELLI, Hugues. *Gramsci e o bloco histórico*. Trad. Angelina Peralva, Rio de Janeiro, Paz e Terra, 1987 [1972].

POULANTZAS, Nicos. O problema do Estado capitalista. BLACKBURN, Robin (org.), *Ideologia na ciência social*: ensaios críticos sobre a teoria social. Trad. Aulyde Rodrigues. Rio de Janeiro, Paz e Terra, 1982 [1972].

_____. *Poder político e classes sociais*. Trad. Francisco Silva, 2. ed., São Paulo, Martins Fontes, 1986 [1968].

_____. *L'État, le pouvoir, le socialisme*. Paris, Les Prairies Ordinaires, 2013 [1978]. [Ed. bras.: *O Estado, o poder, o socialismo*. Trad. Rita Lima, Rio de Janeiro, Paz e Terra, 2009.]

PRZEWORSKI, Adam. *Capitalismo e social-democracia*. Trad. Laura Teixeira Motta, São Paulo, Companhia das Letras, 1989 [1985].

_____. *Estado e economia no capitalismo*. Trad. Argelina Cheibub Figueiredo e Pedro Paulo Zahluth Bastos, Rio de Janeiro, Relume-Dumará, 1995 [1990].

REMOTTI, Francesco. *L'ossessione identitaria*. Roma, Laterza, 2010.

ROEMER, John E. *A General Theory of Exploitation and Class*. Cambridge (MA), Harvard University Press, 1982.

_____. *A Future for Socialism*. Cambridge (MA), Harvard University Press, 1994.

ROSANVALLON, Pierre. *La Nouvelle question sociale*: repenser l'État-providence. Paris, Seuil, 1995.

_____. *La Société des égaux*. Paris, Seuil, 2011.

ROUSSEAU, Jean-Jacques. Discours sur l'origine et les fondemens de l'inégalité parmi les hommes. In: *Œuvres complètes*, t. 3. Paris, Gallimard, 1964 [1755].

_____. Du Contract social. In: *Œuvres complètes*, t. III. Paris, Gallimard, 1964 [1762].

SAITO, Kohei. *O ecossocialismo de Karl Marx*: capitalismo, natureza e a crítica inacabada à economia política. Trad. Pedro Davoglio, São Paulo, Boitempo, 2021 [2017].

SARTORI, Giovanni. *Parties and Party Systems*: A Framework for Analysis. Cambridge, Cambridge University Press, 1976. [Ed. bras.: *Partidos e sistemas partidários*. Trad. Waltensir Dutra, Rio de Janeiro, Zahar, 1982.]

SARTRE, Jean-Paul. *Critique de la raison dialectique*, v. 1: *Théorie des ensembles pratiques*. Paris, Gallimard, 1960.

SCHMITT, Carl. *O conceito do político*. Trad. Alvaro L. M. Valls, Petrópolis, Vozes, 1992 [1932].

SCHRAM, Sanford F.; CATERINO, Brian (orgs.). *Making Political Science Matter*: Debating Knowledge, Research, and Method. Nova York, New York University Press, 2006.

SCHUMPETER, Joseph A. *Capitalism, Socialism and Democracy*. Nova York, Harper Perennial, 1976 [1942].

SOREL, Georges. *Réflexions sur la violence*. Paris, Seuil, 1990 [1908]. [Ed. bras.: *Reflexões sobre a violência*. Trad. Orlando dos Reis, Petrópolis, Editora Vozes, 1993.]

STREECK, Wolfgang. *Buying Time*: The Delayed Crisis of Democratic Capitalism. Trad. Patrick Camiller e David Fernbach, Londres, Verso, 2017 [2013]. [Ed. bras.: *Tempo comprado*: a crise adiada do capitalismo democrático. Trad. Marian Toldy e Teresa Toldy, São Paulo, Boitempo, 2018.]

SZTYBEL, David. Marxism and Animal Rights. *Ethics and the Environment*, v. 2, n. 2, 1997, p. 169-85.

TAYLOR, Keeanga-Yamahtta. Raça, classe e marxismo. Trad. Maíra Mee, *Outubro*, n. 31, 2018 [2011], p. 178-96.

THOMPSON, E. P. Eighteenth-Century English Society: Class Struggle without Class?. *Social History*, v. 3, n. 2, 1978, p. 133-65.

_____. *A formação da classe operária inglesa*, v. 1. Trad. Denise Bottman, Rio de Janeiro, Paz e Terra, 1987 [1963].

TILLY, Charles. *The Politics of Collective Violence*. Cambridge, Cambridge University Press, 2003.

TRAVERSO, Enzo. *Révolution*: une histoire culturelle. Trad. Damien Tissot, Paris, La Découverte, 2022 [2021].

TRÓTSKI, Leon. *Littérature et révolution*. Trad. Pierre Frank, Claude Ligny e Jean-Jacques Marie, Paris, Éditions de la Passion, 2000 [1924]. [Ed. bras.: *Literatura e revolução*. Trad. Luiz Alberto Moniz Bandeira, Rio de Janeiro, Zahar, 2007.]

VALLANCE, Chris. Por que especialistas dizem que inteligência artificial pode levar à extinção da humanidade. *BBC News*, on-line, 3 jun. 2023. Disponível em: <https://www.bbc.com/portuguese/articles/c51q3jvlyj8o#:~:text=Estes%20avan%C3%A7os%20%22podem%20impulsionar%20um,lado%20errado%20da%20divis%C3%A3o%20digital%22.inteligencia-artificial-pode-levar-a-extincao-da-humanidade.shtml>. Acesso em: 3 jun. 2023.

VOGEL, Lise. *Marxism and the Oppression of Women*: Toward a Unitary Theory. Chicago, Haymarket, 2013 [1983]. [Ed. bras.: *Marxismo e a opressão às mulheres*: rumo a uma teoria unitária. Trad. Camila Carduz Rocha et al., São Paulo, Expressão Popular, 2022.]

_____. Domestic Labour Revisted. In: *Marxism and the Oppression of Women*: Toward a Unitary Theory. Reed. Chicago, Haymarket, 2013 [2000]. [ed. bras.: *Marxismo e a opressão às mulheres*: rumo a uma teoria unitária. Trad. Camila Carduz Rocha et al., São Paulo, Expressão Popular, 2022.]

WALBY, Sylvia. *Theorizing Patriarchy*. Oxford, Blackwell, 1990.

WARREN, Mary Anne. *Moral Status*: Obligations to Persons and Other Living Things. Oxford, Oxford University Press, 1997.

WILLIAMS, Eric. *Capitalismo e escravidão*. Trad. Denise Bottmann, São Paulo, Companhia das Letras, 2012 [1944].

WOOD, Ellen Meiksins. *Democracy against Capitalism*: Renewing Historical Materialism. Cambridge, Cambridge University Press, 1995. [Ed. bras.: *Democracia contra o capitalismo*: a renovação do materialismo histórico. Trad. Paulo Castanheira, São Paulo, Boitempo, 2003.]

WRIGHT, Erik Olin. *Class, Crisis and the State*. Londres, Verso, 1978.

_____. *Classes*. Londres, Verso, 1985.

_____. *Class Counts*: Comparative Studies in Class Analysis. Cambridge, Cambridge University Press, 1997.

YOUNG, Iris Marion. Beyond the Unhappy Marriage: A Critique of the Dual Systems Theory. In: SARGENT, Linda (org.). *Women and Revolution*: A Discussion of the Unhappy Marriage betweem Feminism and Marxism. Boston, South End Press, 1981.

_____. *Inclusion and Democracy*. Oxford, Oxford University Press, 2000.

ŽIŽEK, Slavoj. "O espectro da ideologia". In: ŽIŽEK, Slavoj (org.), *Um mapa da ideologia*. Trad. Vera Ribeiro, Rio de Janeiro, Contraponto, 1996 [1994].

SOBRE O AUTOR

Luis Felipe Miguel (Rio de Janeiro, 1967) é doutor em ciências sociais pela Universidade Estadual de Campinas (Unicamp) e professor titular livre do Instituto de Ciência Política da Universidade de Brasília (Ipol-UnB), onde coordena o Grupo de Pesquisa sobre Democracia e Desigualdades (Demodê). É pesquisador do Conselho Nacional de Desenvolvimento Científico e Tecnológico (CNPq). É autor, entre outros livros, de *Democracia e representação* (Editora Unesp, 2014), *Consenso e conflito na democracia contemporânea* (Editora Unesp, 2017), *Dominação e resistência* (Boitempo, 2018) e *Democracia na periferia capitalista* (Autêntica, 2022).

OUTRAS PUBLICAÇÕES DA BOITEMPO

Democracia para quem?
ANGELA DAVIS, PATRICIA HILL COLLINS
e SILVIA FEDERICI
Tradução de **VComunicações**
Prefácio de **Marcela Soares**
Orelha de **Juliana Borges**

Introdução a O capital *de Karl Marx*
MICHAEL HEINRICH
Tradução de **César Mortari Barreira**
Revisão da tradução e orelha de **Guilherme
Leite Gonçalves**
Quarta capa de **Leda Paulani**

A ordem do capital
CLARA MATTEI
Tradução de **Heci Regina Candiani**
Nota da edição de **Clara Mattei e Mariella Pittari**
Orelha de **Luís Nassif**
Apoio de **Fundação Perseu Abramo**

Quem tem medo do gênero?
JUDITH BUTLER
Tradução de **Heci Regina Candiani**
Orelha de **Amanda Palha**
Quarta de **Naomi Klein e Erika Hilton**

Terra viva
VANDANA SHIVA
Tradução de **Marina Kater**
Orelha de **Geni Nuñez e João Pedro Stedile**
Quarta capa de **Marina Silva**

ARSENAL LÊNIN
Conselho editorial Antonio Carlos Mazzeo,
Antonio Rago, Fábio Palácio,
Ivana Jinkings, Marcos Del Roio, Marly Vianna,
Milton Pinheiro e Slavoj Žižek

O desenvolvimento do capitalismo na Rússia
VLADÍMIR ILITCH LÊNIN
Tradução de **Paula Vaz de Almeida**
Apresentação de **José Paulo Netto**
Orelha de **Anderson Deo**
Apoio de **Fundação Maurício Grabois**

BIBLIOTECA LUKÁCS
Coordenação: José Paulo Netto e Ronaldo Vielmi Fortes

Estética: a peculiaridade do estético – volume 1
GYÖRGY LUKÁCS
tradução de **Nélio Schneider**
revisão técnica de **Ronaldo Vielmi Fortes**
apresentação de **José Paulo Netto**
orelha de **Ester Vaisman**

ESCRITOS GRAMSCIANOS
Conselho editorial: Alvaro Bianchi, Daniela Mussi, Gianni Fresu,
Guido Liguori, Marcos del Roio e Virgínia Fontes

Vozes da terra
ANTONIO GRAMSCI
Organização e apresentação de **Marcos Del Roio**
Tradução de **Carlos Nelson Coutinho** e **Rita Coitinho**
Notas da edição de **Rita Coitinho** e **Marília Gabriella Borges Machado**
Orelha de **Giovanni Semeraro**

ESTADO DE SÍTIO
Coordenação: Paulo Arantes

Colonialismo digital
DEIVISON FAUSTINO E WALTER LIPPOLD
Prefácio de **Sérgio Amadeu da Silveira**
Orelha de **Tarcízio Silva**

MARX-ENGELS
Para a crítica da economia política
KARL MARX
Tradução de **Nélio Schneider**
Apresentação de **Jorge Grespan**
Orelha de **Hugo da Gama Cerqueira**

MUNDO DO TRABALHO
Coordenação: Ricardo Antunes
Conselho editorial: Graça Druck, Luci Praun, Marco Aurélio Santana,
Murillo van der Laan, Ricardo Festi, Ruy Braga

A angústia do precariado
RUY BRAGA
Prefácio de **Sean Purdy**
Orelha de **Silvio Almeida**

PONTOS DE PARTIDA
Lukács: uma introdução
JOSÉ PAULO NETTO
Orelha de **João Leonardo Medeiros**

ARMAS DA CRÍTICA

O CLUBE DO LIVRO DA **BOITEMPO**

UMA BIBLIOTECA PARA **INTERPRETAR** E **TRANSFORMAR** O MUNDO

Lançamentos antecipados
Receba nossos lançamentos em primeira mão, em versão impressa e digital, sem pagar o frete!

Recebido camarada
Todo mês, uma caixa com um lançamento, um marcador e um brinde. Em duas caixas por ano, as novas edições da *Margem Esquerda*, revista semestral da Boitempo.

Fora da caixa
Além da caixa, a assinatura inclui uma versão digital do livro do mês*, um guia de leitura exclusivo no Blog da Boitempo, um vídeo antecipado na TV Boitempo e 30% de desconto na loja virtual da Boitempo.

Quando começo a receber?
As caixas são entregues na segunda quinzena de cada mês. Para receber a caixa do mês, é necessário assinar até o dia 15!

FAÇA SUA ASSINATURA EM
ARMASDACRITICA.COM.BR

*Para fazer o resgate do e-book, é necessário se cadastrar na loja virtual da Kobo.

Ilustração de Ferdinando Gregori, presente
no livro *Opere di Niccolò Machiavelli*

Publicado em 2024, ano que marca os 555 anos do
nascimento de Maquiavel, reconhecido como fundador
da ciência política moderna, este livro foi composto em
Adobe Garamond Pro, corpo 11,5/15,5, e impresso
em papel Pólen Natural 80 g/m² pela gráfica Rettec, para
a Boitempo, com tiragem de 4 mil exemplares.